해적선

300년 역사를 깨우는 카리브해의 대발굴

해적선

300년 역사를 깨우는 카리브해의 대발굴

릭 하우프트 지음 | 김태성 옮김

이룸

해적선
차례

서 문

1669년 1월 2일. 카리브해의 태양은 뜨겁게 내리쬐고 있었다. 남서풍이 불었고 바람을 받아 프리깃함인 대영제국 군함 옥스퍼드호는 대기하고 있는 함대 쪽으로 이동하고 있었다. 헨리 모건은 자신의 새 기함 갑판 위에서 나머지 열 척의 배들이 자신의 명령대로 닻을 내리는 모습을 지켜보고 있었다. 배들은 지금의 아이티 남해안에 위치한 조그만 섬, 일 아바슈의 바람이 불어오는 쪽에서 위험한 암초를 피하여 뱃머리를 바람이 부는 쪽으로 돌린 채 정박하고 있었다. 그래야만 갑자기 스페인 전함이나 손쉬운 사냥감인

금을 실은 갈레온선(3층 갑판의 대형 범선인 스페인의 상선—역주)이 나타나면 즉시 돛을 올리고 속력을 낼 수가 있었다.

모건은 옥스퍼드호를 타고 가장 늦게 약속 장소에 나타났는데, 그건 제독으로서 갖는 그만의 특권이었다. 모건은 34세의 나이로 권력의 정점에 서 있었으며, 카리브해에서 가장 위험한 인물들로 조직된 대략 800명에 달하는 병력을 지휘하고 있었다.

대영제국 군함 옥스퍼드호는 아주 웅장한 함선이었다. 40미터가 넘는 길이에 무게는 200톤이 넘었고, 34문의 대포로 무장된 엄청난 화력으로 당시 카리브해에선 가장 큰 영국 전함이었다. 그러나 이 배를 지휘하는 건 영국 해군이 아니었다. 지구의 반대편인 이곳에선 해적과 버커니어(17세기 서인도제도의 해적—역주)들이 식민지를 많이 갖고 있는 스페인에 대항하며 영국의 이익을 지켰고, 영국 왕 찰스 2세의 명령에 따라 전쟁, 약탈 그리고 살인을 자행하였다. 모건은 가장 두렵고 또한 가장 성공적인 해적들의 지휘자였다.

옥스퍼드호의 갑판 위에선 선원들이 곧 시작될 회의를 위해 만반의 준비를 갖추고 있었다. 모건이 작전참모회의를 소집한 것이다. 그는 선장에게 속력을 늦추고 함대 중에서 대기하고 있는 두 척의 배 근처에 닻을 내리라고 명령했다. 두 척의 배에선 이미 파견단이 회의에 참석하기 위해 보트를 저어 오고 있었다.

모건의 다음 목표는 카르타헤나를 공격하는 것이었다. 지금의 콜롬비아 북부 해안에 위치한 이 항구 도시는 그 당시 신세계에서 가장 풍요롭고 또한 가장 막강한 스페인의 요새였다. 스페인의 거의 모든 식민지 교역이 바로 이 헤아릴 수 없을 만큼 부유한 도시를 통해 이루어졌다.

겁을 모르는 전사인 버커니어들이 모건의 목표를 듣고 하마터면 반란을 일으킬 뻔했는데, 스페인의 요새를 공격한다는 건 문자 그대로 자살행위였기 때문이다. 하지만 모건은 사내들을 설득하는 방법을 알고 있었다. 모건이 카르타헤나의 보물창고에 쌓여 있는 엄청난 양의 금과 은을 너무나 실감나게 설명했기 때문에 그들은 오로지 수중에 들어올 노획물에만 정신이 팔려 죽음에 대해선 더 이상 생각하지 않았다.

또 하나의 유리한 상황이 버커니어들로 하여금 행운의 여신이 자신들 편이라는 생각을 갖도록 했다. 그날 아침 프랑스의 해적선 한 척이 모건의 선단에 합류했는데, 르 세르프 볼랑('나는 사슴'이라는 뜻—역주)이라는 이름의 이 배는 대영제국 군함 옥스퍼드호보다는 약간 작기는 했지만 마찬가지로 34문의 대포로 무장돼 있었다. 이 배는 수개월 전 조그만 영국 배에게 식량과 다른 생필품을 "빌려 달라고" 강요한 적이 있었는데, 그건 영국 국왕의 선박에 대한 해적행위였고 처벌을 받아야만 했다.

프랑스인 선장이 조금만 주의를 했다면 아마 위험을 모면했을 것이다. 모건은 선장과 선원들을 술자리에 초대하여 선장이 옥스퍼드호에 승선하도록 유인했다. 첫 잔이 비워지자마자 르 세르프 볼랑호의 모든 선원들은 화약고가 있는 선복의 앞부분에 감금당했고, 모건은 옥스퍼드호와 동일한 화력을 가진 배 한 척을 더 보유하게 되었다. 그는 더할 나위 없이 만족했고, 그래서 르 세르프 볼랑호를 새티스팩션호로 개명하였다. 이제 누구도 카르타헤나에서의 승리를 방해할 수는 없었다.

모건은 인사말을 마치고 대향연을 선포했다. 사내들이 다가올 전투에 대한 두려움을 잊도록 출정 전에 한번 신나게 축제를 벌여야 했다. 그들 중 누구든 바로 다음 날 아침 불구가 되거나 생명을 잃을 수 있었다 — 아니면 엄청난 부자가 되거나. 회의가 끝나자마자 옥스퍼드호의 선원들이 제일 먼저 돼지고기를 굽고 럼주와 포도주가 담긴 크고 불룩한 병들을 날라 왔다. 수백 명의 사람들이 옥스퍼드호와 주변에 정박해 있는 배에서 술을 퍼마시며 승리 혹은 몰락을 위한 향연을 벌였다.

그러나 죽음은 생각했던 것보다 훨씬 더 빨리 닥쳐왔다. 선체의 전방에 위치한 대형 화약고와 선미에 있는 또 하나의 화약고에는 나무로 만든 화약통들이 저장되어 있었는데, 이른바 '파우더 멍키스'로 불리던 소년들이 그 안에 든 화약을 전투중 갑판 밑의 대포로 운반하곤 했다. 화약고 안은 발화성이 아주 높은 미세한 화약먼지로 가득 차 있었고, 아주 작은 불티 하나만으로도 대참사가 발생할 수 있었다.

부주의한 견습선원이 전방의 화약고로 통하는 문을 열어 두었거나, 경비병이 엄격한 안전수칙을 지키지 않았거나, 아니면 만취한 선원이 함부로 주위에 총질을 했을는지도 모른다. 아무도 그 일이 어떻게 발생했는지는 모른다 — 아무튼 화약에 불이 붙은 것이다. 엄청난 폭발이 옥스퍼드호를 뒤흔들었다. 거대한 폭음이 허공을 갈랐고, 버섯 모양의 불기둥이 솟아올랐으며, 떡갈나무로 된 들보, 현판, 그리고 비명을 지르는 사람들이 공중으로 날아갔다. 선두에 갇혀 있던 50명의 프랑스인들은 그 자리에서 즉사했다. 옥스퍼드호는 부서져 두 동강이 났고, 오른쪽과 왼쪽에 정박해 있던 두 척의 배 역시 나무와 금속 파편으로 벌집을 쑤셔 놓은 듯했으며, 떡갈나무로 된 뱃전에는 여러 개의 깊은 구멍이 났다. 이 두 척의 배에는 다가올 전투에 대비해 화약이 가득 채워져 있던 상태였다. 맹렬하게 몰아치는 옥스퍼드호의 화염은 누그러질 기미가 전혀 없었고, 두 척의 배도 마찬가지로 강렬한 폭발과 함께 산산조각이 났다.

모건 제독은 만찬중에 이 참사를 당했다. 그는 자신의 함대 선장들을 옥스퍼드호의 후갑판에 차려진 만찬에 초대했었다. 모건은 배 난간을 등지고 앉았고, 그 맞은편에 다른 선장들이 앉아 있었다. 이 식탁의 좌석배치가 모건의 생명을 구했고, 그가 불사신이라는 신화를 뒷받침했다. 생존자 중 한 사람인 군의관 외과의사 리처드 브라운은 한 보고서에서 다음과 같은 내용을 진술했다.

"작전참모회의를 하기 위해 옥스퍼드호에 모였던 선장들이 후갑판에서 만찬을 즐기던 중 배가 폭발했습니다.…… 여섯 명의 남자와 네 명의 소년만이 생명을 건졌습니다. 그 사고는 추측컨대 포병의 부주의로 인해 발생한 것 같습니다. 메인마스트가 부러져 아일렛 선장과 빅포드 선장 위로 떨어져서 곧바로 두 사람의 머리에 맞았을 때 저는 선장들과 함께 식사중이었습니다."

가공할 만한 압력이 갑자기 선체를 가로질러 몰아치자 옥스퍼드호에 타고 있던 해적들은 자신의 생명을 구할 촌각의 여유도 없었다. 모건과 두 명의 선장, 그리고 두세 명의 급사가 마치 인형처럼 바다 속으로 던져졌다. 다른 사람들에겐 그런 행운이 따르지 않았다. 그들은 떨어지는 잔해에 맞아 죽거나, 선미에 있던 화약고가 잇따라 폭발하는 바람에 갈기갈기 찢겼다. 모건은 반쯤 넋이 나간 상태에서 피를 흘리며 자신의 기함이 침몰하는 광경을 지켜보았다.

연이은 폭발이 옥스퍼드호와 주변에 있던 배들을 뒤흔들었다. 위용을 자랑하던 옥스퍼드호는 화염에 쌓인 채 여러 조각으로 부서졌다. 용골(큰 배 밑바닥을 받치는 길고 큰 목재—역주)에 놓여 있던 70톤 가까운 무게의 돌로 된 밸러스트(선체의 안정을 유지하기 위해 배의 바닥에 싣는 석탄, 돌, 쇠 따위의 물건—역주)는 벌어진 선체를 빠져 나와 순식간에 바다 밑으로 가라앉았다. 부상자들은 불이 붙은 채 물 위에 떠다니는 옥스퍼드호의 잔해에 필사적으로 매달렸다. 사고가 난 지점을 중심으로 멀리 떨어진 곳까지 수면은 온통 크고 작은 표류물들로 뒤덮였고, 표류물들은 시간이 지나며 서서히 바다 밑의 모래와 산호 위로 가라앉았다.

부상자들의 비명이 바다 위를 메아리쳤다. 생존자들은 대부분 수영을 할 줄 몰랐는데, 그들을 구하기 위해 함대 중 훼손되지 않은 배에서 보트를 보내왔다. 300~400명 정도의 사내들이 부상을 입었는데, 많은 사람들에게 그건 사형선고나 다름없었다. 외과의사들은 상처를 적절하게 치료할 수 없었는데, 상처가 덧나면 환자를 그냥 죽게 내버려 두거나 창상이 생긴 환부를 절단한 후 달군 쇠로 그 부위를 지지는 정도였다.

200명이 넘는 선원들이 생명을 잃었다. 다른 배에 타고 있던 버커니어들은 서슴지 않고 도처에 떠다니는 시체들에게서 값나가는 물건들을 떼어냈다. 그들은 심지어 금반지를 수중에 넣기 위해 갈기갈기 찢긴 동료의 손가락도 잘라냈다. 바다는 피로 붉게 물들었고, 그건 수 마일이 떨어진 거리에서도 신선한 피냄새를 맡는 상어에겐 하나의 향연이었다. 상어가 남겨 놓은 것들은 수 주일이 지나 파도에 밀려 조그만 섬의 해변으로 흘러왔다. 물에 불어 부풀어 오른 시체들에는 종종 진주와 금으로 된 장신구들이 달려 있었고, 그것들은 섬 원주민 차지였다.

모건 제독은 살아남았다. 하지만 위용을 자랑하던 옥스퍼드호는 침몰했다. 침몰한 장비를 인양한다는 건 그 당시로선 상상할 수 없었다. 병력의 거의 3분의 1이 그 참사에 희생되었다. 그러나 모건은 자신의 정복계획을 단념하려 하지 않았고, 카르타헤나 대신 그다지 방어시설이 견고하지 않은 다른 도시를 선택했을 따름이었다.

모건은 대폭으로 감소된 선원들을 집합시키고, 피해를 입지 않은 새티스팩션호에 승선해서, 지금의 베네수엘라 항구 도시 마라카이보를 약탈하기 위한 출정 준비를 했다. 모건은 아마도 그런 냉혹한 행동과 그때의 약탈에서 거둔 성공 덕에 영국 함대의 자랑이던 옥스퍼드호를 잃어버린 것에 대한 처벌을 모면했을 것이다. 얼마 지나지 않아 모건은 그 어느 때보다도 강력한 세력을 갖게 됐고, 계속 출항해 성공을 거두었다. 그리고 옥스퍼드호는 잊혀졌다.

옥스퍼드호는 수백 년이 넘도록 바다 밑에 잠들어 있었다. 침몰한 배의 잔해는 조류와 간만에 이리저리 뒹굴었고, 벌레와 다른 바다생물들이 목재를 부식시켰다. 닻과 대포의 표면은 산호초와 말미잘로 뒤덮였고, 350년이라는 세월이 흐르면서 옥스퍼드호는 일 아바슈 섬 주변에 있는 암초의 일부로 변했다.

제1장
자메이카

1999년 3월. 나는 뱃머리에 앉아서 두 팔을 배 난간에 걸치고 두 발을 뱃전에 부딪치며 흔들고 있다. 짭짜름한 물거품이 높이 튀어 오르고, 순풍에 머리칼이 날리고, 태양은 짙푸른 하늘 위에서 눈부시게 빛나고 있다. 뱃머리에서 보내는 이 시간이야말로 내가 매번 탐험여행의 시작에 치르는 나만의 고유한 의식의 일부이다. 내겐 보트가 항구를 떠나고 우리가 새로운 모험을 향해 항로를 잡는 순간만큼 기분 좋을 때가 없다. 그건 사냥이 새롭게 시작되기 전에 마지막으로 갖는 평온과 자각의 순간이다.

대략 1마일(약 1609미터—역주)쯤 떨어진 거리에서 브루스 리밍의 범선이 우아하게 파도 위를 미끄러져 가고 있는 모습을 아주 작게 볼 수 있다. 난 브루스 때문에 이곳에 왔다. 브루스는 캐나다에서 가장 유명한 배, 블루 노즈호에 관한 다큐멘터리 영화를 촬영하자고 나를 설득했다. 나는 그때까지 디스커버리 채널을 위해 텔레비전 다큐멘터리 작품인 〈신비의 대양〉 시리즈 전체를 촬영했는데, 디스커버리 채널은 즉각 탐험여행의 자금을 대겠다는 의사를 밝혔다.

블루 노즈호는 여태껏 대양을 항해한 가장 빠른 스쿠너(세로로 돛을 장착한 2~4개의 돛대를 가진 범선—역주) 중의 하나였다. 왕성한 기동력과 우아함을 겸비한 이 범선은 뉴펀들랜드 앞의 그랜드뱅크 어장으로 가는 항해에서 항상 가장 먼저 돌아왔다. 경주용 스쿠너로 블루 노즈호가 수립한 기록들은 지금까지도 깨지지 않고 있다. 미국인들은 매년 보스턴에서 열리는 경주에서 한결같이 자신들의 배에게 압승을 거두는 이 배를 증오하였다. 블루 노즈호는 1921년 3월 26일 진수된 이후 모든 경주에서 승리했다. 블루 노즈호를 이기기 위해 수많은 배들이 노바스코샤(캐나다 남동부의 주—역주)와 뉴잉글랜드에서 특별히 건조됐음에도 불구하고 말이다. 통상적인 스쿠너가 노바스코샤에 있는 루넨버그의 캐나다 어업선단에서 10년 정도 사용되는 반면에 블루 노즈호는 20년이 넘게 견디어냈다. 블루 노즈호는 다른 배들을 가차없이 침몰시켰던 폭풍우를 이겨냈고 항상 만선을 한 채 귀항했다. 캐나다에선 블루 노즈호를 모르는 아이가 없는데, 정말로 모든 10센트짜리 동전과 우표에서도 이 배를 볼 수 있다.

우리 탐험대가 출발할 때까지 이 전설의 마지막 장은 완성되지 않은 상태였다. 왜냐하면 캐나다의 가장 유명한 배는 1946년 고향에서 멀리 떨어진 카리브해에서 침몰했기 때문이다. 엔진을 사용하는 배들이 대양을 석권하고 1930년대의 경제공황이 지나자 소유주는 1942년 블루 노즈호를 서인도 무역회사에 팔아넘겼고, 그때부터 블루 노즈호는 화물선으로 아이티 섬, 자메이카 그리고 쿠바 사이를 오고갔다.

1946년 1월 28일 밤은 블루 노즈호에게 마지막 밤이 되었다. 사람들은 지금까지도 블루 노즈호가 항로를 이탈한 이유를 모른다. 그건 단순한 사고였을까? 조타수가 술을 너무 많이 마셨거나 깜박 잠이 들었을까? 혹은 배를 치명적인 암초로 유인해서 값진 화물을 약탈하려고 부두교(종교의 하나. 서인도제도와 미국 남부 흑인사회에서 볼 수 있는 악마숭배, 주물숭배, 주술적 치료 등을 포함하는 관행을 말한다—역주) 주술사가 배와 승무원에게 주술을 걸었을까? 확실한 것은 블루 노즈호가 아이티 앞의 조그만 섬 일 아바슈를 통과하려 할 때 암초에 부딪쳐서 배에 물이 샜고, 이전의 수많은 배들처럼 카리브해의 온난한 물속에 마지막 안식처를 찾았다는 사실이다. 여덟 명의 선원은 잔뜩 겁에 질린 채 배에서 빠져 나왔고 생명을 건질 수 있었다. 일 아바슈 섬의 어부들은 수일간 암초 위에 걸려 있던 난파선을 볼 수 있었고, 배는 마침내 부서져서 밀물에 휩쓸려 영원히 가라앉았다.

캐나다인들이 이 배를 얼마나 사랑하는지는 다음과 같은 사실에서 여실히 드러난다. 그들은 1963년에 루넨버그에 있는 원래의 조선소에서 원본 건조도면에 따라 새 배를 다시 건조했고, 그렇게 완성된 블루 노즈 2세를 현재 노바스코샤를 대외적으로 홍보하는 주의 상징으로 사용하고 있다. 그러나 이 배는 어떤 경주에도 참가해서는 안 됐는데, 만약 패배를 하게 되면 블루 노즈라는 명성에 누가 될 것이기 때문이다.

이미 20년 전부터 블루 노즈호는 브루스 리밍의 생각을 지배해 왔다. 열정적인 잠수부이자 범선 항해자인 브루스는 언젠가는 그 유명한 배의 잔해를 발굴하겠다는 생각을 여러 해 동안 줄기차게 해 왔다. 다른 탐험대들이 이미 시도를 했었지만 모두 실패했었다. 브루스는 찾아야 할 장소가 어디인지에 대한 확신이 생길 때까지 수많은 시간을 기록 보관실과 도서관에서 보내며 목격자, 보험회사 그리고 관청의 보고서를 읽었다.

나는 멀리 떨어져 있는 브루스의 배를 지켜보며 지난 2주간 일어났던 일들을 곰곰이 생각했다. 열흘 전 브루스와 그의 오랜 친구인 글렌 베이커는 자메이카에 있는 오초리오스에서 우리와 만나기 위해 플로리다에 있는 키웨스트 항구를 출발했다. 그곳에서 우리는 함께 아이티 앞의 일 아바슈 섬으로 항해할 예정이었다. 물론 우리는 위험한 해역에 진입하게 된다는 사실을 알고 있었다. 아이티는 정치적으로 불안정한 나라이고, 더군다나 외국인에겐 대단히 위험한 지역이기 때문이다. 그러나 또 다른 사실이 나를 사로잡았다. 아이티 앞의 조그만 섬에 관해 조사를 하던 중 역사상 가장 유명했던 해적 중의 하나가 이 일 아바슈 섬을 은신처로 사용했다는 사실을 알아낸 것이다. 헨리 모건 경이었다. 그래서 나는 내심 그 유명한 해적의 흔적도 발견할 수 있기를 은근히 바라고 있었다.

하지만 일 아바슈 섬 앞에서 바다 속으로 들어가 잔해를 발굴할 수 있기까지는 아직도 할 일이 무척 많았다. 배의 잔해를 찾는 일은 아주 많은 시간과 그보다 더 많은 비용이 든다. 무언가를 발견하건 못하건 간에. 물론 아무것도 발견하지 못하는 날들이 대부분이다. 그 외에도 일반적으로 불친절한 세관원, 나쁜 날씨, 심한 간만의 차, 자주 부는 폭풍, 불완전한 장비 등과 씨름을 해야 한다. 그러다 보면 시간과 돈도 바닥이 난다. 그러나 나는 늘 구제불능의 낙천주의자였고, 어쨌든 필요한 약간의 행운과 더불어 결국 지금까지 계속 성공을 거두었다.

그런데 나와 대원들이 자메이카에 도착하자 그런 행운이 우리 곁을 떠난 듯이 보였다. 몬테고베이의 공항에 착륙하자 우리는 자메이카 정부가 휘발유 가격을 30퍼센트나 인상했고, 그래서 전국이 엄청난 혼란에 빠졌다는 사실을 알게 됐다. 분노한 사람들은 바리케이드를 치고, 타이어에 불을 붙이고, 머셰티(중남미 원주민이 사용하는 날이 넓은 칼—역주), 나이프, 총으로 무장을 하고 장갑차를 대동한 국민군 병력과 교전을 벌이고 있었다. 그리고 우리는 소형버스와 장비를 실은 트럭을 탄 채 그 소용돌이의 한가운데로 빠져든 것이다.

목적지까지는 A1 해안도로를 따라서 두 시간 반 정도 걸릴 예정이었다. 처음 2마일을 달리는 동안은 평온했지만 필머스에서 처음으로 불길이 보였다. 불은 도로 옆에서 타오르고 있었고, 일부는 도로 위에서도 타오르고 있었다. 흥분한 사람들이 여기저기 뛰어다니고 있었다. 우리는 자메이카인들이 우리들을 관광객이라 생각하고 내버려 둘 것이라는 가정하에 계속 차를 몰았고, 잠시 후 그것이 잘못된 생각이었다는 게 밝혀졌다. 우리가 계속 달렸을 때 갑자기 이삼 백 미터 전방에서 군용 장갑차 한 대가 불이 붙은 타이어와 나무로 만들어진 바리케이드를 돌파하려는 광경이 보였다. 군용차가 바리케이드의 정중앙을 향해 돌진하는 동안 폭도들은 총을 쏘아 댔다.

우리는 불안한 정도가 아니었다. 우리가 내란의 와중에 휩쓸려든 것처럼 보였다. 어떻게 해야 할까? 되돌아간다는 건 추호도 생각할 수 없었다. "속력을 내!" 나는 놀란 운전사에게 소리쳤다. 우리에겐 단 하나의 기회밖에는 없었다. 군용차가 뚫어 놓은 바리케이드의 틈 사이를 통과하여 곧바로 군용차의 뒤에 도달하는 것이다. 조금만 늦었어도 기회는 사라졌을 것이다. 운전사는 가속 페달을 밟았고, 파괴된 바리케이드를 통과하여 군용차 뒤로 바짝 따라붙었다. 장비를 실은 트럭 운전사도 침착하게 우리 뒤로 운전해 왔다.

그러자 우리도 분노의 표적이 됐다. 군중은 소리를 지르고 온갖 저주를 퍼부으며 우리가 탄 차에 돌을 던지기 시작했다. 여러 번의 총성이 울렸지만 차창은 무사했다. 돌이 버스에 쾅쾅거리며 부딪치고, 계속해서 총성이 울려 퍼지는 동안 나는 분개한 군중의 눈길을 피하려고 앉은자리에서 고개를 깊숙이 숙이고 있었다. 폭도들은 소리소리 지르며 우리들을 멈추게 하려고 온갖 시도를 다 했다. 그들은 머셰티를 휘둘렀고, 불이 붙은 막대기와 돌덩어리들을 차바퀴 앞으로 던졌다. 타이어에 펑크가 났더라면 우리는 끝장이었을 것이다. 하지만 마치 기적과도 같이 소형버스와 트럭의 운전사들은 누구에게도 상처를 입히지 않고 성난 군중을 뚫고 지나가는 데 성공했다.

수백 미터를 고통스러울 정도로 더디게 지나간 후에야 우리는 폭도들에게서 벗어날 수 있었다. 너도나도 안도의 한숨을 쉬었지만 아직 위험을 모두 극복한 것은 아니었다. 우리는 오초리오스 앞에서 또 하나의 바리케이드와 마주쳤다. 무슨 일이 있어도 재차 공격을 받을 위험에 처하고 싶지 않았기 때문에, 나는 멀리서부터 이번엔 바리케이드를 피해갈 수 있을지 알아내려고 애를 썼다. "절대로 멈추지 마!" 내가 운전사에게 외쳤다. "그냥 바리케이드 옆으로 돌아서 달려!" 운전사는 속력을 냈고, 우리는 전속력으로 방어가 허술한 보도 위를 질주해서 폭도들 옆을 지나갔다. 폭도들은 우리를 제지할 기회가 전혀 없었다.

마침내 호텔에 다다르자 마치 안정과 평화의 오아시스에 온 기분이었다. 도착 후 우리는 단 한 가지만을 원했는데, 다음 날 아침 계획대로 일을 빠짐없이 진행하기 위해 푹 자고 모든 걸 잊는 거였다. 우리는 브루스와 글렌이 범주용 요트인 레리타주('유산'이라는 뜻—역주)호를 몰고 이곳에 도착하면 배 두 척을 빌리고, 생필품과 식량을 구입하고 마지막으로 세관절차를 밟기로 계획했었다. 자메이카인들이 "문제없습니다, 나리."라고 표현할 만한 그런 틀에 박힌 일들이었다.

다음 날 아침 태양은 하늘을 오렌지색과 보라색으로 아름답게 물들이며 떠올랐고, 이 지역 특유의 무더운 날씨가 시작됐다. 우리는 무엇보다도 배 두 척을 구해야 했다. 내가 처음 탐험여행을 시작했을 때는 수 주 전에 미리 배를 예약했었고, 나중에 배가 정작 기대했던 것과는 다르다는 사실을 확인해야 했다. 나는 그런 불상사를 피하기 위해 하루 이틀 더 걸리더라도 배를 꼭 현지에서 직접 빌렸다.

정부 관할 선창에는 대개 돈벌이가 되는 전세 계약을 따 내려는 사람들로 북적이기 때문에 자메이카에서 배를 빌리는 데는 일반적으로 전혀 문제가 없다. 그래서 우리는 적합한 배를 찾기 위해 미니밴을 몰고 선창으로 내려갔다. 30분 후 우리들의 기술자인 에버렛

레딕이 우리 계획에 안성맞춤으로 보이는 원양항해에 적합한 소형 어선 두 척을 찾아냈다. 그런데 선장들이 여행 목적지가 아이티라는 말을 듣자 계약하기를 거부했다. 그들에겐 너무 위험한 여행이었던 것이다. 그런 경우 우리는 다른 식으로 시도를 해야 했다. 과거의 탐험여행에서 종종 현찰이 어떤 선주도 거절할 수 없는 아주 확실한 미끼임이 입증됐었다. 그리고 실제로 빳빳한 달러 지폐다발을 보자 금세 자신들의 우려를 잊어버린 두 명의 선장이 나타나기까지는 그리 오래 걸리지 않았다. 우리는 필요한 배를 얻었다.

두 척의 배는 각각 프리 스피릿과 포켓 체인지라는 이름을 갖고 있었다. 프리 스피릿호는 길이가 대략 13미터였고, 포킷 체인지호는 15미터였다. 두 배 모두 손질이 아주 잘 된 것처럼 보였고, 강력한 디젤 엔진이 장착돼 있었다. 뿐만 아니라 잠수발판이 달린 넓은 뒷갑판을 갖고 있어서 우리들의 목적엔 아주 이상적이었다.

그러나 우리는 배가 마음에 드는 외양을 갖추고 있음에도 불구하고 철저히 점검을 해보기로 했다. 아이티까지는 먼 길이었고, 항해 도중 엔진부품이 파손되면 헛수고를 하게 되는 셈이었다. 그래서 에버렛이 기계를 점검, 정비하고 배를 우리가 필요한 대로 변경하는 일에 착수했다. 그 시간에 나머지 팀원들은 촬영장비와 잠수장비를 배에 싣기 전에 다시 한 번 점검했다.

우리 탐험대는 다양하게 뒤섞인 인물들로 구성됐는데, 저마다 갖고 있는 모험심과 한 번 세운 목표를 끝까지 추구하려는 결의로 한

데 뭉쳤다. 우선 데이브 고데는 수중촬영기사로 촬영에 관한 한 완벽주의자이다. 데이브 해리슨은 온화하고 신중한 사나이로 잠수조정자로 일하며 잠수팀의 안전을 책임진다. 아프리카 출신의 캐나다인이며 '만능 수리 박사'인 에버렛 레딕은 기술자이자 전문잠수부이며 아울러 심해 잠수에 필요한 혼합가스에 관한 전문가이다. 밥 귀르틴은 수면 위를 담당하는 촬영기사로, 캐나다에서 가장 유능하고 경험이 풍부한 기사다. 크리스 하비 클라크는 해양생물학자이며 더불어 수의사이기도 하다. 일 아바슈 섬에는 의료시설이 전혀 없기 때문에 크리스가 우리를 의학적으로 돌보는 일을 떠맡았다. 두 번째 육지촬영기사인 얼 그레이는 다른 모든 팀원들처럼 캐나다인이고, 마지막으로 존 로스보로는 음향디자이너이자 작곡가이다. 요컨대 서로를 아주 잘 이해하는 모험가들과 개인주의자들이 다양하게 뒤섞인 집단이라는 사실이다.

그런데 우리는 이제 자메이카에서 정치적 폭동의 와중에 휩쓸렸고, 그로 인해 새로운 문제가 발생했다. 상황이 이러니 자메이카에선 어느 관청도 업무를 보지 않았고 세관도 물론 마찬가지였다. 그러나 세관증빙서류는 꼭 필요했는데, 그 문서만이 우리가 자메이카를 합법적으로 출국했고, 장비가 우리 소유이며, 또한 우리가 마약밀매자가 아니라는 사실을 증명할 수 있었기 때문이다. 그 서류를 제시하지 못하면 마약퇴치의 일환으로 자메이카와 쿠바 앞의 해안을 순찰하는 미국의 해안경비대와 불편한 문제가 발생할 수 있었다. 우리는 그런 위험에 맞닥뜨리고 싶지 않았다. 무엇보다도 최악의 경우 압수를 당할지도 모를 50만 달러 상당의 장비가 배에 실린 상황에서는 더욱 그러했다. 하물며 지금도 여전히 쿠바, 자메이카, 아이티 사이의 삼각지대에서 활동을 하는 해적들에 대해선 생각조차 할 수도 없었다.

아이티는 확실히 휴가를 보내고 싶은 장소는 아니다. 두 자메이카인 선장들이 얘기한 바로는, 바로 얼마 전에 범선을 타고 항해 중이던 여자 두 명이 아이티 남부해안 앞에서 범죄에 희생됐다는 것이다. 그녀들은 육지에서 충분히 멀리 떨어져 있다고 생각하고 배를 정박시켰다. 그러나 그날 밤 해적들이 범선으로 헤엄쳐 왔고 배 위로 기어 올라와서 두 여자를 강간한 후 한 여자를 살해하고 다른 여자를 초주검이 된 상태로 물속으로 던졌다. 그녀는 중상을 입은 채 살아남았고 그 이후 혼수상태에 빠져 있다. 배는 사라졌고 두 번 다시 나타나지 않았다. 그런 무서운 괴담은 아이티에 주재하는 캐나다 대사관이 우리에게 충고한 말을 입증할 따름이었다. "여러분이 아이티로 여행하지 않기를 정말 간절히 권합니다."

나는 배를 몰고 항구로 들어오는 브루스와 글렌을 발견하자 그런 불길한 생각들을 떨쳐 버렸다. 키웨스트를 출발한 힘든 항해는 8일이 걸렸고, 두 사람은 그에 상응하게 지치고 피곤한 상태였다. 우리는 그 다음 이틀간을 식료품과 디젤을 구입하는 데 보냈고, 구입한 물건들을 세 척의 배에 나눠 실었다. 브루스는 다행히 내가 부탁했던 비상용 발전기를 포트 로더데일에서 가져왔다. 모든 게 완벽해 보였지만 여전히 가장 중요한 게 빠졌다. 세관증빙서류였다. 끈질긴 수소문 끝에 달러 지폐 서너 장의 주인이 바뀐 후 마침내 한 사람을 찾아냈는데, 그 사람의 친구가 세관원을 아는 사람을 안다는 것이었다. 그리고 그 다음 날 우리 배의 통관수속을 해 주기 위해 정말로 그 세관원이 몬테고베이에서 오초리오스로 오는 먼 길을 달려왔다. 우리는 그 '특별 교부'를 한 움큼의 달러로 보상했고, 세관원은 세 척의 배와 장비가 들어 있는 50개의 방수상자들을 점검한 후 친절한 미소를 띤 채 통상적인 "문제없습니다, 나리." 라는 말과 함께 여권과 통관서류에 도장을 찍었다. 드디어 출발할 수 있게 됐다.

　데이브 고데, 밥, 에버렛과 나는 선장과 자메이카인 두 명과 함께 포켓 체인지호에 타기를 원했고, 크리스, 데이브 해리슨과 존이 다른 선장과 두 명의 자메이카인 선원과 함께 프리 스피릿호에 타기로 결정했다. 브루스, 글렌 그리고 얼은 레리타주호로 항해를 하고 엔진으로 움직이는 배를 탄 우리보다 시간이 좀 더 필요할 것이기 때문에 먼저 출발할 예정이었다. 우리가 계산한 바에 의하면 오초리오스에서 일 아바슈 섬까지는 넉넉잡아 하루면 충분했다. 배 안에는 3주간을 버틸 수 있는 싱싱한 식료품과 디젤이 실려 있었고 분위기는 최상이었다. 16명으로 구성된 탐험대 팀은 새로운 모험을 할 각오가 돼 있었다. 우리는 밧줄을 풀고, 엔진에 시동을 걸고, 아이티를 향해 항로를 잡았다.

자메이카는 구름 한 점 없는 푸른 하늘과 태양, 북서쪽에서 불어오는 상쾌한 산들바람으로 우리를 배웅했다. 처음 한 시간은 자메이카의 북부해안을 따라서 항해를 했다. 두 배의 디젤연동장치는 완벽하게 작동했고 배를 빠른 속도로 전진시켰다. 정오의 열기는 점차 오후면 나타나는 카리브해 특유의 온난다습한 열대성 기후로 바뀌어갔다.

얼마 지나지 않아 포트 마리아 항구가 모습을 드러냈는데, 수백년 전 헨리 모건 선장이 그곳에 대규모 농장을 갖고 있었다. 그 저택은 나중에 작가인 노엘 카워드의 소유가 됐는데, 그의 친구인 이언 플레밍은 그 저택의 넓은 베란다에서 세 편의 제임스 본드 소설을 집필했다. 현재 그 《파이어 플라이 저택》은 음반회사 아일랜드 레코드의 소유주인 크리스 블랙웰의 소유인데, 그 회사는 특히 내가 아주 좋아하는 밥 머레이의 음악을 제작했다.

우리는 두어 시간 자메이카의 해안을 따라 항해를 계속하다가 푸앙모랑의 등대를 통과한 후 자메이카와 아이티 사이의 해협을 향해 항로를 잡을 예정이었다.

배 안의 분위기는 새로운 탐험여행의 시작이 늘 그렇듯이 긴장이 풀리고, 조금은 흥분된, 유쾌한 상황이었다. 내 앞에서 바닷물이 거품을 일으키고, 다른 팀원들이 떠들고 농담을 하며 웃고 있는 동안, 나는 물을 한 모금 마셨다. 그런데 별안간 불안감을 주는 전혀 다른 소음이 그 사이를 파고들었다. 소음은 점점 더 요란해졌고, 우리는 한 순간 머리 위로 헬리콥터 한 대가 맴돌고 있는 것을 발견했다. 헬리콥터의 붉은색과 표지를 보고 나는 미국 해안경비대라는 사실을 알아차렸다. 헬기는 이제 우리 배의 브리지(선장이 지휘하는 곳. 선교—역주)와 거의 같은 높이에 떠 있었고, 열린 옆문에서 한 병사가 완전무장을 한 채 우리를 향해 기관총을 겨누고 있는 게 보였다. 귀가 먹을 정도로 요란한 소음을 뚫고 배를 즉각 멈추고 무선통신기로 검문에 응할 준비를 하라는 명령이 확성기를 통해 울렸다. 나는 서둘러 브리지로 갔다. 여전히 우리를 겨누고 있는 기관총을 보자 뱃속이 싸늘해졌다. 나는 더 가까이 와서 우리 배 근처에서 뱃머리를 돌리고 속력을 늦추라고 프리 스피릿호에 타전을 했다.

그러자 해안경비대의 장교가 무선통신기를 통해 나에게 질문을 던지기 시작했다. 우리가 탄 배의 이름, 배의 소유주, 배가 등록된 곳, 출발지 그리고 여행 목적지가 질문의 내용이었다. 나는 조마조마한 마음에도 불구하고 의식적으로 차분하게 원하는 정보를 건넸고, 우리가 디스커버리 채널을 위해 다큐멘터리 영화를 찍는 촬영 팀이라는 사실도 덧붙였다.

그 사실이 긴장을 어느 정도 완화시키긴 했지만, 그럼에도 나는 통관서류의 일련번호를 말해 주어야 했다. 서류를 점검하고 확인하는 동안 그 장교는 아이티에서 정박하지 않도록 조심하라고 주의를 주었다. 모든 서류에 하자가 없다는 사실이 확인되자, 나는 무선으로 정중하게 감사의 뜻을 표했다. 하지만 뱃속이 땅기는 불쾌한 느낌은 지속됐다. 마침내 해안경비대 병사는 기관총의 방아쇠에서 손가락을 뗐고, 헬기는 위로 날아올라 그사이 수평선 위로 나타난 거대한 해안경비대의 모함이 떠 있는 쪽으로 사라졌다.

우리 모두 그런 유쾌하지 않은 에피소드를 무사히 넘겼다는 사실이 기뻤다. 나는 항해를 계속하라는 신호를 보냈다. 우리는 예기치 못한 지연으로 거의 한 시간 가량을 허비했다. 그제야 나는 모든 난관에도 불구하고 자메이카에서 공식적인 세관증빙서류를 마련하는 걸 단념하지 않은 게 천만다행으로 느껴졌다. 그렇지 않았더라면 무슨 일이 벌어졌을지 예측할 수 없었다.

우리가 탄 배 바로 앞에서 한 무리의 돌고래 떼가 수면 위로 뛰어오르자, 비로소 암울했던 우리들의 기분도 다시 밝아졌다. 돌고래 떼는 한동안 뱃머리에 부딪치는 파도 속에서 뛰어놀았다. 나는 다시 우리의 목적지인 아이티에 정신을 집중했다.

에스파뇰라 섬은 서쪽으로는 쿠바와 자메이카, 동쪽으로는 푸에르토리코 사이에 놓여 있는데, 1498년 콜럼버스에 의해 발견됐다. 현재 그 섬은 아이티와 도미니카 공화국으로 분할돼 있다. 아이티는 서쪽으로 섬의 3분의 1을 차지하고 있으며, 면적은 약 2만 7,750 평방킬로미터로 독일의 헤센 주보다 약간 크다. 수도인 포르토프랭스에만 100만 명에 가까운 사람들이 살고 있으며, 전체 인구는 대략 800만 명에 달한다. 공용어는 프랑스어지만 국민의 대다수가 프랑스 어의 영향을 강하게 받은 혼합언어인 크레올어를 사용한다. 종교는 천주교와 부두교가 기묘하게 혼합된 형태이다.

1520년 최초의 노예들이 아프리카로부터 이곳으로 끌려왔다. 토착원주민이던 타이노-인디언들은 질병과 살인으로 인하여 거의 500만에 가까웠던 인구가 1,000명으로 감소됐다. 50년이 지난 후 섬에는 이미 2만 명의 노예들이 살고 있었고, 그들의 자손들이 현재 전 인구의 과반수를 차지하고 있다. 식민지 지배국이던 프랑스와 스페인은 17세기에 그 섬을 자기들끼리 분할했고 프랑스는 아이티를, 스페인은 도미니카 공화국을 각각 차지했다.

최초의 노예국가로 1804년 프랑스로부터 독립을 쟁취한 이후 섬 공화국 아이티엔 잠잠할 날이 없었다. 지금까지 33번의 폭력혁명이 있었고, 그때마다 지배층은 대부분 피비린내 나는 상황하에서 실각하곤 했다. 죽음의 기병대로 통치권을 유지했던 잔혹한 독재자 베이비 독 뒤발리에는 여전히 잊혀지지 않고 있다. 1986년 그가 반란군에 의해 실각당한 이후에도 변한 건 거의 없다. 이전에 빈민을 보살피던 신부였던 장 베르트랑 아리스티드 치하에서도 마찬가지였다. 아리스티드는 1990년에 있었던 최초의 민주선거에서 90%의 득표율로 대통령에 당선됐고, 우리가 아이티로 탐험여행을 할 당시 여전히 독재자로 군림하고 있었다. 그런 혼란한 상황과 피폐한 사회기반시설, 그리고 도처에 횡행하는 범죄 때문에 아이티에는 관광사업이 전무한 거나 다름없다. 실제로 극소수의 사람만이 그렇게 비참하고, 정치적으로 불안정하며, 분열된 위험천만한 나라로 여행하는 걸 감행한다.

브리지로부터 부르는 소리가 이번 항해에 대한 나의 걱정을 중단시켰다. 사람들이 흥분한 이유를 알기 위해 나는 위로 올라갔다. 브리지에 도착하자 나는 그 원인을 알아차릴 수 있었다. 북쪽 수평선에 먹구름이 모이고 있었고, 그건 불길한 징조였다. 구름은 점점 더 짙어지며 하늘을 온통 시커멓게 뒤덮기 시작했는데, 그건 분명 아이티와 자메이카 사이에서 빈번히 그리고 갑작스럽게 발생하는 폭풍의 전조였다. 그리고 이삼 분 후면 우리가 그 한가운데에 처할 것이 확실해 보였다. 장비를 갑판에 단단히 묶고, 카메라를 다른 곳으로 옮기고, 지독한 파도타기에 적응할 순간이 다가왔다.

단 일 초도 허비할 시간이 없었다. 모든 걸 다시 한 번 점검해야 했고, 특히 디젤이 담긴 무겁고 큰 통들은 각별한 주의가 필요했다. 배마다 네 통을 선미에 묶어 놓았는데, 균형을 맞추기 위해 좌우로 각각 두 통씩 묶어 놓은 상태였다. 그럼에도 우리는 너무 많은 짐을 실었다. 통이 하나라도 풀리면 배의 균형이 깨지고 배가 전복될 수 있었다.

폭풍은 이미 가까이 다가왔고, 항속으로 인해 맞바람이 불었는데도 불구하고 온몸에서 땀이 흐르는 이례적인 무더위를 동반했다. 파도는 짙은 보라색으로 변하더니 검은색으로 바뀌었다. 파도는 점점 더 높이 일었고, 흰 파두를 형성하며 상대적으로 작은 우리 배들을 강하게 뒤흔들기 시작했다. 우리는 해난을 당할 경우 서로 도울 수 있도록 모두 가까이 붙어 있기로 다른 배들과 무선으로 약속을 했다. 갑판 위에 머무를 필요가 없는 사람들은 모두 선체 안으로 들어갔다.

그러자 폭풍은 삼사 미터 높이의 파도로 우리를 덮쳤다. 북동쪽에서 밀려온 폭풍은 우리가 탄 조각배를 사정없이 공격했고, 배는 항로를 벗어나 점점 더 멀리 남쪽으로 떠밀려갔다. 브리지에서 선장을 돕고 있던 밥과 나는 이미 뱃속으로 폭풍을 느꼈다. 브리지는 공기가 가장 신선함에도 불구하고 폭풍이 부는 동안만큼은 뱃멀미를 하는 사람에겐 가장 나쁜 장소이다. 브리지는 다른 곳보다 높은 위치에 있기 때문에 폭풍이 불면 어떤 곳보다도 더 심하게 상하좌우로 요동을 친다. 내가 보기엔 모든 움직임이 동시에 일어나는 것 같았다. 정말이지 비위가 약한 사람에겐 권할 게 못된다.

다행히 우리가 고용한 선장은 그런 폭풍에 대해 어느 정도 경험이 있었다. 선두가 여러 번 세찬 바다에 위태로울 정도로 깊이 잠겼지만 선장은 조타륜에서 손 한 번 떼지 않은 채 매번 선두를 다시 위로 들어 올렸고, 파도를 하나하나 타고 넘어갔다. 주위는 점점 더 어두워졌다. 거센 파도는 이제 육칠 미터 높이로 치솟았다. 항로를 어떻게든 조금이라도 유지해 보려는 시도조차도 힘들어졌고, 사실 그 상황에선 별 의미가 없었을 것이다. 이제 중요한 건 오직 하나, 가능한 한 파도에 공격받을 면적을 최소화하고 파도를 피하는 것이었다.

마침내 파도가 너무 사납게 몰아쳤기 때문에 우리는 배의 무게를 덜기 위해 장비의 일부를 바다 속에 버리려는 생각까지 했다. 실제로 거대한 파도는 더욱 더 강하게 배 위로 들이닥쳤고, 선두와 특히 무거운 짐을 실은 선미를 점점 더 깊이 세찬 물속으로 밀어 넣었다. 장비를 포기하겠다는 결정은 이제 막 시작된 탐험여행의 끝을 의미하는 것이며, 또한 막대한 경제적 손실을 초래하는 것이다. 다른 한편으로는 우리의 생명이 그 결정에 좌우될 수도 있다. 그러나 우리가 자메이카인 선장에게 우리가 생각한 바를 전하자, 그는 평소와 같은 활기찬 목소리는 아니었지만 여전히 "문제없습니다, 나리"라는 말과 함께 일단 한번 기다려 보자고 말했다. 그렇게 큰 소리로 몇 마디 나눈 후 안심이 된 건 아니었지만 나는 나중에 무척 후회할지도 모를 일을 하기 전에 본토박이 선장의 경험을 믿고 좀 더 기다려 보기로 결심했다.

실제로 폭풍은 동일한 위력으로 계속해서 14시간을 몰아치긴 했지만 더 심해지지는 않았다. 얼마 지나지 않아 선장과 에버렛만 뱃멀미를 하지 않았고, 나를 포함한 나머지 사람들은 모두 비참한 지경이 되었다. 그리고 그 와중에도 우리는 장비들을 제자리에 유지하고 값비싼 카메라장비가 젖지 않도록 애를 써야 했다.

얼마 안 있어 우리는 우리가 어디에 있으며, 다른 배들이 어디에 있는지 전혀 감을 잡을 수 없었다. 나침반의 바늘은 미친 듯이 돌아갔고, 배가 너무 심하게 흔들려서 위성항법장치의 계기에 나타나는 작은 숫자들을 더 이상 읽을 수도 없었다. 거대한 파도가 안테나를 부러뜨리자 무선연락도 끊겼다. 당분간은 항법이나 위치 확인을 생각할 수 없었다. 우리가 탄 배가 상당히 멀리 남쪽으로 떠밀려 갔을 것이라는 사실만 짐작하고 있었다. 기력이 다하기 전에 폭풍이 빨리 멈춰 주기만을 바랄 뿐, 별 도리가 없었다.

자정이 조금 지나서야 비로소 바다는 서서히 잠잠해지기 시작했고, 우리는 드디어 북동쪽으로 다시 항로를 잡을 수 있었다. 프리 스피릿호와 레리타주호로부터는 전혀 소식이 없었다. 에버렛은 부서진 안테나를 수리하기 시작했고, 한 시간이 채 못돼 우리는 프리 스피릿호와 무선연락을 할 수 있었다. 프리 스피릿호는 우리보다 이삼 킬로미터 전방에 있었고, 수압장치에 문제가 발생한 상태였다. 그러나 브루스의 범선은 여전히 흔적도 없이 사라졌다.

대관절 브루스는 어디 있는 것일까? 대양이 그를 삼켜 버린 것처럼 보였고, 그게 바로 우리가 우려하던 바였다. 그런 불길한 생각을 하며 우리는 뒤흔들린 배 위에서 정돈을 하기 시작했다. 선원 한 사람이 지독하게 강한 커피를 끓였고, 밥이 샌드위치를 몇 개 만들었다. 하지만 누구도 잘 먹질 못했는데, 그건 심한 뱃멀미로 상한 속 때문만은 아니었다.

제 2장

일 아바슈 섬

폭풍이 지나간 후 우리가 정상적인 일상으로 돌아오는 데는 시간이 걸렸다. 나는 수평선 위로 조그만 선이 보였을 때처럼 기뻤던 적이 없었다. 육지가 보인다!

육지까지는 여전히 몇 시간의 항해가 필요했지만 우리는 할 일이 많았다. 폭풍이 장비를 모두 뒤죽박죽 흩트려 놓아서 훼손 여부를 하나하나 철저히 점검해야만 했다. 게다가 폭풍이 몰아치는 동안 포켓 체인지호 안에 상당한 양의 물이 찼는데, 뱃바닥의 펌프가 막혔기 때문이다. 에버렛이 그 문제를 처리했다.

우리는 아침 안개를 뚫고 아이티 해안을 향해 배를 몰았다. 산이 많은 남부 해안이 점차 뚜렷하게 모습을 드러냈고, 여전히 해안 위에 떠 있는 시커먼 폭풍구름과 함께 비현실적이고 위협적인 장면을 연출했다. 새로운 미지의 세계를 향해 항로를 잡을 때마다 일반적으로 나의 감격은 끝이 없다. 하지만 이번에는 전혀 달랐다. 브루스, 글렌 그리고 얼에 대한 걱정이 모든 걸 무색하게 만들었다. 폭풍이 지나간 지 몇 시간이 지난 그때까지도 그들로부터는 여전히 소식이 없었다. 우리는 30분마다 무선통신기로 그들과 연락을 취하려고 애를 썼다. 그러나 전파가 흐르는 소리만 들릴 뿐 응답은 없었다. 우리들 중 누구도 모두가 우려하던 생각을 차마 입밖에 내질 못했다. 수세기에 걸쳐 이 위도 상을 횡단했던 무수한 뱃사람과 배들이 그랬듯이 대양이 우리 친구들에게 마지막 운명이 되었다는 생각 말이다.

브루스가 뛰어난 범선 항해자이며 과거에 이보다 심한 폭풍도 견뎌냈다는 사실만이 유일하게 내게 약간의 용기를 불어넣었다. 그래서 나는 그 실낱같은 희망에 매달렸고, 그 순간으로선 더 어쩔 도리가 없었다. 일단 육지에서 보트의 훼손된 부분들을 수리하고, 연료를 가득 채운 후에야 비로소 브루스와 일행을 찾으러 다시 바다로 나갈 수 있었다.

배가 아이티로 접근하자, 남동쪽의 만을 거센 파도로부터 보호하는 반달 형태의 암초가 보였다. 암초 위의 검은 점 두세 개가 내게

의아심을 불러일으켰다. 망원경으로 보자 그것이 수많은 배의 잔해라는 사실이 드러났다. 언뜻 보기에 그곳에서 홀로 녹슬어가고 있는 오래된 화물선들인 듯 싶었다. 바닷물에 부식되어 구멍이 숭숭 뚫린 선체들이 마치 그 해역으로 항해하려는 우리에게 위험하다고 경고하듯 뼈만 앙상한 손가락처럼 수면 위로 우뚝 솟아 있었다.

거의 한 시간이 더 지나서야 암초 뒤에 있는 작은 섬들의 야자수 꼭대기가 보이기 시작했다. 섬들은 마치 거북이들처럼 터키 옥같이 푸른 카리브의 물 위에 떠 있었다. 만 안으로 계속 진입하자 바로 일 아바슈 섬에 있는 언덕의 어두운 그림자를 볼 수 있었다. 우리들의 목적지였다.

일 아바슈 섬은 아이티 앞 남서쪽에 놓여 있는 반달 모양의 작은 섬이다. 그 섬은 위험한 암초와 사주들 한가운데에 우뚝 솟아 있고, 어부들이 살거나 무인도인 더 작은 섬들로 둘러싸여 있다. 우리는 섬의 북서쪽에 위치한 포트 모건 항구로 갈 예정이었다. 배를 조심스럽게 조종하며 최대한 느린 속도로 섬에 접근했는데, 그건 평화로운 정경을 믿을 수 없었기 때문이다. 그곳의 거울처럼 맑은 물은 부분적으로 2미터 깊이밖에는 되지 않았다. 그리고 바닥에는 칼날처럼 예리한 산호초와 위태로운 사주들이 우리가 탄 배의 얇은 표면을 갈라 쪼개서 또 하나의 난파선을 만들기만을 기다리고 있었다.

언제 폭풍이 있었냐는 듯 이제 카리브의 태양이 엷은 파란색 하늘에서 작렬했다. 햇빛이 젖은 갑판을 건조시켰고, 바닷물이 증발하자 김이 모락모락 피어올랐다. 우리 앞에 말발굽 형태를 한 포트모건 만이 나타났다. 천연적으로 이루어진 그 항구로 들어가는 입구는 협소했고, 좌우로 작은 어선들이 야자수와 수풀 밑에 정박해 있었다. 백사장 뒤로 상당히 큰 부락의 일부인 듯한 조그만 움막들의 지붕이 무수한 색상의 녹음으로 둘러싸여 있었고, 그 녹음 속에서 주위의 언덕들이 빛을 발하고 있었다.

우리가 만 안으로 진입할수록 점점 더 가까이 다가오는 작은 어선들이 내 주의를 끌었다. 차츰 더 많은 어선들이 우리 쪽으로 접근해 왔다. 어부들은 크레올어로 무언가 소리를 지르고 말을 했지만 우리 중 누구도 그 말을 알아듣질 못했다. 어쨌든 우리를 환영할 의도가 없는 것이 명백했다. 왜냐하면 내가 멀리서 반가워하는 손짓으로 여겼던 것이 실은 위협이라는 게 밝혀졌기 때문이다. 어부들은 작은 통나무배에 서서 우리를 향해 주먹을 흔들었고, 개중에는 심지어 칼과 머셰티를 들고 있는 사람들도 있었다. 어부들이 우리에게 지르는 소리는 무척 공격적으로 들렸다. 위험한 상황이었다 — 무엇보다도 선두에 선 어부들이 이미 우리 배에 기어오를 수 있을 정도로 가까이 다가온 상황이었기 때문이다.

나는 다른 사람들에게 침착하라고 소리치고 어떻게 하면 이 상황을 해결할 수 있을지 머리를 쥐어짰다. 배를 돌리고 재빨리 사라지는 것이 한 방법일 수 있었다. 작은 어선들 중 누구도 우리를 따라

잡을 수는 없을 것이다. 하지만 도망을 친다는 건 생각할 수 없었다. 우리가 평화적인 목적으로 왔다는 사실을 섬주민에게 알려야만 했다. 나는 과거의 탐험여행을 통해 그런 상황에서 불신을 없애는 가장 좋은 방법은 선물이라는 사실을 배웠다. 우리가 탄 배에 손을 대려는 어부들에게 안심시키는 말과 함께 주스와 과자를 주기 시작했다. 나는 무선통신기로 프리 스피릿호에게 똑같이 하라고 권했다. 그리고 실제로 배의 좌우에 있던 성난 어부들은 차츰 진정하기 시작했다. 그들은 다투어 하찮은 선물들을 잡아챘고, 마지막으로 미심쩍은 눈길을 뒤로한 채 마침내 멀어져 갔다.

며칠이 지난 후에야 우리는 어부들이 왜 그렇게 흥분했는지를 알았다. 우리가 오기 얼마 전에 자메이카에서 온 마약밀매업자들이 자신들이 타고 온 쾌속정의 스크루로 어부들의 그물을 갈기갈기 찢어 놓았던 것이다. 그들은 미국 해안경비대를 피해 만 안에 숨으려 했던 것 같았다. 화가 난 어부들이 답변을 요구하자 자메이카인들은 즉각 총을 쏘아 댔고, 실제로 섬주민 몇 사람에게 상처를 입혔다. 그 일이 있은 지 얼마 되지 않아 우리가 나타나자 어부들은 우리도 마찬가지로 마약밀매업자라고 간주하고 쫓아 버릴 심산이었던 것이다.

다음엔 어떤 일이 우리를 기다릴지 긴장한 채 우리는 엔진에 제동을 걸고 느린 속력으로 조심스럽게 만 안으로 진입했다. 그러나 그건 괜한 걱정이었다. 우리는 방해를 받지 않은 채 한 목조 선창에 닻을 내리고 배를 계류시켰고, 폭풍으로 인해 여전히 기진맥진한 몸과 후들거리는 다리로 다시 육지를 밟았다. 선창에서 프랑스인 부부가 우리를 환영했는데, 그들은 프랑수아즈와 디디에 불라르 부부로 수년 전부터 일 아바슈 섬에서 살고 있었다. 두 사람은 이미 몇 시간 전부터 우리를 보고 있었다고 했다.

이들 부부는 7년 전 범선으로 항해하던 도중 폭풍을 피하기 위해 이 섬으로 왔다가 이곳에 매혹되어 여기에 남기로 결심했다고 우리에게 설명했다. 두 사람은 집을 한 채 지었고, 그 후에 조그만 계류장을 만들어 때때로 폭풍을 피하기 위해 안전한 항구나 장소를 필요로 하는 항해자에게 피난처를 제공하곤 했다.

프랑수아즈와 디디에의 뒤로는 원주민들이 거대한 무리를 이루어 빽빽이 둘러서서 호기심 어린 표정으로 우리들을 주시했다. 부락 주민 모두가 달려 나온 듯이 보였다. 주민들은 우리를 잠깐이라도 보려고 서로 밀치며 앞으로 나왔고 흥분한 채 대화를 나누었다. 우리가 그날의 구경거리인 게 분명해 보였다. 마침내 젊은이 하나가 얼굴 가득 미소를 띠고 우리 앞으로 다가오더니 우리 손을 잡고 열정적으로 흔들었다. 그 청년의 이름은 바그너였고 영어를 몇 마디 구사했다.

우리는 섬을 둘러보기 전에 브루스와 그 일행이 어떻게 됐는지를 알아봐야만 했다. 해안경비대에 구조요청을 한다는 건 헛된 생각이었는데, 이 지역엔 그런 게 존재하지 않았기 때문이다. 해양구조 순양함도 없고, 헬기도 없고, 조난을 당한 경우 도움을 청할 사람도 전혀 없었다. 의사도 없었고, 본인이 스스로 가져가지 않으면 의약품도 없었다. 따라서 우리가 직접 수색작업에 착수할 수밖에 없었다. 하지만 그전에 먼저 꼭 필요한 부분만이라도 배를 수리해야 했다. 폭풍으로 인해 뱃바닥의 펌프가 가장 많은 피해를 입었는데, 몇 개는 새 걸로 교환해야 했다. 그밖에도 에버렛이 임시로 수리했던 부서진 안테나의 전선을 새로 연결해야 했다. 거센 풍랑으로 인해 여러 개의 유리창에 물이 스며들어 틈새를 메워야 했다. 게다가 폭풍으로 선체 내부의 벽판이 상당 부분 헐거워져 다시 고정을 시켜야 했다. 주민들은 처음에는 수줍어하더니 시간이 지나자 전 부락 주민이 짐을 내리는 걸 도와주었고, 짐들이 뭍으로 옮겨지기까지는 채 한 시간도 걸리지 않았다.

우리가 배에 연료를 채우고 출항준비를 하려는 순간, 갑자기 무선통신기가 요란한 소리를 내며 침묵에서 깨어났다. 그건 오직 한 가지만을 뜻하는 것이었다. 브루스가 살아 있고 레리타주호가 침몰하지 않았다는 사실이었다! 나는 서둘러 무선통신기 쪽으로 갔다. 스피커에서 정말로 브루스의 음성이 울려나왔다. 그들은 모두 살아 있었다! 상당히 뒤흔들리고 피곤하긴 했지만 모두 무사했고 기분은 최상이었다. 레리타주호는 아직도 몇 시간 떨어진 거리에 있었지만 저녁식사 시간에 맞게 도착할 것이라고 했다.

나는 완전히 안심이 됐다. 누구에게도 불상사가 발생하지 않았고 장비도 모두 무사했다. 그런 마음의 짐이 사라지자 불현듯 열대 섬의 이국적 분위기가 눈에 들어왔다. 나는 따뜻하고 습한 공기를 깊이 들이마시며 오르히데(난초과 식물—역주), 하이비스커스꽃(목부용속 식물—역주) 그리고 우리 주변 곳곳에 자라고 있는 다른 열대식물의 향기를 즐겼다. 이 얼마나 아름다운 곳인가!

그런 평화로운 정경 속에서 수세기에 걸쳐 블루 노즈호뿐만 아니라 수많은 배들이 침몰했었다는 사실을 상상하기란 어려운 일이었다. 역사상 가장 악명 높은 해적이었던 헨리 모건 경이 그곳에서 해적활동을 했었고, 일 아바슈 섬에 자신의 비밀 본거지를 세웠었다. 우리가 서 있던 곳으로부터 그리 멀지 않은 곳에서 그 당시 옥스퍼드호가 폭발했음에 틀림없었다. 그 시간 이후로 작은 섬에는 달라진 게 거의 없는 것처럼 보였다. 수세기 동안 일 아바슈 섬의 주민들은 물고기를 잡아 생활했고, 옥수수, 바나나, 망고, 파파야를 경작했으며, 짚으로 지붕을 인 단순한 움막에서 살았다.

몇 시간이 지난 후 갑자기 야자수 사이로 희고 붉은 무언가가 반짝였다. 나는 흰 바탕에 두 개의 붉은 띠로 테를 두른 붉은 단풍나무 잎이 그려진 깃발을 보았다. 캐나다의 국기였다. 드디어 브루스와 일행이 도착한 것이다. 우리는 모든 걸 내버려 둔 채 선창 아래로 달려갔다. 배가 닻을 내리자마자 우린 서로 부둥켜안았다. 얼이 가장 지쳐 보였다. 뱃멀미가 그를 가장 심하게 괴롭혔던 것 같다. 다른 두 사람은 그렇게까지 지쳐 보이지는 않았지만 역시 휴식이 절실히 필요했고, 무엇보다 수면이 필요했다. 그들이 탔던 범선은 상당 부분이 파손되는 걸 감수해야 했다. 난간의 일부가 사라졌고, 중앙 돛은 여러 군데 찢겨져 있었다.

불라르 부부가 저녁식사를 준비한 채 기다리고 있는 언덕으로 올라가며 우리는 왁자지껄 떠들면서 서로 경험한 것들을 주고받았다. 프랑수아즈는 직접 재배한 채소와 고구마를 요리했고, 마늘버터와 석쇠에 구운 바닷가재의 향기가 코를 자극하며 지난 이틀간의 근심을 떨쳐 버렸다. 남은 건 오직 왕성한 식욕뿐이었다. 우리는 그때까지 식사를 거의 못한 상태였다. 맛이 정말 뛰어난 바닷가재는 그곳에선 특별한 것이 아니었다. 유럽에서 많은 돈을 지불해야 하는 그 갑각류는 일 아바슈 섬에선 거의 공짜나 다름없었는데, 한 마리에 25구르드(아이티의 화폐 단위―역주)로 대략 1달러 50센트 정도였다.

우리는 저녁식사를 하면서 우리를 초대한 주인에게 우리가 블루 노즈호를 찾고 있다는 사실을 이야기했다. 디디에는 나에게 그 다음 날 섬의 다른 부락에 있는 존 에노 신부의 선교관을 방문해 볼 것을 권했다. 어쩌면 그 신부가 배의 소재에 관해 무언가 알지도 모른다는 것이었다. 그건 또 하나의 희소식이었고 내 기분은 점점 더 좋아졌다. 나는 마침내 작업을 시작하는 걸 더 이상 기다릴 수 없을 지경이었다. 우리는 블루 노즈호를 찾아낼 것이며, 시간이 허락한다면 모건 선장과 해적선의 흔적도 뒤쫓을 수 있을지 몰랐다.

일 아바슈는 독일어로 '소의 섬'이라는 의미로 특이한 명칭인데, 얼마 안 있어 나는 그에 관한 이야기를 듣게 됐다. 일 아바슈 섬은 수많은 암초와 사주로 둘러싸여 있다. 게다가 16~17세기엔 그런 현상이 훨씬 더 두드러졌었다. 섬의 남동쪽에 있는 암초들 중 몇몇 은 심지어 썰물이면 거의 섬으로 걸어갈 수 있을 정도로 낮다. 그 당시엔 대부분의 선박들이 남쪽으로부터 섬으로 들어왔다. 그래서 조심하지 않거나 갑자기 폭풍이 들이닥치면 암초에 걸려 움직이질 못했다. 배에는 닭, 염소, 돼지, 소 등 사육할 가축들이 실려 있었는 데 그 중 소가 가장 많았다고 한다. 그런데 섬 근처에서 배가 좌초 되면 일부 소들이 헤엄을 쳐 섬까지 오기도 했다. 수세기에 걸쳐 소 는 방해받지 않고 번식을 했고, 누구든 섬에 상륙하면 엄청난 소 떼 와 마주쳤다. 항해를 위해 신선한 고기를 마련하기엔 안성맞춤이었 다. 모건 선장 같은 해적에겐 그런 조건이 접근이 불가능한 지리적 조건과 더불어 이 섬을 이상적인 거점이자 전형적인 은둔처로 만들 었을 것이다.

부락 주민들은 전부터 늘 해안으로 밀려온 난파선의 잔해를 움막 을 짓는 데 필요한 건축자재로 요긴하게 사용해 왔고, 운이 좋으면 블루 노즈호의 이런저런 부분을 집 벽이나 선반에서 다시 발견할 수 있을지도 모른다고 디디에가 설명했다. 하지만 설령 우리가 그 곳에서 현판 같은 걸 발견했다 하더라도 습득한 장소를 정확히 알 지 못하면 그것이 정말로 블루 노즈호의 현판인지를 규정할 수는 없었을 것이다.

블랙커피, 싱싱한 과일, 직접 구운 빵으로 느긋하게 아침식사를 하며 우리는 일 아바슈 섬에서 맞은 첫 아침을 시작했다. 식사 후 우리는 블루 노즈호가 침몰한 장소에 관해 좀 더 많은 것을 알고 있을지도 모를 에노 신부가 거처하는 선교관으로 출발할 예정이었다. 보트를 한 척 갖고 있던 바그너의 사촌 하나가 그 배로 나와, 데이브 고데, 밥을 선교관으로 데려가기로 돼 있었다. 우리 배는 흘수(선체가 물에 잠기는 깊이나 정도—역주)가 너무 깊어 타고 갈 수 없었다.

바그너 사촌의 어선은 대략 8미터 길이에 너비는 2미터로 돛대 하나에 삼각형 돛을 달고 있었다. 우리는 카메라 장비를 다소 부서진 듯 보이는 그 배로 운반했고, 두 명의 원주민 도우미가 장비들을 뱃전 위로 들어올려 배에 실었다. 탐험대의 나머지 사람들은 우리가 없는 동안 잠수장비를 점검하고, 마지막으로 두세 군데 배를 수리하고, 장차 있을 첫 번째 잠수작업을 위해 산소탱크를 채우며 시간을 보내려 했다. 브루스도 자신의 범선을 다시 가동시키려면 하루가 더 필요했다.

보트에 짐이 모두 실리자 바그너의 사촌이 출발할 수 있다는 신호를 보냈다. 배는 섬에서 가장 중요한 교통수단이었다. 섬 자체에는 도로가 전혀 없었고, 자주 걸어다녀 저절로 생긴 길과 당나귀가 지나다니는 길뿐이었다. 게다가 중요한 부락들은 모두 곧바로 해안가에 자리 잡고 있었다. 마담 베르나르 — 일 아바슈 섬에서 가장 큰 그 부락을 그렇게 불렀다 — 로 가는 데는 한 시간 정도밖에는 걸리지 않는다고 했다. 약 800년쯤 전에 몬트리올에서 온 캐나다의 선교사들이 그 부락에 선교관을 세웠었다. 그곳으로 가는 짧은 여행이 우리를 무수한 작은 섬들, 백사장, 상록식물들로 어우러진 천연의 해안으로 안내했다.

바그너는 키를 잡고 사촌의 지시에 따라 녹청색 물속 곳곳에 잠겨 있는 수많은 사주와 바위를 피해 이리저리 항로를 바꾸는 데 전념하고 있었다. 그사이에 나는 그의 특이한 이름이 어디서 유래했는지를 알게 됐다. 그의 독일식 이름은 일 아바슈 섬의 이주역사에서 유래한다. 1864년 무렵 자유주의 사상가이자 사업가였던 베른하르트 코흐는 예전의 노예들을 버지니아에서 그 섬으로 보냈고, 노예들은 섬에서 자유인의 신분으로 목화농장을 세워야 했다. 그 사업은 실패로 돌아갔지만 500명이 넘던 노예들은 일 아바슈 섬에 잔류했고, 지금의 섬주민의 조상이 되었다. 노예들이 대부분 유럽 출신인 농장주의 성을 따라야 하는 것이 관습이었기 때문에 바그너라는 이름이 생소한 것은 아니었다.

조그만 반도를 빙 돌아 지나가자 드디어 저 멀리 야자수 몇 그루와 다른 나무들 그늘에 서 있는 흰색과 녹색으로 단장된 큰 건물이 눈에 들어왔다. 선교관이었다. 바그너는 이제 건물 앞에 있는 선창으로 배를 몰았다. 거리가 가까워지자 해변과 선교관 주변이 온통 각양각색의 옷을 입은 사람들로 북적이는 게 보였다. 모두들 무언가 중요한 일들을 하는 것처럼 보였다. 사람들은 바쁘게 이리저리 뛰어다녔고, 말을 주고받았으며 수많은 가판대 앞에서 흥정을 했다. 바그너의 말에 의하면 그날이 장날이었다. 말하자면 섬 구석구석에서 사람들이 몰려나와 최근의 소문을 주고받고 거래를 하는 그런 날이었다. 마치 일 아바슈 섬의 만 명 주민 모두가 바로 그곳에 집합한 듯이 보였다.

우리는 닻을 내리고 다양하게 차려입은 군중을 헤치고 나아갔다. 시장은 선교관 앞의 넓은 공지를 포함해 해변을 따라 부락 끝까지 계속됐다. 뜨겁게 내리쬐는 카리브의 태양으로부터 몸을 보호하기 위해 반을 갈라 속을 파낸 호박을 머리에 쓰고 있는 할머니와, 소년 둘이서 날개를 치며 꼬꼬댁거리는 닭들을 묶어 놓은 막대기를 양옆으로 들고 힘겹게 걸어가는 정경이 눈에 띄었다. 사람들은 곳곳에 가판대를 세워 놓았다. 모래에 말뚝을 박아 짚이나 야자수 잎으로 지붕을 얹은 조그만 가판대는 다섯 줄에 달했다. 맨 앞의 두 줄에선 오로지 신선한 과일과 채소, 여러 가지 익힌 음식들을 팔았고, 반면에 다른 가판대에선 의류, 나무로 만든 갈퀴 같이 정원 일에 사용하는 간단한 도구들, 조롱박과 호박으로 만든 용기, 야자열매 껍질로 만든 그릇들을 발견할 수 있었다. 뒤쪽은 섬주민이 아는 유일한 연료인 숯을 파는 상인들을 위해 예약된 듯이 보였다. 상인들은 한 줄 한 줄 숯 포대를 쌓아 올려놓았다.

많은 사람들이 시장 안을 활발하게 돌아다녔는데, 대부분 온갖 연령층의 여자와 아이들이었다. 모두들 소리를 지르고, 웃고, 재잘거리고, 노래를 부르며 떠들어 댔다. 게다가 섬 어디서고 볼 수 있는 크고 작은 돼지, 가지각색의 닭들이 내는 소음이 가세했다. 광장의 뒤쪽을 눈여겨보자 큰 울음소리를 내는 짐승들로 꽉 찬 더 넓은 공간을 발견할 수 있었다. 당나귀들을 세워 두는 주차장이었다. 조그만 숯불 위에서 지글지글 구워지는 이국적인 음식 냄새가 사방에 진동했고, 그 음식들을 야자수 잎에 싸 팔고 있었다. 도처에 사람들이 무리를 지어 서 있었고 노래를 부르곤 했다. 아이들은 끊임없이 소리를 질렀고 여자들은 큰 소리로 당나귀를 몰며 가판대 사이의 좁은 길을 헤치고 지나갔다.

첫눈에 보기엔 그 광경이 신나고 즐거운 인상을 주었다. 하지만 사람들의 표정엔 삶의 가혹함이 그대로 드러나 있었다. 자신들이 소유하고 있는 얼마 안 되는 것으로 최선을 다해야 하는 그들의 빈곤이 가슴에 와 닿았다. 섬주민들에겐 난파선의 현판이나 구리장식이 금만큼이나 소중했다. 그럼에도 나는 그들 중 많은 사람들이 블루 노즈호가 침몰한 후 습득한 물건들을 선교관에 헌납했기를 바랐는데, 아이티인들은 신앙심이 매우 깊기 때문이다. 우리는 블루 노즈호의 디젤 동력장치거나 아니면 적어도 그 장치의 부품들이 섬에 있는 한 제재소에서 그 당시까지 요긴하게 쓰이고 있으며, 선교관의 성당을 짓는 데 블루 노즈호의 현판들이 사용됐다는 소문을 들었다.

에노 신부는 선교관 입구에서 우리를 맞이했다. 신부는 키가 대략 170센티미터였고, 바람과 햇볕에 시달려 거칠어진 얼굴에 숱이 점차 적어지는 회색 머리를 하고 있었다. 나이는 육십 대 중반으로 보였고 호리호리하고 근육으로 다져진 체격이었다. 하지만 가장 인상적인 것은 그의 눈이었다 ─ 힘이 넘쳐 나면서도 동시에 따듯하고 온화했다. 오직 한 가지 목표를 위해 그곳에 전 생애를 헌신한 한 인간이 있었으니, 가난한 자와 병든 자를 돕는 일이었다.

신부는 우리가 올 줄 알고 있었다. 조그만 섬에서 이방인의 출현은 항상 대단한 사건이었고 우리가 왔다는 소식은 요원의 불길처럼 퍼져 있었다. 신부는 자신을 따라 선교관 안으로 들어가자고 청했고 우리에게 시원한 레몬주스를 대접했다. 우리는 신부에게 우리가 찾고 있는 것을 이야기했다. 신부는 "직접 한번 확인해 보시죠."라고 권하며 우리를 블루 노즈호의 현판들로 지었다는 성당으로 안내했다. 우리는 잔뜩 긴장한 채 그의 뒤를 따라갔다.

그러나 우리는 성당을 보고 실망했다. 그 현판들은 다른 건 몰라도 그랜드뱅크 스쿠너에서 떨어져 나왔을 것 같아 보이지는 않았다. 그리고 우리의 두 번째 단서도 허탕이었다. 에노 신부는 섬 전체에 제재소가 한 군데도 없으며, 있었던 적도 없다고 단언했다. 그건 정말 낙심천만이었다. 나는 예전의 탐험여행을 통해 섬에서 블루 노즈호의 잔해를 발견할 확률이 거의 희박하다는 사실을 알고 있었다. 그러나 약간의 가능성은 언제나 있는 법이며, 따라서 아무리 작은 단서라 할지라도 추적을 해야 한다. 그럼에도 우리의 방문이 헛수고는 아니었다. 에노 신부는 다른 흥미로운 걸 보여 주었다.

신부는 우리를 성당 뒤에 있는 창고로 데리고 가더니 오래 전부터 그곳에 방치돼 있던 배에서 쓰는 나무로 만든 사다리 하나를 뒤져 찾아냈다. 그가 섬에 오기 오래 전에 섬주민들이 해변에서 그 사다리를 발견하여 선교관으로 가져왔다고 한다. 배에 오르기 위해 범선에서 사용하던 사다리임이 분명했다. 우리는 사다리가 순전히 마호가니 목재로 만들어졌고 위쪽 끝 부분이 놋쇠로 장식돼 있는 것을 확인했다. 불행히도 사다리엔 배의 이름이나 다른 어떤 것도 새겨져 있지 않았다. 그래서 어떤 배에서 나온 것인지를 규정하기가 불가능했다 ― 무엇보다도 사다리가 언제 해변으로 밀려왔는지를 말해 줄 수 있는 사람이 더 이상 존재하지 않는 데도 원인이 있었다. 사다리를 원본 건조도면과 비교할 수 있어야만 사다리가 이전에 블루 노즈호에 매달려 카리브해를 횡단했는지 여부를 말할 수 있었다. 그러나 그 순간엔 그것이 불가능했다. 우리는 개요도면만 가지고 있었을 뿐 루넨버그의 조선소에 있는 블루 노즈호의 세부 건조도면은 구할 수 없었다.

그렇다고 우리들의 나들이가 전적으로 무의미한 것은 아니었다. 에노 신부는 우리에게 보여 줄 것을 더 갖고 있었다. 블루 노즈호의 안식처를 찾는 데 정말로 도움이 될 수 있는 것이었다. 1940년대에 일 아바슈 섬에 살았던 선교사인 로버트 매그론 신부가 블루 노즈호의 침몰에 관한 모든 정보를 기록해 두었을 뿐만 아니라 침몰하기 전 배를 목격하기까지 했다는 것이다.

그 자료는 우리에게 대단한 가치가 있었다. 매그론 신부는 암초 위의 정확한 장소를 해도 위에 표시해 놓았는데, 보고에 따르면 블루 노즈호가 그곳에서 침몰했었다. 탐험여행을 출발하기 전 나는 기록보관소에서 조사를 했었고 블루 노즈호의 마지막 선장이었던 윌슨 베린저의 기록도 읽었다. 윌슨 베린저가 침몰에 관해 기술한 것이 매그론 신부가 해도 위에 표시한 지점과 일치했다!

그렇다면 우리가 일 아바슈 섬에 온 지 불과 이틀만에 수수께끼를 풀었다는 건가? 아니다. 그렇다고 해서 우리가 눈곱만 한 배의 흔적이나마 찾으리라는 보장은 없었다. 하지만 이제 적어도 우리가 탐색에 착수하려던 지점이 아주 틀린 건 아닐 거라는 확증을 얻었다. 우리는 얼마 동안 에노 신부의 매혹적인 이야기를 계속 경청했다. 신부는 베이비 독 뒤발리에의 정권하에서 자신을 살해하려는 여러 번의 시도를 간신히 벗어났다. 그러나 어떤 것도 신부를 몰아낼 수는 없었다. 신부는 우물파기 계획이랄지, 또는 50명의 지체장애아들을 위한 고아원을 설립하는 것 등을 통해 그곳 사람들의 삶을 개선해 보려는 자신의 시도에 관해 얘기했다.

그사이 시간이 흘러 늦은 오후가 됐다. 해는 이미 서쪽 수평선으로 다가갔고, 그 위도 상에선 금방 어두워지기 때문에 우리는 날이 밝은 동안에 포트모건으로 돌아가려고 서둘렀다. 어둠 속에서 수많은 여울과 암초를 헤치고 배를 몬다는 건 너무 위험했다. 그 다음 날 우리는 잠수를 할 작정이었다. 좀 더 정확히 말하자면 '미친 암초', 즉 '매드 리프'에서 말이다.

제 3 장

해적생활

17세기에 세계는 해양강대국인 스페인과 영국의 지배하에 분할되어 있었다. 스페인은 막강한 함선으로 신세계의 대부분을 지배했다. 스페인 국왕 소유의 갈레온선은 거의 매일 금은보석을 보물창고로 실어 왔고, 왕의 재산뿐만 아니라 세력까지도 증가시켰다. 이에 영국은 더 이상 수수방관할 수 없었다. 그러나 노골적으로 개입한다는 건 위험했다. 공공연한 전쟁을 벌였다면 찰스 2세가 패했을 것으로 짐작된다. 뿐만 아니라 네덜란드와 프랑스도 기회를 엿보고 있었다. 그런 위험과 해전으로 감소된 함대를 고려할 때 영국 왕은 원정대 또는 더 큰 병력을 지구의 반대편으로 파견할 처지가 못 되었다. 그래서 그는 자신을 위해 카리브에서 대리전쟁을 치를 해적과 버커니어들을 이용했다. 국왕이 발행한 적국상선 나포 허가증을 지니고 해적들은 그곳에서 스페인의 선박을 나포, 파괴했고 스페인의 정착촌을 습격했다. 그럼으로써 그들은 끊임없이 흐르던 스페인의 막대한 금의 유통을 중단시켰다. 마침내 스페인도 중앙아메리카 앞에서 영국 선박을 나포하고, 선원들을 노예로 만들기 시작했다.

'버커니어'라는 말은 프랑스어에서 유래한다. 원래 '부카니에'란 말로 서인도제도의 원주민을 지칭했는데, 그 원주민들은 고기를 석쇠에 구운 뒤 훈제를 해 저장하는 특별한 방법을 발전시켰다. 그때 사용했던 화구와 훈제한 고기 역시 '부칸'이라고 불리었다. 시간이 흐르면서 '버커니어'는 망명자, 달아난 노예, 추방당한 범법자, 폭동을 일으킨 하인들이 마구잡이로 뒤섞인 집단도 지칭하게 됐는데, 그들이 얼마 안 있어 대양과 해안도시에서 공포의 대상이 되었던 것이다.

해상약탈의 전성기였던 17세기 말엽부터 18세기 중엽까지 무수한 해적들이 카리브해를 항해하며 만행을 저질렀고, 그들의 이름은 두려움과 공포를 만연시켰는데, 특히 헨리 모건, 캡틴 키드, 캡틴 블랙비어드가 대표적인 인물이었다.

그럼에도 해적과 버커니어들이 무조건 무법집단은 아니었다. 살인, 폭력, 약탈을 자행하긴 했지만 그들은 일종의 규칙을 지켰다 —
정확하고 명료하게 작성된 규약이었다. 약탈을 하기 위해 출항하기
전 해적 전원이 그 규약을 지키겠다는 서약을 했고, 그때 선장과 지
휘부도 선출했다.

규칙은 대부분 아주 비슷했다. 여기에 존 필립스 선장의 지휘하
에 있던 리벤지호의 규약을 인용한다.

제1조

누구나 선출된 상관의 명령에 따른다. 선장은 모든 노획물의 $1\frac{1}{2}$을
받는다. 갑판장, 목공, 갑판원과 포수는 $1\frac{1}{4}$을 받는다.

제2조

달아나려 하거나 단체에 비밀을 은폐하는 자는 총살을 당하거나 화
약 한 봉지, 물 한 병, 총 한 자루와 함께 섬에 버려진다.

제3조

다른 선원의 물건을 훔치는 자는 총살당하거나 섬에 버려진다.

제4조

단체의 허가 없이 다른 해적의 조항에 서명한 자는 선장과 선원들
이 적절하다고 여기는 형벌을 받는다.

제 5조

이 조항들이 유효한 기간에 다른 선원을 공격한 자는 모세의 율법에 따라 처벌을 받는다 ― 벌거벗긴 등에 39번의 채찍질을 한다.

제 6조

갑판 밑에서 총을 쏘거나, 파이프에 덮개를 하지 않고 담배를 피우거나, 등갓을 씌우지 않은 채 촛불을 들고 가는 자는 앞 조항과 동일한 형벌을 받는다.

제 7조

자신의 무기를 깨끗이 손질해서 전투를 위해 준비해 놓지 않거나 지시를 거부하는 자는 노획물에 대한 자신의 몫을 상실하며, 선장과 선원들이 적절하다고 여기는 형벌을 받는다.

제 8조

전투에서 한 손을 잃은 자는 400페소(원래는 스페인, 현재는 멕시코와 남미 각국의 화폐 단위―역주)를 받는다. 한 쪽 다리인 경우 800페소이다.

제 9조

정숙한 여자와 마주친 경우 그녀의 동의 없이 접근하는 자는 사형에 처한다.

선원 모두가 매번 긴 항해를 시작하기 전에 이 조항들을 인정했고 서명을 했었다. 제 8조가 가장 흥미로운데, 해적들이 생명보험 또는 사고보험과 유사한 것을 알고 있었다는 사실을 보여 주기 때문이다. 영국 해군에도 없는 보장이었다.

다른 조항들은 특히 약탈물의 분배와 과실을 저지른 경우의 처벌이 명확히 규정됐다는 사실을 입증한다. 물론 다음과 같은 사실을 잊어서는 안 된다. 버커니어들은 그런 규칙을 때때로 제멋대로 해석하는 경향이 있었다 — 선장이 약탈물을 충분히 공급하지 못하면 선장조차도 외딴섬에 버렸다.

냉혹한 해적들이 선상에서 주고받은 말투는 국적을 불문하고 정규 해군에서의 말투와는 달랐다. 제국전함에 승선한 선장과 장교들은 특별히 재능이 있어서라기 보다는 단순히 귀족출신이라는 이유 때문에 지위를 차지했었다. 그에 상응하게 그들은 선원 중 평민들을 거만하고 거칠게 대할 수 있었으며 종종 잔인하고 엄격하게 다스렸다.

해적선에선 상황이 달랐다. 해적들은 자신들 중에서 선장을 뽑았다. 선장은 해적들이 자신들을 부유하게 해 줄 수 있는 능력이 가장 많다고 신뢰하는 사람이었다. 선장은 지도력, 선원으로서의 자질, 전투능력을 근거로 자신의 지위를 얻었다. 선장은 선원들을 무시할 처지가 전혀 못 되었는데, 선원들이 선장을 선출한 것처럼 똑같이 신속하게 선장을 외딴섬에 버리거나, 물속으로 던지거나, 운이 좋으면 가장 가까운 항구로 가 배에서 쫓아내는 걸 결정할 수 있었기 때문이다.

선장의 권위가 완전히 인정되고 선장이 사전예고 없이 결정을 내릴 수 있는 상황이 딱 하나 있었다. 즉 토론을 할 경황이 없는 경우인 전투 중일 때였다. 가령 배의 항로나, 어느 항구에 정박하고, 어느 도시를 습격하고, 어느 배를 나포할지와 같은 다른 모든 중요한 결정은 종종 표결로 결정됐다. 선장이 다수의 의견에 반대할 경우 그건 자칫하면 규약에 대한 위반으로 해석될 수 있었다 — 자신의 직책에서 물러나, 새로운 선장이 선출되는 걸 보고만 있어야 한다는 사실을 예상해야 했다. 모건 선장이 비록 엄밀한 의미론 해적이 아니고 영국 왕실의 지휘하에 있었지만, 그 역시 그 규칙을 지켰다.

그처럼 선장이 대개 배에 탄 다른 해적들보다 훨씬 더 많은 권한을 갖고 있던 것은 아니다. 배가 전투를 준비하거나 또는 전투 중이 아니면 갑판장이 지시할 권한을 갖는 일이 빈번했다. 해적들은 모든 권위를 불신했으며, 모든 권한을 한 사람에게 집중하는 것이 별 의미가 없다고 생각했다. 그래서 선상에서의 제 2인자가 대부분 선장에 버금가거나 오히려 그를 능가하는 권한을 부여받았다.

갑판장의 주임무는 물품을 분배하는 것이었다. 갑판장이 식사의 배급량을 결정했고, 화약을 배분했으며, 임무를 할당하고 형벌을 집행했다. 그리고 무엇보다도 약탈물의 분배를 갑판장이 담당했다. 선장이 배를 지휘하고 조종하는 동안 적선침입돌격대를 인솔하고, 약탈한 재화를 자물쇠를 채워 보관하는 사람도 바로 갑판장이었다. 갑판장은 또한 해적들이 약탈한 뒤에 해적선으로 가지고 갈 물품도 결정했는데, 창고에 빈자리가 얼마나 있는지를 정확히 알고 있었기 때문이다. 그리고 갑판장은 해적들이 전부 모인 앞에서 약탈물을 분배할 때까지 금은보화를 어떻게 해야 할지를 정했다.

이 외에도 갑판장은 형벌을 집행할 수 있는 유일한 사람이었다. 선장은 형벌을 지시할 수는 있었지만 집행은 갑판장의 책임이었다. 선원들이 사건에 대해 표결을 하고, 선장이 형벌을 확정하면 갑판장이 해당자에게 벌주는 일을 맡아서 처리했다. 갑판장은 선원들 간의 사소한 분쟁도 중재했으며, 결투 시에는 결투가 공정하고 규칙대로 진행되는 걸 보장하기 위해 증인의 임무도 수행했다.

해적선 중에는 일등 항해사가 있는 배들도 있었다. 일등 항해사의 지위는 선장 바로 다음이었으며, 선장이 자신의 임무를 수행할 수 없는 경우, 일등 항해사가 지휘권을 인계받았다. 특히 왕이 발행한 적국상선 나포 허가증을 지니고 약탈을 하러 가는 해적선에 그런 직책이 있었고, 자신들 부담으로 법의 테두리 밖에서 행동했던 대부분의 해적선에선 갑판장이 마찬가지로 그 임무도 넘겨받았다.

그런 배의 선원들은 각양각색의 사람들로 이루어졌으며, 소수의 사람만이 실제로 선원교육을 받은 상태였다. 그러나 배마다 그런

결점을 메우는 숙련된 선원들이 몇 명 있었는데, 바로 갑판원이었다. 갑판원은 하사관 출신으로 배에서 특정한 직무영역을 돌보았다. 예를 들면 한 사람은 배의 삭구(배에서 쓰는 밧줄, 쇠사슬 따위의 총칭—역주)를 담당했고, 다른 갑판원은 갑판에서 일하는 선원들을 책임졌으며, 또 다른 사람은 닻을 내리고 올리는 걸 담당했다. 물론 갑판원이 배 안에서 여러 가지 임무를 담당할 수도 있었는데, 그건 배의 크기에 따라 좌우됐다. 갑판원은 그때그때의 직무영역에 따라 곧바로 선장 또는 갑판장의 지휘하에 있었다.

그 다음으로 선상 목공이 있었는데, 선상 목공은 항해 중 필요한 모든 수리를 책임졌으며, 흘수선 밑으로 배에 물이 새는 곳이 생기면 없어서는 안 될 만큼 중요했다. 그래서 목공들은 배에서 우대를 받았다.

포수도 중요하긴 마찬가지였다. 일반 포병들이 대포를 장전, 재장전하는 데 필요한 힘든 일을 하는 반면에, 포수는 대포알이 목표물을 명중시킬 책임이 있었다. 이따금 좌현과 우현에 있는 대포의 조정을 담당하는 명포수들도 있었다. 좋은 포수가 되기 위해선 수년간의 수련이 필요했다.

그렇지만 배에서 가장 특별한 직책은 일반의사나 외과의사였는데, 그들이 바로 생명을 구할 수 있었기 때문이다. 그리고 해적선에선 누구나 항상 상처를 입을 걸 예상해야 했다. 나포한 적선의 의사를 자신들을 위해 강제로 고용시키는 건 아주 흔한 일이었다. 실제로 의사는 해적규약의 조항에 서명해야 할 필요가 없는 유일한 인물이었다. 하지만 의사가 규약에 서명을 했을 때는 마찬가지로 약탈물에 대한 배당을 받았다.

이렇게 해적들은 엄격하지만 명백한 규칙을 가진 공동체를 형성했다. 그들은 해골이 그려진 저 유명한 해적기 '졸리 로저'를 달고 다녔는데, 해골의 그림은 저마다 약간의 차이가 있었다. 해적기의 유래에 대해서는 많은 설화와 이야기가 있는데, 페스트가 창궐한 배가 게양해야 했던 흑색 깃발에서 유래했다는 설이 가장 유력하다. 말하자면 멀리 떨어져 있으라는 경고일 뿐이었다. 그런데 어느 때부턴가 흰색의 십자표시가 깃발 위에 나타났고, 나중에 두 개의 뼈로 대체되었으며 마지막으로 해골머리가 추가되었는데, 17세기 유럽의 군대에서도 이 표시를 사용했었다. 해적기는 국제적으로 해적들의 상징으로 인정받기 전까지는 단지 다른 배들에게 멀리 떨어져 있으라는 경고의 표시로 사용되었다.

해골머리에 두 개의 교차된 뼈 외에도 다른 표현방식들이 있었는데, 그 중 하나는 전신해골이 그려진 것으로 한 손에는 모래시계를 다른 한 손에는 심장을 꿰뚫은 창을 들고 있었다. 그 깃발은 공격당한 적선에게 즉시 항복하지 않으면 죽을 운명에 처한다는 사실을 알리려는 신호였다.

그러나 버커니어와 헨리 모건 같은 해적들은 해적기를 사용하지 않았다. 그들은 항상 모국의 국기나 적국상선 나포 허가증을 교부한 나라들의 국기를 사용했다. 그런데도 버커니어들은 공격 시에 붉은 깃발 하나를 더 게양했는데, 그건 적선에게 저항할 각오를 할 경우 관용을 기대해선 안 된다는 사실을 알렸다.

깃발은 해상생활에서 중요한 요소였다. 배들은 접근하자마자 자기편을 환영하거나 적을 위협하기 위해 자신들의 국기를 게양했다. 많은 배들이 출전한다는 사실을 알리기 위해 특별한 군기를 보유하고 있었다. 물론 해적들은 장차 희생될 배가 마음을 놓고, 그래서 가능한 한 가까이 그 배에 접근할 수 있기 위해 국기를 활용했다. 배가 대포의 사정거리에 들어와서야 비로소 해적기가 게양됐고, 그건 종종 상대방을 싸우지 않고 굴복시키기에 충분했다.

17세기에 해적선에서 생활한다는 건 쉬운 일이 아니었고 낭만과는 거리가 멀었다. 그 당시의 배로 시간여행을 한다면 무엇보다 먼저 한 가지 사실이 코를 찌를 것이다. 사방을 진동하는 지독한 악취이다. 신선한 바람이 부는 상갑판에서조차 악취가 풍겼다. 배들은 종종 수개월, 수주간을 해상에서 보냈고, 식량은 빠르게 부패했으며, 담수에는 시간이 지나며 점차 염분이 섞였다. 선원들의 위생은 형편이 없었는데, 담수는 사치품이었기 때문이다.

선체 내부는 답답할 정도로 비좁았다. 모든 빈 공간에는 식량, 부품, 무기, 도구들을 쌓아 놓았다. 폭풍이 불 때 화물의 일부가 풀어져서 배의 균형을 깨뜨리고 배를 전복시키지 않도록 모든 것들이 세심하게 단단히 묶여 있었다.

선체의 가장 낮은 지점에 부분적으로 돌과 다른 밸러스트로 채워진 공간이 있었는데, 이른바 빌지(배 밑바닥의 만곡된 부분—역주)였다. 뱃바닥은 배를 안정시키는 데 사용됐지만 동시에 물도 고였다. 배가 얼마나 잘 건조됐든지 간에 물은 항상 스며들었고 서서히 배의 가장 낮은 지점으로 흘러갔다. 뱃바닥엔 항상 물이 고여 있었고, 그건 목조현판이 썩기 시작할 위험을 내포하고 있었다. 따라서 정기적으로 펌프로 물을 퍼내야 했고, 손으로 작동하는 빌지펌프를 이용했다. 폭풍이 몰아치거나 거친 바다에선 빌지펌프에 쉬지 않고 교대로 사람들이 배치됐다. 빌지펌프에서 하는 일은 많은 배들에서 잘못된 행동에 대한 벌로 주어지거나, 가장 어린 선원에게 맡겨졌다. 아무도 하기 싫은 그 일을 떠맡아야 했던 선원들은 '빌지의 쥐들' 또는 '빌지스'라 불렸고 서열상 최하층이었다.

전함이나 해적선에선 유일하게 선장만이 자신의 선실과 침대를 사용하는 특권을 누렸다. 모든 공간은 장비, 식량 그리고 갑판 위의 뚫린 구멍 앞에 서 있는 대포들을 위해 용도가 정해져 있었다. 선원들은 빈자리가 있는 곳에서 잠을 잤고 사적영역 같은 건 존재하지 않았다. 운이 좋으면 밀가루 포대 위에서 편히 쉴 수 있었고, 끊임없이 현판 사이로 물이 스며들거나 해충들이 귀찮게 하지 않는 마른자리에서 두세 시간 잠을 잘 수 있었다. 샤워시설은 모르던 시기였고, 화장실도 없었다. 선원들은 뱃머리에 있는 이른바 '자르딘'이라는, '천둥들보(간이화장실—역주)'에 난 구멍들을 사용했다. 벼

룩은 저마다 지니고 있었고, 특히 후텁지근한 카리브 지역에서는 쥐, 파리, 독거미, 전갈들이 배 안에 우글거렸다. 해충들은 대부분 땔나무나 항해중 서서히 썩어 간 신선한 과일과 야채에 섞여 배 안으로 들어왔다.

쥐에게 배는 떠다니는 식량창고였다. 밀과 밀가루는 쥐에게 풍성하게 차려진 식탁을 제공했고, 그렇게 넘쳐 나는 먹이 때문에 쥐는 급속도로 번식했다. 쥐는 무엇이든 닥치는 대로 물어뜯었는데, 식량뿐만 아니라 배의 목재, 밧줄, 돛 그리고 때로는 정기적으로 쥐를 잡던 선원도 그 대상이었다. 카리브에서 유럽으로 도항하는 동안에 4천 마리 이상의 쥐가 잡혔던 스페인의 한 갈레온선에 관한 이야기는 유명하다.

선원들은 가끔 신선한 닭고기, 돼지고기, 쇠고기 등을 먹기도 했다. 정규함선에서 고기는 대부분 장교들 몫이지만, 해적선에선 공평하게 나눠 먹었다. 그렇지만 해적들에겐 통상적으로 단 한 종류의 식사가 있었는데, '하드 택(건빵—역주)' 과 말린 고기였다. '하드 택' 은 돌처럼 단단한 일종의 비스킷으로 물과 밀가루, 그리고 이따금 약간의 돼지기름을 섞어 만들었다. 말린 고기는 보통 훈제한 돼지고기, 쇠고기, 말고기였다. 전형적인 하루치 배급량은 대략 '하드 택' 700그램에 고기 250그램이었다. 말하자면 선원들의 16시간 중노동의 대가가 기껏 햄버거 두 개와 감자튀김 큰 봉지 하나 정도의 칼로리에 불과했다. 게다가 그것은 찬 음식이었고, 훨씬 더 적은 영양소와 비타민을 함유했었다.

선원은 하루에 대략 1리터의 담수를 배급받았다. 여행이 길어질수록 물도 맛이 변하며 부패해 갔다. 그래서 배에는 다량의 럼주와 맥주가 실려 있었다. 한편으로는 맛이 더 좋았고, 다른 한편으로는 술이 추가됨으로써 물이 더 오래 유지됐다. 일반적으로 선원들은 물보다는 맥주, 에일(영국의 전통 맥주—역주), 메트(꿀로 만든 술—역주), 럼주를 더 많이 마셔도 좋다는 허가를 받았다.

질병은 이런 조건하에서 쉽게 퍼질 수 있었다. 가령 비타민C 부족으로 인해 이가 빠지게 되는 괴혈병을 들 수 있다. 다른 사람들은 전염병이나, 질이 나쁘거나 상한 음식으로 인해 식중독에 걸렸다. 배에서의 생활은 힘들었고, 일할 필요가 없는 경우엔 극도로 지루할 수도 있었다. 선원들은 무료함을 달래기 위해 민요조의 선원노래인 샨티를 불렀는데, 외설적인 내용의 가사도 종종 있었으며, 그들 중 많은 노래들이 지금까지 보존돼 있다.

왜 그런 힘든 삶을 스스로 선택했느냐는 질문을 선원들에게 던질 수는 없다. 그들은 대부분 선택의 여지가 없었다. 그들 중의 대다수가 강제로 고용을 당했다. 특히 전함에서 직무를 수행해야 했던 사람들이 그러했다. 해군의 체포부대가 그들을 숙소나 항구의 술집에서 연행, 납치해 배에서 강제로 일을 시켰다. 많은 사람들에겐 뭍에서의 절망적인 생활보다는 그래도 배에서의 규칙적인 생활이 더 좋았다. 어쩌면 모험심과 육지에서의 단조로운 생활에서 탈출하고자

하는 충동을 느꼈는지도 모른다. 많은 정규선원들이 나중에 해적이 되었는데, 대부분 돈을 벌기 위해서였다.

제 4 장

매드 리프에서

다음 날 우리는 정확히 새벽의 밀물에 맞춰 출범했다. 레리 타주호, 포켓 체인지호, 프리 스피릿호로 이루어진 작은 함대는 블루 노즈호가 최후를 맞았다는 암초를 향해 항로를 잡았다. 태양은 이미 하늘에서 작렬하기 시작했고, 우리들의 기분은 최고였다. 거울처럼 맑은 물속으로 첫 번째 잠수를 실행하는 것을 더 이상 기다릴 수 없을 지경이었다. 우리는 하루종일 바다 위에 머물다가 오후 늦게 귀항할 예정이었는데, 땅거미가 지기 전에 우리의 '기지'에 도착하기 위해서였다. 어둠이 갑작스레 닥치면 좌초할 수도 있기 때문에 그럴 경우엔 해상에 정박해야 한다.

목표한 지점까지 가는 데는 대략 1시간 반 정도 걸렸다. 그때 우리는 위성항법장치와 시중에서 구할 수 있었던 가장 정확한 해도를 보며 배를 조종했다 — 그럼에도 우리는 행여 지도상에 표시되지 않은 여울과 마주치지 않기 위해 배 앞의 수면을 항상 세심하게 살폈다. 우리는 부서진 채 해저에서 썩어 가고 있는 수많은 배들처럼 되고 싶지 않았고, 그래서 암초로부터 안전하게 떨어진 거리에 닻을 내리기로 결정했다. 우리는 오는 도중에 무수한 작은 섬들이 수정처럼 푸른 물 위에 솟아 있는 걸 보았다. 백사장과 높이 자란 야자수들이 있는 섬들은 마치 한 장의 그림엽서 같았다. 그 뒤로는 아이티 본토가 어둡고 위협적인 모습으로 대조를 이루고 있었다. 아이티 섬의 산악은 높은 습도로 인해 형성된 회색구름에 휩싸여 있었다.

우리가 잠수할 장소는 초승달 모양을 한 매드 리프의 동쪽 구역에 위치해 있었는데 파이어렛 아일랜드('해적섬'이라는 뜻—역주) 섬에서 아주 가까웠다. 그 섬의 이름은 우연히 붙여진 게 아니다. 예전에 카리브의 해적들이 그곳에 숨어 있었다. 그 섬에는 구릉이 전혀 없고 야자수가 자라는 모래언덕 몇 개와 초라한 움막이 두세 채서 있을 뿐이다. 매드 리프가 그런 이름을 갖게 된 데는 이유가 있었다. 그 암초에는 조류가 무척 빠르다. 조류는 그곳에서 예측할 수 없게 교차하면서 거세게 부서지는 파도와 함께 5세기 전부터 배들을 파멸의 구렁텅이로 끌어넣고 있는데, 겉으로 보기엔 너무나 평화로운 카리브해의 맑은 수면 밑에는 지도상에 표시되지 않은 암초와 여울이 수없이 도사리고 있기 때문이다.

하지만 매드 리프는 수백 년 된 배의 공동묘지일 뿐만 아니라 그 지역 어부들이 선호하는 고기잡이 지역이기도 하다. 그래서 우리는 어부들이 덫을 설치해 놓은 어장에 너무 가까이 닻을 내리지 않으려고 조심했다. 통나무배에 탄 어부들은 여전히 수백 년 전에 자신들의 조상들이 했던 그대로 고기를 잡는다. 어부들은 그물 외에도 지그재그 형태로 매단 통발을 사용하는데, 통발은 야자수 잎으로 짜 만들며 바다 밑바닥에 닻으로 고정된다. 단순하지만 효과적인 방법이다. 우리는 어부들이 쉽게 부서질 것처럼 보이는 통나무배를 정말 능숙하게 다루며 부서지는 파도를 헤치고 나아가는 모습을 배에서 지켜보았다. 작은 보트를 탄 어부들도 암초의 외측에 도달하기 위해서는 우리가 그랬던 것처럼 암초 주위를 빙 돌아가야 했다.

그날 아침 파도는 그리 심하지 않았고, 우리는 첫 번째 잠수를 할 준비를 끝낼 수 있었다. 암초는 살아 있는 유기체며 세월이 지나면서 변화한다. 뿐만 아니라 우리는 해도가 있었지만 블루 노즈호가 가라앉은 장소를 정확하게는 몰랐다. 그런 이유로 우리는 탐색을 시작하려는 지역을 대강 정할 수밖에는 없었다. 브루스가 앞서 갔고, 닻을 내릴 마땅한 장소를 물색중이었다. 우리는 닻을 내릴 장소를 정확히 선택해야 했는데, 한편으로는 그곳의 수심이 계속해서 바뀌었고 — 어떤 곳은 50미터였고, 반면에 다른 곳은 겨우 2미터였다 — 다른 한편 조류와 파도에 밀려 배들이 서로 부딪치지 않도록 세 척의 배를 각각 충분히 떨어진 거리에 닻으로 고정시킬 수 있는 장소를 찾아야 했기 때문이다.

그런 상황에서 물속으로 들어가기란 결코 쉬운 일이 아니었다. 배들은 끊임없이 이리저리 흔들렸고, 배 밑으로 맑고 깊은 물이 보였다가는 다시 날카로운 산호에 위태로울 정도로 가까이 접근하곤 했다. 그러나 잠수조정자이며 이미 많은 잠수작업을 준비했던 데이브 해리슨은 침착하게 상황을 파악했다. 잠수조정자는 그런 탐험여행에서 아주 유용하다. 잠수조정자는 잠수부들이 두 사람씩 짝을 지어 잠수복을 입는 걸 도와주며, 잠수부들을 물속으로 들여보내기 전에 장비를 검사한다. 또한 잠수통에 공기가 충분히 들어 있는지 그리고 장비가 제대로 부착돼 있는지를 점검한다. 그래야 배에서 잠수준비가 빨리 진행되고, 잠수부가 일사병에 걸릴 위험을 줄일 수 있다. 카리브의 무더위와 사정없이 내리쬐는 태양 아래서는 실제로 그럴 위험이 있다. 우리는 팔과 다리를 노출시키는 이른바 '쇼티스'라는 짧은 네오프렌(클로로프렌의 중합체인 합성 고무의 상품명—역주) 잠수복을 입기는 했지만, 약 3밀리미터 두께의 검은색 물질 안에서 체온이 너무 빨리 올라가기 때문에 누구든 서둘러 물속으로 들어가지 않으면 위험하다.

자메이카인 선원들이 무거운 수중카메라들을 물속으로 옮기는 동안, 우리는 드디어 두 사람씩 짝을 지어 맑고 따뜻한 물속으로 뛰어들었다. 잠수부들은 대부분 배의 난간에서 뒤로 물속으로 떨어진다. 이 방법은 가장자리가 그리 높지 않은 작은 보트나 고무 보트를 타고 있을 때 권할 만하다. 우리가 탄 배에는 수면과 같은 높이에 있는 잠수발판이 설치돼 있어서 훨씬 간단했다. 그래서 한 발짝만 물속으로 내딛으면 되고, 다시 배로 돌아오려면 수중사다리를 타고 발판으로 올라온다. 나는 잠수부들이 수면 위로 올라오면 도움이 필요할지도 모르니 잘 지켜보며 기다려 달라고 선원들에게 부탁하고 마지막으로 바닷속으로 뛰어들었다.

바닷물은 처음 한순간 차갑게 느껴졌다. 그러자 잠수를 할 때마다 항상 나를 사로잡는 그 느낌이 들기 시작했다. 완벽한 해방감과 긴장이 풀리며 행복하게 무중력 상태로 움직이는 느낌 말이다. 모든 것이 물 위에서와는 다르다. 소리, 색깔, 육체적 느낌. 생전 처음으로 잠수를 한 사람은 엄청난 행복감을 체험한다. 그건 진정 물과 우주에서의 무중력 상태만이 가능케 하는 전혀 힘들지 않은 떠다님이다. 잠수는 누구든 황홀경에 빠지게 하는데, '내추럴 하이(마약 등에 의한 것이 아닌 자연적으로 황홀경에 빠진—역주)'라고들 말한다. 그 느낌은 내게서 전혀 사라지지 않았고, 수백 번을 잠수했는데도 여전했다. 나는 많은 잠수부들이 비슷하게 느낀다는 사실을 알고 있는데, 특히 잠수를 자주 하는 사람들이 그렇다.

물은 거울처럼 맑았고 물고기, 산호, 다른 바다동물들이 수천 가지 색으로 이루어진 화려한 소용돌이를 형성하며 수중의 흐릿한 햇빛 속에서 눈부시게 빛나고 있었다. 내 밑으로 면도날처럼 예리한 산호초가 보였다. 폭풍이 불면 산호초는 무자비하게 범선의 나무로 된 선체에 박히고, 그래서 선체를 갈라 쪼개고, 실려 있던 화물을 해저와 암초 전체에 흩어 놓을 수 있다. 문득 우리가 제작했던 한 방송 대본 중 꼭 들어맞는 장면이 떠올랐다. "산호초는 공격하는 상어의 이빨과 같다."

나는 그 암초가 한때 다양한 생물들에게 삶의 터전을 제공했다는 사실을 알 수 있었다. 여전히 수많은 물고기와 갑각류가 살고 있었지만 죽은 산호들도 눈에 띄었고, 물고기들이 지난 몇 년간 줄어들었다는 사실을 일 아바슈 섬의 주민들을 통해 들어서 알고 있었다 — 지구의 온난화 현상과 무분별하게 집중적으로 자연을 개발한 결과는 그 외진 섬조차도 그대로 두지 않았다. 산호암초는 동물과 식물이 석회질 골격과 함께 모여서 여러 세대에 걸쳐 차곡차곡 쌓일 때 생겨난다. 산호충과 식물 간의 화학적 균형은 아주 예민하다. 수온이 너무 높으면 산호충은 빛이 바래고 결국 소멸할 수 있다. 그리고 물의 오염으로 햇빛이 너무 적게 물을 통과하면 산호충의 골격에 축적되는 석회질을 분비하는 해초의 광합성이 멈추게 된다. 그런 공생이 없다면 산호충은 살아남을 능력이 없다.

하지만 지체할 여유가 없었다. 조류는 그 순간에는 그리 빠르지 않았지만, 정오가 가까워 올수록 더 빨라질 것이고, 그러면 더 위험해질 것이다. 파도와 조류는 새벽에 가장 약하다. 그 시각엔 기온도 상대적으로 서늘하고 바람도 잔잔하다. 그 지역에선 대부분 정오경에 바람이 세게 불고 오후 중반까지 점점 더 강해지다가 저녁 무렵이 되어야 비로소 다시 누그러진다. 우리는 잠수를 할 때마다 항상 가장 유리하고 위험이 적은 때를 잡으려고 애를 썼다. 그런데도 수중여행은 다치지 않고 진행되는 때가 거의 없었다. 잠수부들은 대부분 예리한 산호로 인해 벤 상처와 찰과상을 입었는데, 산호는 네오프렌을 갈기갈기 찢었고 피부를 산을 뿌려 놓은 듯 화끈거리게 했다. 그래서 크리스와 잘 갖춰진 그의 의약품상자가 매일 필요했다.

다른 사람들은 이미 두 명씩 한 조가 되어 우리가 만든 탐색표본에 따라 탐색을 시작했다. 난파선을 찾는 일은 체계적으로 이루어져야 하며 그렇지 않으면 성공할 가능성이 전혀 없다. 조마다 지도상으로 가로, 세로 100미터의 사분면을 할당받았는데, 한 번의 잠수로 충분히 완수할 수 있는 면적이었다. 우리는 모두 여섯 명이었고, 두 사람씩 조를 짜서 바닥을 하나하나 샅샅이 뒤졌다. 저마다 이례적인 발굴물을 모두 기재하기 위해 플라스틱 판과 내수성 펜을 지니고 있었고, 또한 발굴물을 측정하고 증명하기 위해 줄자와 사진기도 갖고 있었다. 물론 블루 노즈호를 찾는 것이 우선이었지만 다른 발굴물도 모두 확인할 예정이었다.

카메라맨인 데이브는 이미 나를 기다리고 있었다. 나는 데이브가 더 이상 기다릴 수 없을 지경이란 걸 눈치챘다. 데이브는 대상을 오래 기다릴 필요가 없었는데, 곧이어 엄청난 몬트애렌피시(전갱이과의 물고기―역주) 떼가 우리를 통과했기 때문이다. 물고기들의 은빛으로 빛나는 배가 햇빛에 반짝이며 우리 주위의 물을 눈부시게 만들었다.

그러나 이제 암초의 바닥에 주의를 돌려야 했다. 우리의 모든 집중력과 다년간의 경험을 총동원해야 할 때였다. 왜냐하면 무엇을 찾는지 정확히 모르는 경우 자칫하면 그곳에 숨겨져 있는 모든 보물들을 보지 못하고 지나칠 수 있기 때문이다. 어떤 형상이 순전히 자연적으로 생겨난 것이고, 어떤 것이 이전에 배의 한 부분이었다가 세월이 지나며 산호로 뒤덮였는지를 식별할 줄 알아야 한다.

바닷속에서 배를 찾을 때, 사람들은 부서지지 않은 채 해저에 잠들어 있어, 누구나 그것이 무엇인지 알아볼 수 있는 배를 연상할지 모른다. 배가 한류에 가라앉았다면 그럴 수도 있다. 한류에선 배가 잘 보존돼 있고, 이따금 밧줄과 돛까지도 알아볼 수 있다. 나는 그런 배들을 미국과 캐나다의 큰 호수나 북극에서 발견했었다. 그러나 이곳 카리브의 난류에서는 사정이 다르다.

여기에 배가 가라앉으면 수많은 미생물과 작은 동물들이 나무로 된 부분을 전부 먹어 치우는 데는 몇 년 걸리지 않는다. 남아 있는 것이라고는 대개 쇠로 된 장식 같은 금속류, 무기, 유리, 도자기 파편, 닻 또는 대포가 전부이다 ― 그리고 배가 전복되는 걸 막고, 갑판에 있는 대포와 균형을 이루기 위해 사용되며, 바람이 돛에 가하는 압력에 도움이 되는 돌로 된 밸러스트가 해저 어딘가에 언덕 마냥 솟아 있을 것이다.

몇 미터 전방에서 무언가가 우리의 주의를 끌었다. 데이브와 나는 어느 정도 떨어진 거리에서 분명히 수중세계에 속하지 않는 물체 하나를 발견했다. 그 물체는 수면에서 채 2미터도 되지 않는 깊이에 암초 위에 놓여 있었고, 원통 모양을 하고 있었으며 정면으로 우리 쪽을 향하고 있었다. 산호와 말미잘로 뒤덮여 있었지만 의심할 여지가 없었다 — 그 물체는 이전에 배 안에 있었던 물건이었다. 더구나 하루나 이틀 전이 아니라 수백 년 전에 말이다. 우리는 이삼백 년 전에 위풍당당했을 범선과 함께 가라앉은 대포 하나를 발견했다는 걸 확신했다. 어떤 것도 그런 형태를 가질 수 없었다 — 그리고 나무로 된 물체였다면 오래 전에 소멸됐을 것이다.

맥박이 빨리 뛰기 시작했다. 우리가 대체 뭘 발견한 것일까? 모건 선장의 배들 중 한 척에서 나온 대포? 물론 모건의 배 여러 척이 매드 리프에서 가라앉았다는 사실이야 알고 있었다. 하지만 당연히 그렇게 빨리 단언할 수는 없었다. 그러기 위해서는 고고학자와 역사학자의 오랜 연구가 필요했을 것이다. 나는 다큐멘터리영화 촬영가로 여러 해에 걸쳐 많은 전문지식을 습득하긴 했지만 학자는 아니다. 우리는 우리가 발굴한 것들을 전문가에게 의뢰하는데, 그들 대부분은 우리가 여행하는 외진 곳까지 결코 오지 않는다. 그리고 전문가들 역시 발굴물을 정말 정확하게 분류할 수 있기 위해선 많은 시간을 필요로 한다 — 특히 수백 년간 바닷속에 가라앉아 있던 물건들이 그렇다.

그러나 그에 대해 오래 생각할 수 없었다. 몇 미터 떨어지지 않은 거리에 그 다음 발굴물이 있었기 때문이다. 그건 닻이었다. 닻의 규모와 닻혀의 너비로 볼 때 300년 전의 갈레온선에 속했을 수 있었다. 데이브 해리슨도 발견에 성공했다. 내가 발견한 닻으로부터 10미터도 채 떨어지지 않은 곳에서 다른 닻을 발견한 것이었다. 그리 멀지 않은 곳에서 에버렛도 또 다른 닻의 넓은 끝, 그리고 모래와 산호 사이에 돌출해 있는 여러 문의 대포와 마주쳤다.

우리는 무언가를 발견했다. 그건 확실했다. 하지만 우리가 찾던 것은 아니었다. 닻과 대포가 흥미롭긴 했지만 블루 노즈호에서 나온 게 아니라는 것 정도는 단언할 수 있었다. 우리가 발견한 것들은 훨씬 오래된 것들이었다. 그러나 발굴물들은 우리에게 차후의 탐색과 관련해 전혀 새로운 관점을 제시했다.

에버렛이 나중에 데이터 뱅크에 입력시키기 위해 수중카메라로 대포와 닻의 사진을 찍었다. 그사이 우리는 암초에 부서지는 파도가 거세지며 우리들의 위치를 유지하기가 차츰 힘들어지는 걸 느꼈다. 자칫하다가는 날카로운 산호에 부딪힐 수 있었으므로 잠수를 중단하기로 결정했다. 블루 노즈호의 흔적을 찾지는 못했지만, 누가 알겠는가 — 어쩌면 이미 그보다 더 큰 관심을 불러일으킬 만한 것과 마주친 것인지도 모른다.

우리는 두세 개의 부표로 발견물들에 표시를 해놓고 보트로 돌아왔다. 파도가 잠잠해질 때까지 우리는 간단한 요기를 하며, 두어 시간 휴식을 취했다. 그러고 나서 두 번 더 잠수를 했고, 길이가 1.5킬로미터에서 2킬로미터 정도 되는 암초를 따라 대략 800미터 정도를 물속에서 헤엄치며 더 많은 대포와 닻을 발견했다 — 하지만 블루 노즈호를 암시할 만한 것은 없었다.

나는 포트모건으로 돌아오는 길에 잠수부 모두가 갖고 있던 플라스틱 판에 기재된 대포와 여러 가지 닻의 위치를 지도 위에 표시했다. 나중에 나는 그 정보를 그 지역 관청과 수중고고학자에게 넘겨줄 요량이었다. 블루 노즈호의 흔적을 발견하지는 못했지만 첫날치곤 수확이 괜찮았다. 대포와 닻은 그 암초가 배들에게 위험한 함정이었다는 사실을 입증했고, 블루 노즈호의 닻이나 다른 잔해도 마찬가지로 그 밑 어디에선가 우리를 기다리고 있을 것이라는 희망에 더 다가가게 했다.

우리는 저녁식사를 하며 그런 가능성에 대해 토론을 했지만 오래 깨어 있기에는 수중에서 부서지는 파도와의 싸움으로 너무 지쳐 있었다. 대부분의 사람들은 배에서 잠을 잤다. 에버렛, 존, 데이브 그리고 두 카메라맨은 불라르 부부가 제공한 움막을 더 좋아했다. 우리는 집 옆의 창고도 하나 차지했는데, 그곳에 이제 발전기를 설치해서 배터리를 충전시켰고 산소통을 채우는 압축기를 가동시켰다.

나는 포켓 체인지호의 브리지에 잠자리를 확보했고 모기장 아래서 시원한 바깥바람을 쏘이며 잠을 잤다. 지난 며칠간 겪은 일과 우리가 발굴한 것들에 대한 생각으로 머릿속이 가득한 채 나는 끊임없이 이리저리 뒤척였다.

다음 날은 새벽 다섯 시에 뜨겁고 강한 커피와 함께 시작됐다. 우리는 아침을 먹으며 평소처럼 그날의 일정을 협의했다. 모두들 블루 노즈호를 발견하려고 안달이었다. 왜냐하면 블루 노즈호를 더 빨리 찾는다면 매드 리프에서 우리를 기다리고 있던 수많은 다른 수수께끼들을 푸는 데 더 빨리 진력할 수 있었기 때문이다.

시간을 벌기 위해 우리는 암초로 가는 도중 이미 잠수장비를 몸에 걸쳤다. 바람은 전날처럼 그렇게 심하게 불지 않았는데 그건 바다가 잔잔하다는 의미이므로 이번에는 잠수를 더 오래 할 수 있다는 희망을 갖게 했다. 수심이 아주 얕기 때문에 적어도 더 깊은 잠수를 할 때 생명에 중대한 영향을 미치는, 하지만 시간이 소요되는 절차를 지킬 필요는 없었다. 심해에서 물위로 떠오를 때의 감압단계가 바로 그것이다.

나는 다시 수정처럼 맑고 따듯한 물속으로 잠수했다. 은빛으로 빛나는 열대어 떼가 수중에서 분산되는 햇빛을 통과하며 춤을 추었고, 거대한 바다거북이 바로 내 앞에서 미끄러지듯 우아하게 헤엄쳤다. 나는 바다거북을 탐색에 대한 길조이자 암초가 적어도 이 지역에서만큼은 아직도 상대적으로 건강하고 생동적이라는 표시로 해석했다. 데이브와 나는 거북의 움직임에 매료됐다. 마치 거북은 우리가 자신을 촬영하려는 걸 알고 있는 것 같았다. 거북은 우리가 촬영을 잘 할 수 있도록 몸을 돌렸고, 우리 주위를 맴돌았다.

팀의 다른 동료들은 그사이 탐색을 시작했고, 우리는 아쉬운 마음으로 동료들을 따라잡기 위해 그 자리를 떠났다. 잔잔한 바람 덕분에 수중에도 조류가 그리 빠르지 않았고, 우리는 잠수하기에 이상적인 날을 잡았다고 기대할 수 있었다. 우리는 전날 중단했던 장소에서 사분면을 탐색하기 시작했다. 천천히 헤엄쳐 1미터씩 앞으로 나아가며, 아무리 조그만 단서라도 놓치지 않기 위해 바닥을 세심하게 살폈다. 한 떼의 오징어들이 우리가 정말 모든 걸 제대로 하고 있는지 감독하려는 듯 헤엄을 치며 지나갔다. 우리는 플라스틱판에 발굴물을 하나하나 기입했다. 우리는 연달아 난파선의 조각들을 발견했는데, 그중에는 강철돛대의 일부, 녹슨 덮개판, 닻줄 그리고 산호와 연체동물로 뒤덮인, 말하자면 아주 오랜 기간 그곳에 놓여 있었음에 틀림없는, 정확히 뭐라고 규정할 수 없는 물건들이 다수 있었다.

우리들의 계산에 따르면 우리가 탐색한 몇 백 미터 안 되는 거리에만도 판이하게 다른 세기에 건조된 30척이 넘는 다양한 배들이 있었다. 그렇게 데이브는 난파선의 금속으로 된 돛대를 발견한 후 노란 줄이 쳐진 열대어들이 수없이 들어앉아 편히 쉬고 있는 녹슨 선체를 발견했다. 건조할 때 금속을 사용한 상당히 현대적인 화물선을 발견한 것 같았다. 그곳의 해저는 우리를 위해 1미터마다 새로운 놀라움을 준비해 둔 역사적 요술상자와도 같았다. 우리는 난파선을 찾는 잠수부들을 위한 천국에 온 듯한 기분이었다.

하지만 그날 발견된 한 발굴물은 우리의 기대를 완전히 뛰어넘었다. 우리가 세 번째로 잠수를 해서 물 밑으로 내려갔을 때, 에버렛이 암초의 첨단으로부터 그리 멀지 않은 곳에 있는 타원형의 작은 모래분지에서 닻을 하나 발견했다. 그건 우리가 갖고 있던 전설적인 블루 노즈호의 닻에 관한 기록과 일치하는 첫 번째 것이었다. 에버렛은 닻의 사진을 찍고 기록을 했고, 그러고 나서 물 위로 올라가 자메이카인 선원들에게 자신이 무언가를 발견했다고 신호를 보냈다. 몇 분 후 내가 정기적으로 물위로 떠오르자, 선원들이 그 사실을 내게 급히 알렸다. 나는 할 수 있는 한 빠르게 선원들이 가리키는 곳으로 헤엄쳐 갔다. 그래, 그곳에 에버렛이 있었다. 에버렛은 맑은 물 밑에서 정말이지 대단한 발굴물 앞에 떠 있었다.

그 닻은 확실히 '피셔맨스 앵커('어부의 닻'이라는 뜻—역주)'로 불리는 모델이었다. 수심이 깊은 물에서 사용되며, 바닥 깊숙이 파고들 수 있고, 배를 견고하게 고정시키는 두꺼운 닻혀를 가진 닻 말이다. 그런 닻은 그랜드뱅크를 운항했던 대부분의 스쿠너에서 흔히 사용됐다. 그에 반해 흔치 않은 일은 그런 닻을 아이티 해안 앞에서 발견했다는 것이었다. 그에 대한 유일한 설명은 그런 스쿠너가 그곳에서 침몰했음에 틀림없다는 사실이었다. 그리고 우리가 아는 바로는 유일하게 그곳에서 침몰한 그랜드뱅크 스쿠너는 블루 노즈호였다. 그렇다면 탐색을 한 지 이틀만에 벌써 블루 노즈호가 침몰한 장소를 발견했다는 것일까?

에버렛과 내가 닻을 측정하려고 시도하는 동안 데이브는 닻의 측량스케치를 하기 시작했다. 그러나 얕은 물의 조류는 점점 빨라졌고, 이미 우리는 위태로울 정도로 산호 가까이 다가가 있었다. 산호는 잠수복 안으로 파고들었고 그 안의 살을 베어 아프게 했다. 나는 여러 번 산호의 뾰족한 끝에 너무 가까이 다가갔고 훼손된 잠수복뿐만 아니라 피가 나는 생채기까지 얻었다. 상처가 난 부위는 짠 바닷물 속에서 지독하게 쓰라렸다.

얕은 수심은 우리가 닻 주위로 더 이상의 잔해를 발견하지 못한 것에 대한 설명이기도 했다. 약탈자들은 틀림없이 그곳의 산호암초 위에 걸려 있던 난파선에 어렵지 않게 도달했을 것이고, 들고 갈 수 있는 건 모조리 갖고 갔을 것이다. 그리고 남은 것은 지난 수십 년간 폭풍이 자잘하게 부수어 암초 전체에 흩어 놓았을 것이다. 아직도 무언가 남아 있다면 이제 모두 모래와 산호 밑에 묻혀 있을 것이다 ― 닻을 제외하고 말이다.

닻을 좀 더 면밀히 관찰하자 뭔가 특이한 점이 눈에 띄었다. 그 닻은 닻채에 단조작업을 통해 만들어진 고리를 갖고 있었다 ― 그랜드뱅크 스쿠너의 닻에 들어맞지 않는 특징이었다. 나는 저녁때 포트모건에서 루넨버그에 있는 박물관이 우리에게 제공했던 사진들과 비교할 수 있게, 세부사진 몇 장을 찍으라고 에버렛에게 신호를 보냈다. 운이 좋으면 저녁때 이미 블루 노즈호를 둘러싼 수수께끼를 풀 수 있을지도 몰랐다. 잠시 후 우리는 우리가 찾은 증거물을 검사한다는 기대에 부푼 채 사진과 측량결과를 가지고 항구로 돌아왔다.

우리는 선창에서 그리 멀지 않은 곳에 천막을 치고 책상을 몇 개 세워 놓고 임시본부를 설치했다. 우리는 그곳에서 측량자료를 펼쳐놓았고, 디지털카메라의 사진들을 랩톱 컴퓨터에 입력해서 박물관의 사진들과 비교했다. 불과 몇 시간 후 우리는 그 사진들이 동일하다는 사실을 알게 됐다. 거의 말이다. 왜냐하면 닻채에 달린 고리가 여전히 수수께끼로 남았기 때문이다. 그 고리는 박물관의 자료에선 발견되지 않았다. 그러나 치수는 정말 완전히 일치했다! 그리고 그곳 카리브에 블루 노즈호가 아니라면 또 어디서 그랜드뱅크 스쿠너가 올 수 있었겠는가? 다른 사람들은 힘든 잠수작업으로 인해 기진맥진해서 일찍 잠자리에 들었다. 하지만 나는 그 의문을 떨쳐버릴 수 없었다. 나는 되풀이해서 모든 자료를 자세히 검토했다. 우리가 뭔가를 간과했었나? 그곳에 왔던 다른 배에 그런 닻이 있었던 걸까? 단순히 우연에 지나지 않았던 걸까?

나는 생각에 생각을 거듭했다. 이제 벌써 세 번째 루넨버그에 있는 박물관의 자료를 집어들었다. 내가 정말 뭔가 중요한 걸 못 보고 지나쳤을지도 몰랐다. 이미 눈이 따끔거렸다 ─ 그리고 거기 중요한 게 있었다. 그래, 마침내 찾아냈다. 거기에 작은 글씨로 추가된 짧은 문장에 숨겨진 설명이 있었다. 그곳에 명확히 쓰여 있었다. 블루 노즈호의 새 소유주들은 카리브에서의 운항을 위해 닻채의 중간에 추가로 고리를 용접했는데, 밧줄을 하나 더 사용해서 닻채를 카리브해의 바닥으로부터 더 쉽게 빼낼 수 있게 하기 위해서였다. 그래서 선원들은 줄을 힘차게 잡아당김으로써 때때로 산호암초나 암석에 걸려 움직이지 않는 닻을 분리시킬 수 있었고, 값비싼 장비를 바다 밑에 버려야 하는 불상사를 예방할 수 있었다.

이제 알아냈다! 이제 더 이상 의심할 여지가 없었다. 정말 모든 정황이 우리가 그 닻을 발견했고, 그럼으로써 십중팔구 블루 노즈호가 침몰한 장소를 찾아냈다는 걸 암시했다. 나는 뭐라 말을 할 수 없었다. 그곳에서 이틀을 보냈는데 벌써 그런 기쁨의 순간을 만끽할 수 있었다. 로버트 매그론 신부가 전설적인 배의 침몰에 관해 기록한 것이 나의 예상과 일치했다 ─ 파이어럿 아일랜드의 남쪽에 위치한 산호암초가 블루 노즈호의 마지막 안식처임에 틀림없었다.

그것으로 우리의 탐험여행은 단 며칠만에 완전한 성공이었다. 우리는 우리가 갖고 있던 얼마 안 되는 자금으로 그 이상의 것을 달성하려 하지 않았다. 이제 캐나다는 정확히 어디서 블루 노즈호가 최후를 맞이했고, 어디에 마지막 남은 잔해가 놓여 있는지 알게 될 것이다. 축하해야 할 이유는 충분했다. 브루스는 일생의 꿈을 실현시켰고, 나는 또 하나의 다큐멘터리를 카메라에 담았다. 우리는 또다시 〈신비의 대양〉으로부터 신비의 베일 하나를 벗겼다.

그 다음 날 프랑수아즈와 디디에는 우리가 발견한 것에 관한 소식을 듣자 우리들을 그날 저녁 향연에 초대했다. 자메이카인 선원들은 이번에는 자기들끼리 있기를 원했고, 어부들로부터 신선한 생선을 구입했다. 그러나 식사 후 우리와 어울릴 예정이었다.

프랑수아즈와 디디에는 그 어느 때보다도 더 뛰어난 솜씨를 보였다. 고구마와 야채를 넣은 향기로운 염소고기찜과 후식으로 싱싱한 열대과일이 나왔다. 데이브와 존이 자신들의 기타를 가져왔고, 우리는 밤늦게까지 함께 기타를 치며 노래를 불렀다. 선원들은 약속과는 달리 오지 않았다. 나는 피곤하지만 뿌듯한 마음으로 포켓 체인지호의 브리지에 쳐 놓은 모기장 밑으로 기어 들어가 평온하게 잠이 들었다. 한밤중에 나는 고통에 차서 요란하게 울부짖는 소리에 잠이 깼는데, 그 소리는 프리 스피릿호에서 들려오는 것 같았다. 시계를 보니 새벽 세 시 반이었다. 나는 즉시 일어나 두 번째 배로 서둘러 건너갔다. 의사인 크리스는 이미 의약품이 든 가방을 들고 현장에 있었다. 배 안으로 들어가자 무슨 일이 발생했는지 알 수 있었다. 스니퍼 한 사람을 제외한 선원 모두가 고통스러워하며 바닥에서 몸을 뒤틀고 있었다. 설사와 구토물에서 나오는 지독한 악취가 배 전체에 진동했다. 나는 즉시 자메이카인들이 그날 저녁 요리하려 했던 생선을 연상했다. 크리스도 실제로 식중독임을 확인했다. 프리 스피릿호의 일등 항해사인 버디의 증세가 가장 심했다. 버디는 배 안의 작은 침실에 웅크리고 누운 채 흐느끼며 신음했고, 얼굴은 고통으로 일그러져 있었다. 크리스는 선원들에게 항히스타민 정제를 먹이려고 애를 썼지만 선원들은 약을 먹질 못했다. 크리스는 선원들이 최소한의 물이라도 마시지 못한다면 쇼크상태에 빠져 죽을 수도 있다고 우려했다. 선원들은 이미 체액의 대부분을 상실했고 거의 고갈상태였다. 우리는 계속해서 입안으로 물을 먹이려고 애를 썼다. 아침 7시경에야 비로소 호전의 기미가 보였다. 선원들은 서서히 안정을 되찾기 시작했고 위험한 고비는 넘긴 듯 싶었다.

하지만 우리 일이 끝난 건 아니었다. 우리는 이제 배 전체를 청소하고 소독해야 했다. 염소가루를 현판 위에 뿌리고 배 전체를 깨끗이 솔로 문지르는 일에 모두 가세했다. 하루종일 프리 스피릿호를 청소했는데 그만큼 위생에 주의해야 했기 때문이다. 바이러스나 박테리아가 배 안에 남아 있기라도 한다면 눅눅한 무더위 속에서 번식해 우리 모두가 감염될 위험이 있었다.

그날 잠수작업을 한다는 건 생각조차 할 수 없었는데, 선원들이 없으면 불가능했기 때문이다. 그리고 그 다음 날도 마찬가지로 불확실해 보였다. 식중독에 걸리지 않았던 스니퍼는 자신의 친구들이 원주민한테서 앵무새어(파랑비늘돔과에 속하는 경골류의 열대어. 입이 새의 부리 같이 생긴 데서 이름이 유래함—역주)를 샀다고 나중에 내게 이야기했다. 나는 어이가 없었다. "하지만 그 생선은 절대로 먹을 수가 없잖아!" 내가 외쳤다. "그런데 대체 왜 그 생선을 먹은 거야?"

"아주 간단해." 스니퍼가 대꾸했다. "자메이카에선 앵무새어도 먹거든."

보아하니 자메이카인들은 그 생선의 독에 익숙해졌고, 그에 대한 저항력이 생긴 것 같았다 ─ 하지만 오로지 자메이카 지역의 변종에만 국한된 것 같았다. 일 아바슈 섬에는 아종이 있던 것 같았는데, 섬주민은 면역성이 있지만 자메이카에서 온 선원들은 그렇지 않았던 것 같았다. 나는 그 이야기가 정말 사실인지, 아니면 그 친구들이 단순히 상한 생선을 구입한 것인지를 알아내지 못했다. 어쨌든 스니퍼는 운이 좋았다. 그는 생선을 싫어했고 그래서 밥과 야채만 먹었다.

제 5장

카리브의 해적들

헨리 모건은 17세기에 카리브에서 두려움과 공포를 조장했던 유일한 인물은 아니었다. 그러나 그는 해적들에 대해 우리가 지금까지 갖고 있는 생각을 지울 수 없게 각인시킨 얼마 되지 않는 인물들 중 한 사람이다. 모건처럼 군사적으로 계획된 대규모의 조직을 편성하는 능력을 가진 자는 극소수였다. 해적들 중에는 헨리 모건 경처럼 조국을 위해 싸웠던 자들도 있고, 한 국가의 적국상선 나포 허가증을 받기는 했지만 대체로 자신들의 계산에 따라 행동했던 자들도 있었다. 또 다른 자들은 진짜 해적이었다 — 독자적이며 오로지 재화에 대한 자신들의 욕구에 따라 행동했다.

　해적과 버커니어들 중에서도 단순한 부류들은 잘 모르고 있었지만, 그들의 모든 강탈과 약탈행위는 사실 정치적 변동을 초래했고, 그 변동은 오늘날까지 이어지고 있다. 1494년 토르데시아스(스페인 북서부에 위치한 도시—역주) 조약이 체결됐고, 교황은 그 조약에서 유럽 이외의 세계를 양대 해양강국인 스페인과 포르투갈 간에 분할했다. 그럼으로써 천주교를 신봉하는 월등히 우세한 두 나라의 식민지 쟁취를 위한 끊임없는 분쟁이 영원히 종식돼야만 했다. 스페인은 카보베르데 군도의 서쪽에 대한 모든 권리를 인정받았으니, 즉 신세계였다. 포르투갈은 동쪽에 위치한 모든 지역을 얻었는데, 말하자면 아프리카와 아시아였다.

　그래서 대상에서 제외된 경쟁국가들인 프랑스, 네덜란드, 영국은 자국의 군사적 열세 때문에 해적과 버커니어들을 이용했는데, 지속적인 습격으로 무엇보다 스페인 재화의 한몫을 차지할 뿐만 아니라 스페인의 세계 제국도 혼란에 빠뜨리기 위해서였다. 17세기엔 누구든 약간의 공명심, 투지 그리고 떠다니는 탈것만 있으면 적국상선 나포 허가증을 받을 수 있었고 그걸로 자신의 행위를 합법화했다. 그 대가로 허가증을 발급하는 식민국관리와 왕실에 약탈물의 일부를 바치겠다고 약속하기만 하면 됐다. 카리브의 해적들은 유럽에 있던 그때그때의 보호자들을 위해 추악한 대리전쟁을 치렀고, 보호자들이 그렇게도 전도 유망한 신세계에 진출하는 걸 도와주었다.

헨리 모건은 그런 해적들 속에서 가장 매력적인 인물 중의 하나였는데, 무엇보다도 그 천재적인 전략가가 자메이카의 부총독이자 '경'이라는 칭호로 사회적인 인정을 받는 데 성공했기 때문이다 ─ 그리고 외부의 영향 없이 평온하게 최후를 맞은 것도 그렇다. 다른 유명한 동료나 동시대 인물들에겐 그런 성공이 허락되지 않았는데, 가령 자신의 출생지에 따라 롤로누아로 불렸던 프랑스인 장 다비드 노를 들 수 있다. 그는 모건과 거의 같은 시기에 스페인의 식민지를 괴롭혔는데, 상상할 수 없을 정도로 잔인했다. 롤로누아는 농브르드 디오를 공격할 당시 스페인 총독에게 포로로 잡혀 있던 70명의 스페인 병사들의 목을 베어 보냈다. 롤로누아는 해상에서 자신의 경력을 시작했고, 특히 금을 실은 스페인의 선박을 주로 습격했으나, 나중엔 스페인 치하의 해안도시도 공격했다. 그는 지금의 베네수엘라 북서쪽에 위치한 항구 도시 마라카이보와 니카라과의 무수한 부락들을 약탈하고 초토화시켰다. 많은 버커니어들이 그랬던 것과는 달리 롤로누아는 인디언 부락과 달아난 노예들도 그대로 두지 않았다.

1667년 롤로누아가 부하들과 스페인의 갈레온선 한 척을 습격했을 때, 그의 최후가 다가왔다. 배 안에는 금화와 보석이 있었던 것이 아니라 스페인의 고향으로 돌아가던 전투 경험이 풍부한 베테랑들이 잔뜩 타고 있었다. 롤로누아의 부하들은 거의 모두 죽음을 당했고, 롤로누아는 부상을 입은 채 구명보트를 타고 도망칠 수 있었다. 롤로누아의 배는 스페인인들의 수중에 떨어졌다. 해적들이 인디언들이 살고 있던 한 섬에서 은신처를 찾고 있을 때, 과거에 잔인한 프랑스인이 원주민들에게 저질렀던 만행들이 보복을 받았다. 문헌에 의하면, 인디언들은 롤로누아를 사로잡았고, 그가 자신의 희생자들에게 했던 것과 똑같이 그를 취급했다고 한다. 인디언들은 롤로누아를 산 채로 토막을 내 구워서 먹었다.

그러나 이른바 해적활동의 '황금기'는 모건과 롤로누아 이후에야 비로소 시작됐다. 그 두 사람과 파나마의 해적제 독으로 모건의 선배였던 에드워드 맨스필드, 목이 말라 초주검이 되다시피 한 28명의 부하들만으로 스페인의 갈레온선 한 척을 점령했던 대담한 피에르 르 그랑, 그리고 교활한 바르톨로메로 엘 포르튀게 등과 같은 인물들은 18세기 초 대양을 엄습했던 새로운 해적들의 물결을 위한 개척자들이었다. 대략 30년간 세계 각국의 인물들이 카리브와 북미의 해양을 공포에 몰아넣었다. 그 당시 영국과 미국의 해적들은 1716년 이후 포트로열뿐만 아니라 바하마의 뉴프로비던스에도 거점을 두고 활동했다. 프랑스인들은 마르티니크에서 약탈행위를 시작했고, 스페인의 해적들은 쿠바, 푸에르토리코, 세인트오거스틴에 거점을 두고 있었다.

영국의 해적들 중에 가장 무시무시한 인물로 에드워드 티치가 있었다. '블랙비어드'('검은 수염'이라는 뜻—역주)라는 이름으로 더 잘 알려졌던 그는 숱이 많은 검은 머리에 긴 수염을 기른 거구의 사내였다. 자신의 인상 깊은 외모를 강조하기 위해 그는 머리와 수염에 울긋불긋한 띠를 둘렀었고, 적선을 공격할 때는 타고 있는 도화선을 모자의 리본에 꽂곤 했다. 블랙비어드는 다른 선장들처럼 그렇게 잔인하고 비정상적인 성향은 덜했지만 변덕스럽기로 악명이 높았다. 그는 이유 없이 한 포수의 다리를 총으로 쏜 적도 있으며, 자신의 배인 퀸 앤스 리벤지호 안에 진짜 지옥을 연출하고 싶어했고, 그래서 자신과 선원 세 명을 선복에 가두어 놓고 그곳에 유황이 든 항아리들을 태웠다. 블랙비어드는 해적활동을 하며 무수한 배들을 탈취했고, 카리브에서 명실상부한 공포의 대상이 됐으며, 그의 이름은 예전의 헨리 모건과 비슷하게 두려움을 불러일으켰다. 1718년 11월 소규모의 영국 함대가 노스 캐롤라이나 주의 한 만에서 블랙비어드의 해적선들을 궁지에 몰아넣었는데, 그는 그곳에서 한 대농장주의 16살 먹은 딸에게 구애를 하고 있었다. 해적들은 그 전날 밤새도록 파티를 하며 술을 마셨었는데, 여전히 술에 취한 채 영국 해군의 공격에 저항을 했다. 해적들은 단 18명에 불과했고, 영국인들은 수적으로 훨씬 우세했었다. 그럼에도 블랙비어드의 부하들은 결사적으로 싸움에 뛰어들었다. 블랙비어드의 죽음은 전설이다. 부하들의 선두에 서서 블랙비어드는 자신의 적수였던 해군 소위 로버트 메이너드의 기함으로 돌진했고 그 장교를 총으로 맞히지 못했다. 메이너드가 총을 쏘아 블랙비어드를 맞히자, 그는 몸을 움칫했을 뿐 칼을 치켜들고 공격자에게 달려들었다. 메이너드도 칼을 쳐

들었다 ─ 그러나 그의 칼날이 블랙비어드의 칼과 부딪치자 부러지고 말았다. 한 영국 병사의 칼이 겨우 블랙비어드의 돌진에 종지부를 찍을 수 있었다. 마침내 블랙비어드는 갑판 위에 쓰러졌고 숨을 거두었다. 그를 제압한 자들은 블랙비어드의 몸에서 다섯 개의 총상과 스무 개의 자상을 발견할 수 있었다.

해적들 중에는 여자들도 발견할 수 있었다. 앤 보니와 메리 리드는 상당한 유명인사가 되는 데 성공했는데, 그녀들은 싸움에서 어떤 남자에게도 지지 않았다. 앤 보니는 사우스 캐롤라이나 주의 찰스턴 출신인 한 부유한 변호사의 사생아로, 어린 나이에 한 선원과 도망을 쳤으며, 마지막으로 해적선장이던 '캘리코 잭'의 약혼녀가 됐다. 그 두 사람이 소수의 부하들로 몇 척의 배를 나포하자 앤이 중추역할을 했다는 사실이 금방 드러났다. 어느 날 습격을 하던 중 유난히 예쁘장하게 생긴 선원 하나가 앤의 주의를 끌었고, 그녀는 그 선원 역시 여자라는 사실을 금세 알아냈다. 그 젊은 여성은 영국인인 메리 리드로 이미 오랜 기간을 남자의 신분으로 살았고, 특히 기병으로 플랑드르(벨기에의 서부를 중심으로, 프랑스 북부와 네덜란드 남부의 일부를 포함하는 지방─역주)에서 싸웠었다. 그녀는 앤 보니의 주위에 있던 해적들에 합류했다. 그녀들의 경력은 그들이 사로잡힌 1720년에 끝이 났다. 수적으로 불리한 상황에서 그녀들만이 격하게 저항을 했고, 나머지 남자 해적들은 갑판 아래 숨어 들어가 있었다고들 한다. 선원들은 처형됐지만, 그녀들에겐 집행연기가 허락됐는데, 두 여성 모두 임신 중이었기 때문이다. 그 뒤 얼마 안 있어 메리는 열병으로 사망했고, 앤은 사라졌다. 그녀는 몸값을 주고 풀려났다고 추측된다.

런던이 무법자들에게 싫증을 느끼기 시작했던 1720년대에 해적들의 최후가 다가왔다. 지배자들은 이전에 스페인과 다른 식민지배 국가들에게 대항하기 위해 그들이 필요했지만, 해적과 버커니어들은 통제가 불가능해졌다. 많은 해적들이 다다를 수 있는 배는 모조리 나포를 했고, 무방비 상태에 있던 부락들은 국적을 불문하고 닥치는 대로 습격을 했다 — 런던으로선 더 이상 묵인하고 싶지 않은 상황이었다. 국왕 조지 1세는 그래서 과거에 해적이자 세계일주 항해자였던 우즈 로저스를 바하마제도의 총독으로 임명했다. 그의 임무는 해적을 소탕하는 것이었다. 로저스는 1718년 7월 해적들의 아성이던 나소의 항구에 입항했는데, 1718년 9월 5일까지 모든 해적들에게 베풀 수 있는 대사면장을 지참하고 있었다. 그 시점까지 자수를 하고 해적활동을 단념하겠다고 맹세한 자들은 무죄의 신분으로 돌아갔고, 그렇지 않은 해적들은 로저스가 모두 추적해서 붙잡아 교수형에 처해야 했다.

많은 해적들이 그 제안을 받아들였지만 자신들의 생업을 포기하려 하지 않은 해적들도 많았다. 가령 찰스 베인의 지휘하에 있던 해적들을 예로 들 수 있는데, 그들은 나포한 프랑스 선박 한 척에 화약과 탄약을 실어서 불을 붙이고는 영국 배들을 향해 흘러가게 함으로써 나소에서의 출항을 기억할 만하게 장식했다. 폭발하는 배들의 불꽃은 수 마일이 넘어서도 볼 수 있었고, 해적들에게 항구로부터 달아나는 데 필요한 기회를 제공했다. 그러자 베인은 1721년에 붙잡혀서 포트로열에서 교수형에 처해질 때까지 삼 년간을 부하들과 함께 카리브해에서 돌아다녔다.

해적들을 소탕하는 데 몇 년이 더 걸리긴 했지만 결국 해적사냥꾼 로저스가 승리를 거두었다. 영국 해군의 단호한 조처와 영국의 식민지 곳곳에서 집행됐던 처형의 물결은 아무리 대담한 후진해적들이라 할지라도 모두 겁을 먹게 했다. 해적들의 시대는 지나갔다. 버커니어와 해적들은 농부와 시민이 되거나 그저 항구의 선술집을 전전하는 주정뱅이로 전락했다. 영국은 군비를 확장했고, 영국의 상선대를 자국의 전함으로 충분히 보호할 수 있었다. 영국 해군은 이제 영국 시민의 안전을 돌보았고, 신세계에 대한 영국의 청구권을 공고히 했다. 하지만 영국 해군이 그런 규모와 병력을 갖지 못했던 시기에 영국의 이익을 대변했던 헨리 모건 경 같은 인물들이 없었다면, 식민지 획득을 둘러싼 국가 간의 경쟁에서 영국은 스페인을 따라잡지 못했을 것이며, 그랬더라면 오늘날 북아메리카 대부분의 지역에서는 아마 스페인어를 사용하고 있을 것이다.

제 6장

뜻밖의 발견

식 중독으로 누워 있는 선원들 없이는 잠수장소로 항해를
할 수 없었다. 그래서 우리는 주어진 상황에서 최선의
길을 모색해 섬을 탐사하기로 결정했다. 크리스는 아픈 자메이카
인들 곁에 머물렀고, 나머지 사람들은 이른 아침 소풍 갈 채비를
했다.

바그너는 이미 우리를 기다리고 있었다. 지난주에 나는 그 젊은
청년과 좀 더 친해졌고 그를 높이 평가하게 됐다. 그는 독학으로 영
어를 깨우쳤고, 가능한 한 많은 걸 배우고 우리가 하는 말을 하나라

도 놓치지 않으려는 열망에 불타고 있는 것처럼 보였다. 우리는 명랑한 성격과 친절함 때문에 금세 바그너를 총애했다. 우리는 무언가 알고 싶을 때 항상 그에게 가장 먼저 물어보았다.

며칠 전 나는 부락의 원로들에게 선물을 주고 싶어서 바그너에게 원로들과의 만남을 주선해 달라고 부탁했다. 과거의 탐험여행에서 지역주민을 우리편으로 끌어들이는 일이 얼마나 중요한지를 직접 체험했기 때문이었다. 서먹서먹함을 없애는 데 선물보다 빠른 방법은 없다. 바그너는 그 부탁 때문에 불편한 기색이 역력했는데, 나중에 밝혀진 사실이지만, 이방인이 공식적으로 선물을 전달하려 했던 경우는 그때까지 없었던 것이다. 그럼에도 바그너는 자신이 그 일을 알아보겠다고 약속했다.

그 후 부락원로들이 자기들끼리 충분히 상의를 한 다음 우리를 그날 저녁 잔치에 초대했다고 바그너가 내게 전했다. 그러면 우리가 그 기회에 선물을 전할 수 있다는 것이었다. 잔치는 저녁 10시경에 시작된다고 했다. 나는 우리 팀과 함께 시간에 맞춰 그 자리에 참석하겠다고 약속했다. 마지막으로 바그너는 나에게 크레올어 몇 마디도 가르쳐 주었다. 대화를 나누기엔 충분하지 않겠지만, 그날 저녁의 만남을 위해 그 나라 말 몇 마디를 준비한다는 건 분명 쓸모가 있었다.

나는 바그너에게 섬에 있는 해적들의 은신처에도 흥미가 있다고 설명했었다. 바그너는 자신이 일 아바슈 섬에 있는 상당히 큰 동굴들을 여러 개 알고 있다고 했다. 수세기 전 해적들이 그곳에 숨어 있었을지도 몰랐다. 어쨌든 섬주민들은 이미 수세기 전부터 심한 허리케인을 피하기 위해 그 동굴들을 사용해 왔다고 하는데, 허리케인은 카리브의 그 지역을 정기적으로 덮쳤다. 동굴로 가는 가장 좋은 방법은 역시 보트로 가는 것이었는데, 물론 육로로도 동굴에 도달할 수는 있었지만 더 오래 걸리고 더 힘들 뿐이었다. 많은 바그너의 사촌들 중 한 사람이 자신의 보트를 제공했고, 우리는 출발했다. 바그너에 의하면 가장 가까운 곳에 있는 동굴은 채 30분도 걸리지 않는 거리에 있었다.

잠시 후 우리는 이미 동굴 앞에서 부서지는 파도 한가운데 있었다. 바그너의 사촌은 흰 물보라를 일으키는 물결을 헤치며 하얀 모래가 깔린 긴 해변으로 보트를 능숙하게 몰았다. 해변은 엄청나게 큰 야자수들로 둘러싸여 있었다. 우리가 정박한 곳의 왼쪽에 흰색의 큰 암석들이 정글로부터 우뚝 솟아 있었다. 바그너는 앞장을 서서 한 암석에 난 거의 직사각형 모양을 한 입구로 달려갔다. 우리는 긴장한 채 뒤를 따랐다. 하지만 성능이 좋은 손전등을 켜자 20미터 정도 지나서 동굴이 끝난다는 사실을 알 수 있었다. 선원들에게 자리를 제공하기엔 너무 좁았기 때문에, 이 동굴은 결코 해적의 동굴일 리가 없었다. 바그너는 내가 실망한 걸 눈치챈 게 분명했는데, 서둘러서 우리에게 해변의 반대편 끝에도 동굴이 하나 더 있다고 말했기 때문이다. 그 동굴도 배로만 접근이 가능했다.

그래서 우리는 다시 보트를 탔고, 두 번째 만에서 바그너를 따라 울창한 정글을 통과해서 가파른 바위 위로 기어 올라갔다. 동굴로 들어가는 입구는 파도에 밀려온 모래로 가로막혀 있었고, 그래서 브루스와 나는 삽으로 모래를 치우기 시작했다. 그러자 두 개의 조그만 동굴이 딸린 큰 동굴 하나가 우리 앞에 입을 벌렸다. 조그만 동굴들은 안으로 들어갈수록 천장이 낮아졌다. 암모니아의 쏘는 듯한 악취가 너무나 코를 자극해서 구역질이 나올 정도였다. 우리는 손전등의 불빛 속에서 그 원인을 발견했다. 천장에는 수많은 박쥐들이 매달려 있었는데, 보아하니 우리들이 침입한 걸 언짢아하는 기색이었다 ─ 손전등의 둥근 불빛 아래서 스멀스멀 기어가는 엄청나게 큰 거미들도 그런 기색이었다. 오래 머물기엔 결코 마음에 드는 장소가 아니었다.

그럼에도 우리는 동굴의 벽을 좀 더 면밀히 관찰하고 싶었다. 그래서 우리는 실제로 동굴의 천장과 벽에서 검은 그을음 흔적을 발견했는데, 이는 이곳에 모닥불이 지펴진 적이 있었다는 사실을 의미했다. 언젠가 인간이 이 동굴을 피난처로 사용했다는 증거였다. 그러나 그게 우리가 발견한 전부였다. 동굴들을 좀 더 자세히 조사하는 건 다른 탐험대에게 넘겨주어야 할 것 같았다.

그날 저녁 우리는 피곤하고, 배도 고프고, 약간은 실망한 채 집으로 돌아왔다. 그동안에 우리는 불라르 부부 집의 마당에 될 수 있는 한 편하게 살림을 차렸다. 지붕은 낡은 돛을 야자수 사이에 펼쳐서 대신했다. 그곳에서 아침식사를 하고 저녁을 먹었다. 노천 샤워장은 발전기와 압축기가 들어 있는 창고 옆에 있었고 야자수 두 그루 사이에 빨랫줄이 하나 걸려 있었다. 깨끗한 물은 아껴서 써야 했다. 섬에는 우물이 전혀 없었고, 그 때문에 디디에는 큰 통들에 빗물을 받아 사용했다. 식수는 매일 끓이거나 정화제로 처리를 해야 했다.

포트모건은 말발굽 형태의 만으로 삼면이 언덕의 비탈로 둘러싸여 있다. 그래서 만 안에 정박한 배들은 폭풍이 몰아쳐도 안전하다. 불라르 부부는 말발굽의 왼쪽에 위치한 언덕의 맨 정상에 자신들의 집을 지었고, 그래서 양옆으로 탁 트인 전망을 갖고 있었다. 북쪽으로는 아이티 본토의 조그만 항구도시인 카이가 보였고, 반대쪽으로는 조그만 항구와 목조선창들이 늘어 선 만 전체가 한눈에 내려다보였다. 말발굽의 오른쪽은 카콕 부락 주민의 소유였다.

카콕 앞의 해변은 작은 통나무배들과 좀 더 큰 어선들로 알록달록했는데, 배들은 곧바로 모래 위에 놓여 있거나 수없이 많은 야자수들에 묶여 있었다. 그 뒤로 이십여 채의 조그만 움막들이 네다섯 채씩 무리를 지어 숨어 있었다. 낙조를 즐기며 바그너가 우리를 잔치로 데려가길 기다리는 동안, 갑자기 둔중한 북소리가 들렸는데, 처음엔 미약했지만 점차 소리가 커졌다. 다른 음향들이 북소리에 섞였는데, 무슨 소린지 확인할 수 없었다. 음악은 상당히 으스스하게 들렸고, 마치 켈트 족의 노래와 애버리지니(오스트레일리아의 원주민─역주)가 사용하는 디제리두(애버리지니가 사용하는 유칼립투스 나무로 만든 전통적인 취주악기―역주)의 둔중한 선율이 혼합된 것처럼 들렸다. 바람이 그 기이한 음률을 항구를 넘어 우리가 있는 곳까지 실어 왔다. 부락 전체가 깨어 있는 것 같았다. 음악은 끊이지 않고 계속됐으며, 우리들의 저녁식사에 지속적으로 고조되는 리듬을 배경으로 깔았다.

그러자 때가 됐고, 바그너와 그의 친구인 펠릭스가 우리를 데리러 왔다. 크리스를 빼고는 모두 함께 갔는데, 크리스는 그날 저녁을 혼자 보내고 싶어했다. 우리는 출발을 했다. 부락에 도달하기 위해서는 만 주위를 빙 돌아서 맹그로브(홍수림. 열대나 아열대의 해안에 해수의 염분 농도에 견디는 수목이 많이 모여서 형성되는 숲―역주) 뒤에 있는 늪지대를 가로질러 가야 했다. 모기들은 그날 저녁 향연을 벌였는데, 수만 마리의 모기 떼는 오래 전부터 우리가 무모하게 늪지대를 통과하려는 순간만을 기다리고 있었던 것 같았다.

마침내 우리는 부락 뒤의 숲에 있는 공터에 도착했다. 모닥불이 몇 개 타오르고 있었고, 보아하니 북소리가 부락 주민 모두를 춤 속에 빠지게 한 것 같았다. 바그너는 우리를 원로들이 기다리고 있는 움막으로 안내했다. 원로들은 한결같이 모두 매우 진지한 표정들이었다. 나는 알고 있던 크레올어를 총동원해서 "본스와(안녕하세요)", "키 얀 오우 예?(어떻게 지내십니까?)"라고 말했는데, 그러자 주위에서 폭소가 터져 나왔다. 내 발음이 최상은 아닌 것 같았지만 서먹서먹함을 없애는 데는 성공했다. 그러고 나서 나는 원로들에게 우리

팀을 소개했고, 바그너가 통역을 했다. 나는 우리가 온 이유를 설명하고, 선물을 받아 준다면 정말 기쁘겠다고 말했다. 우리는 캐나다에서 섬주민에게 유용하게 쓰일 것 같은 여러 가지 물건들을 장만했었다. 나무로 만든 노, 낚싯바늘, 나일론으로 만든 낚싯줄, 메모장과 필기도구, 성냥과 라이터 등이었다. 원로들은 기품 있게, 하지만 호기심을 전혀 감추지 않은 채 선물을 수령했고, 감사의 표시를 하고는 우리에게 잔치를 즐기라며 모닥불 주변의 자리를 권했다.

춤과 북소리, 모닥불과 직접 주조한 럼주의 열기가 잔치에 참석한 사람들을 모두 아주 유쾌한 분위기에 젖게 했다. 사람들은 웃고, 춤을 추고, 대화를 나누었고 그야말로 자유분방했다. 그 광경은 이질적이면서도 동시에 매혹적이었는데, 왠지 진실한 느낌을 주었다. 그 몇 시간 동안 다른 모든 일들은 아득한 미래로 멀어져 간 것처럼 보였다.

새벽 세 시쯤 우리가 움막으로 돌아가기 위해 그곳을 떠나려는 순간, 웬 사람이 느닷없이 우리 쪽으로 비틀거리며 다가왔다. 우리는 깜짝 놀랐지만 곧 그가 누군지를 알아보았다. 바로 크리스였는데, 만취한 상태가 분명했다. 크리스는 평소에 술을 전혀 마시지 않았다. 그에게 무슨 일이 있었던 것일까? 크리스는 사나운 눈초리로 자신의 움막을 못 찾겠다며 더듬거리더니 혀 꼬부라진 소리로 "여기가 어디지?"라고 물었다. 우리는 얼굴에 난 긁힌 상처와 입고 있던 옷의 상태로 미루어 크리스가 이미 오랜 시간을 정글 속에서 비틀거리며 헤맸다고 판단했다.

그 사건의 진상은 결국 밝혀졌다. 바그너가 어떻게든 크리스를 잔치로 데려오려고 누군가를 보냈다. 크리스가 있던 움막의 조그만 베란다에서 그 사내는 향기로운 토속럼주를 한번 마셔 보라고 크리스에게 권했고, 금주론자인 크리스가 그 초대에 응했던 것이다. 그 뒤로 무슨 일이 발생했는지는 우리들 중 누구도 완전히 알아낼 수 없었다. 하지만 이상하게도 크리스는 그 다음 날 원주민으로부터 북 하나를 구입해 매일 저녁 몇 시간이고 북만 쳐 댔다. 그렇게 끊임없이 울려대는 단조로운 북소리가 몇몇 팀원의 신경을 얼마나 자극했던지, 그들은 크리스가 북소리를 멈추지 않으면 일을 거부하겠다고 했다. 사람들이 크리스가 북을 치지 않고는 견딜 수 없는 어떤 부두교 주술에 걸린 거라고 여길 만했다. 어쨌든 그 사건 이후로 나는 부두교와 무슨 연관이 있는 원주민의 초대를 절대로 거절하지 않기로 마음먹었다.

다음 날 우리는 잠수작업을 속개했다. 우리는 침몰한 블루 노즈호의 잔해를 찾으려던 원래의 의도를 오래 전에 머릿속에서 지워버렸다. 방송을 위한 장면들은 카메라에 담았고, 닻보다 더 나은 증거를 암초 어디에서도 찾을 수 없었다. 그래서 우리는 훨씬 더 규모가 큰 과제에 매달렸다. 우리는 매드 리프에서 잠자고 있는 여러 세기에 걸친 수많은 잔해들을 분류, 기록하고 또한 가능하면 그 잔해들이 어떤 배에서 유래하는지를 알아낼 작정이었다.

물론 나는 무엇보다 먼저 모건 선장의 기함이던 위풍당당한 옥스퍼드호를 뒤쫓고 있었지만, 또 한 척의 배도 흥미를 끌었는데, 바로 자메이카 머천트호였다. 그 배가 침몰한 지 수세기가 지났고 누구도 그 배가 정확히 어디서 최후를 맞이했는지 더 이상 말해 줄 수 없었다. 하지만 우리는 어찌됐든 이미 여러 개의 잔해를 해저에서 발견했고, 그것들은 그 배에 들어맞았다. 닻, 대포, 금속조각들이었는데 모두 정확히 17세기에 만든 것들이었다. 어쩌면 우리가 고고학계를 온통 흥분과 열광의 도가니로 몰아넣을 발굴을 눈앞에 두고 있던 것은 아닐까?

자메이카 선원들이 식중독을 이겨 내고 다시 일을 할 수 있게 되자, 우리는 가능한 모든 시간을 수중에서 보냈다. 우리는 역사적 보물상자를 매 미터마다 철저히 탐색했고, 상자 안에 든 것들이 차츰차츰 우리 앞에 펼쳐졌다. 우리는 두 사람씩 한 조가 되어 암초를 샅샅이 뒤졌고, 대포, 닻 그리고 주의를 끄는 것들을 모조리 기록했으며, 사진을 찍을 수 있는 것들은 전부 사진을 찍었다. 우리는 청색과 녹색의 얇은 유리조각을 발견했는데, 17세기에 통용됐던 약병의 일부인 게 분명했다. 도처에 도자기 파편이 흩어져 있었다. 개중에는 두꺼운 손잡이가 달린 것들도 있었는데, 상당히 큰 용기의 잔해임을 암시했다. 그런 용기들은 특히 삶거나 소금에 절인 고기를 저장하는 데 사용됐는데, 어쩌면 음료수도 담았을 수 있었다. 대못과 집게나 망치 같은 연장의 부분들도 모래 속에 묻혀 있거나 죽은 산호 덩어리에서 굴러 떨어지곤 했다.

상황이 차츰 명백해졌다. 그 일은 규모가 컸다. 그곳엔 엄청난 규모의 선박공동묘지가 있었고, 여태껏 인간의 손이 전혀 닿지 않았다. 그리고 그 선박공동묘지는 어찌됐든 우리에게 남은 시간 동안에 대강 기록하고 분석하기에도 규모가 너무 컸다.

그런 규모의 발굴을 완수하기엔 영화촬영팀인 우리에게 전문고고학자의 노하우와 장비가 부족했다. 일단은 증거를 작성하는 일만 할 수 있었다. 역사적 유물을 처음엔 제자리에 그대로 두는 게 중요한데, 그 장소에서만 유물을 정확하게 분류하는 것이 가능하고, 시대, 사건 또는 특정한 배에 편입시킬 수 있기 때문이다.

난파선을 찾아 잠수를 하면, 이름표나 뱃머리에 잘 읽을 수 있게 배의 이름을 적어 놓은 경우를 발견하기란 거의 불가능하다. 어쨌든 나는 난파선을 찾는 잠수부로 활동하면서 한 번도 그런 행운을 가져보지 못했다. 잔해들이 대부분 산호와 모래 속에 파묻혀 있는 오래 된 난파선보다는 20세기에 침몰한 배들이 당연히 정체를 확인하기가 훨씬 더 간단하다. 철로 된 선체는 아주 간단히 측량할 수 있고 원본건조도면과 비교할 수 있지만, 목조선은 특히 난류에서 엄청나게 빠른 속도로 부패한다.

수세기 전에 카리브해에 침몰한 배를 확인하기 위해서는 다른 방법을 써야 한다. 일단 먼저 바다 밑바닥을 아주 꼼꼼하게 샅샅이 뒤져야 한다. 운이 좋으면 예기치 않게 대포, 대포알 또는 반쯤 산호에 묻혀 있거나 모래 밖으로 솟아 있는 닻과 마주친다. 이따금 뭐라고 규정할 수 없는 금속조각, 구리나 납으로 만든 장식, 유리와 도자기 파편들도 발견되는데, 그들 대부분이 모래와 퇴적물로 덮여 있거나 산호 덩어리에 걸려 있다.

아무리 작은 것이라 할지라도 그런 걸 발견할 적마다 아드레날린이 내 혈관 속을 질주한다. 역사의 퍼즐조각을 또 하나 발견했다는 그런 행복감은 이루 형언할 수가 없다. 하지만 그건 단지 퍼즐조각일 뿐이다. 침몰한 배를 분명히 확인하는 작업은 대개 수개월, 수년이 걸린다 ― 성공한다손 치더라도 말이다. 적어도 발굴물을 토대로 발굴물이 유래한 시기를 추정할 수 있고, 어쩌면 국적, 배의 종류 그리고 때때로 배의 이름조차 알아낼 수도 있다.

브루스와 나는 그곳 카리브해에서 커다란 난관에 봉착했다. 난파선을 발견하는 것도 문제이긴 하지만 선박공동묘지 전체를 분류한다는 건 전혀 별개의 문제였다. 그런 생각이 들자, 나는 오랜 친구이자 스승인 로버트 그레니어를 생각하지 않을 수 없었다. 나는 로버트를 1993년 캐나다에서 알게 되었는데, 그때 우리는 '고고학적 난파선 발굴계획'이라 명명했던 한 프로젝트에서 함께 일하고 있었다. 나는 그 프로젝트를 노바스코샤의 도시 핼리팩스의 해양박물관의 도움을 얻어 창립했다. 그 계획은 그 지역 잠수부들을 대상으로 생각한 것인데, 노바스코샤 해안 앞에 가라앉아 있는 5000

척이 넘는 난파선을 보호하고, 약탈하지 말도록 잠수부들을 설득시키려는 것이었다. 로버트는 그때부터 지금까지 캐나다에서 가장 높은 난파선 주무관청인 팍스 캐나다의 고고학 학장을 역임하고 있다. 로버트는 그 당시 오래 된 발굴법령에 반대하며 투쟁하고 있었는데, 그 법은 실제로 누구든 난파선을 자기 소유로 주장하고, 약탈하고, 그로 인해 엄청난 고고학적 유물들을 영원히 파괴하는 걸 허용했다.

그런 일이 바로 르 샤모호와 더불어 발생했는데, 그 배는 프랑스 선박으로 수백만 개의 은화를 실은 채 18세기에 노바스코샤에 있는 성, 케이프브레턴 앞에서 침몰했었다. 그 난파선은 차가운 물속에서 거의 완벽하게 보존됐었는데, 값비싼 은화를 챙기려는 발굴회사에 의해 본격적으로 해체됐고 산산조각이 났다.

그때까지 나는 그 모든 걸 실용적이며 관광적인 견지에서 판단했었다. 나는 단순히 남김없이 약탈당한 난파선보다는 잘 보존된 난파선이 모든 잠수부에게 훨씬 더 많은 걸 보여 준다고 여겼었다. 그러나 로버트는 자신의 사상을 내게 옮겼다. 그 대화 이후로 수중의 역사적 유물을 보호해야 한다는 생각이 〈신비의 대양〉 시리즈를 위해 내가 제작한 방송들의 본질적 요소가 됐다.

그 시기에 나는 존 프랭클린과 그의 〈잃어버린 탐험대〉에 관한 기사를 접하게 됐는데, 그 탐험대는 북극으로 가는 북서쪽 통로를 발견하려 했었다. 나는 그 유명한 탐험가에 관한 다큐멘터리를 제작함과 동시에 실종된 두 척의 배, 에레보스(그리스 신화에 나오는 암흑의 신 또는 황천—역주)호와 테러호를 찾기로 결심했다. 나중에 밝혀진 사실이지만, 그 탐험은 그 후 일 아바슈 섬에서의 내 행동에 결정적인 영향을 미쳤다.

북극으로 가는 탐험여행을 준비하는 데는 수개월이 소요됐다. 그러나 나는 마침내 캐나다 정부에 나의 의도를 납득시킬 수 있었고, 예상치 않았던 보호물자까지 부여받았다. 우리는 쇄빙선인 윌프리드 라우리어호를 제공받았는데, 그 배 안에는 헬기까지 탑재돼 있었고 수중탐색을 위한 최신장비도 설치돼 있었다. 우리는 탐험의 고고학 분야를 주도할 최고의 권위자인 로버트 그레니어를 동반하고 있었다.

로버트 외에도 다수의 저명한 전문가들이 배에 타고 있었는데, 가령 베드포드 해양학연구소의 스티브 블래스코를 들 수 있다. 그는 타이타닉호가 발견될 당시 지질학자로 그곳에 있었다. 우리가 북극에서 보냈던 4주 동안에 로버트와 나는 좋은 친구가 되었다. 우리는 몇 주간을 어디서 무언가를 발견할 수 있을지 고심했었다 ― 그리고 드디어 프랭클린의 비극적인 탐험대가 남긴 유품들을 정말 수십 개나 발견했었다. 그럼으로써 우리는 역사의 한 장을 전혀 새롭게 기술했는데, 그때까지 많은 역사학자들이 프랭클린이 절대로 그 지역에서 머무르지 않았을 것이라고 확신했기 때문이다. 이제 그곳에서 우리가 프랭클린의 흔적을 발견했던 것이다.

그 기간 동안에 로버트는 나에게 고고학적 유물을 다루는 법을 아주 많이 알려 주었다. 내가 난파선을 촬영하며 전문가나 학자들과 함께 활동했던 기간 내내 한 번도 고고학의 대가가 직접 현장에서 작업하는 걸 볼 기회가 없었다. 나는 발굴물을 적합하게 기록하는 법, 줄자, 스케치북, 나침반, 카메라 그리고 위성항법장치를 사용하는 법을 로버트로부터 배웠다.

내가 그 당시 열성적으로 수용했던 모든 지식이 이제 카리브해에서 발견한 유물들을 다루는 데 도움이 됐다. 그럼에도 나는 우리가 발견한 그 많은 유물들을 정돈하고 분류하기 위해선 전문교육을 받은 고고학자가 다수 요구된다는 사실을 알고 있었다 ― 설령 언젠가 그럴 기회가 온다 하더라도 말이다. 왜냐하면 모든 고고학적 발굴은 자금이 필요한데, 그것도 아주 많은 자금이 필요하다. 하지만 오늘날 같이 자금이 부족한 시기에 정부는 제일 먼저 그런 종류의 계획에 들어가는 예산부터 줄이며, 대기업의 후원을 얻는 데는 많은 시간과 노력이 소모된다.

브루스와 나는 최선을 다했다. 우리는 발굴물을 모두 측정했고, 위치도면을 그렸고, 사진을 찍었다. 때때로 우리는 견본 몇 개를 가져가기로 결정했는데, 나중에 전문실험실에 분석을 의뢰하기 위해 납 장식, 못, 도자기와 유리 파편 등을 몇 개씩 챙겼다. 우리는 결코 도굴꾼도 아니고 보물을 찾아 헤매는 자들도 아니며, 오히려 정반대이다. 우리는 유물이 발견된 장소에 그대로 남아 있고, 설사 발굴한다 하더라도 고고학자와 전문학자들에 의해서만 행해지기를 원한다. 그러나 우리가 그곳에 잠수하는 유일한 인간으로 남지 않을 것은 분명하다. 잠수를 저지할 사람은 아무도 없다. 하지만 보물을 찾으려는 자들은 수두룩하고, 마찬가지로 부유한 약탈잠수부들처럼 모험심을 즐기는 자들도 많다. 그들은 침몰한 배의 역사적 가치에 대해선 신경을 쓰지 않으며, 오로지 재미, 개인적 성공 그리고 돈 때문에 그처럼 소중한 유물의 발굴장소를 약탈한다. 한 예로 나는 바베이도스에서 취미로 보물을 찾는 파렴치한 자들이 귀중한 난파선을 모조리 약탈하고는 자신들이 찾은 유물들을 의기양양하게 기념품으로 집으로 갖고 돌아가는 걸 목격했었다. 역사적으로 소중한 유물들이 너무도 많이 그런 식으로 영원히 파괴됐다.

우리는 매드 리프에서 잠수를 할 때마다 매번 새로운 유물들을 발견했다. 우리가 암초의 좁게 한정된 한 구역에서만 5세기에 걸친 다양한 난파선들을 20척도 넘게 발견한 걸로 추정됐다. 몇몇 난파선들은 글자 그대로 포개어서 쌓아 놓은 것처럼 보였고, 그래서 시대나 국적을 규명하기가 거의 불가능했다. 17세기의 대포가 19세기에 건조된 배의 철골 옆에 놓여 있는가 하면, 몇 미터 떨어지지 않은 거리에 16세기에 속하는 닻의 커다란 닻혀가 모래 밖으로 솟아 있었고, 또 몇 미터를 지나가면 20세기의 화물선 선복으로부터 시멘트 포대가 흩어져 있었다. 그건 마치 모든 물건들을 그냥 닥치는 대로 집어 던져서 뒤죽박죽이 된 채 내버려 둔 박물관의 지하창고 같은 인상을 주었다. 그곳은 유일무이한 유물의 발굴장소였고, 진정한 수중역사박물관이었다.

우리가 그 탐험에서 단지 철저한 연구를 위한 발판밖에는 마련할 수 없다는 사실이 금세 분명해졌다. 그때 우리가 할 수 있던 것이라고는, 다시 캐나다에 돌아가면 우리가 발견한 것들에 신빙성을 부여하기 위해 가능한 한 많은 정보와 증거를 모으는 것뿐이었다.

매드 리프에서 잠수를 계속하면서 전혀 다른 세 곳의 발굴장소가 단 한 척의 난파선 잔해와 연관된다는 느낌이 차츰 짙어졌다. 우리는 편의상 그 장소들을 A, B, C로 불렀다. 잔해들이 어떻게 놓여 있고, 어떤 모습을 하고 있고 또 수세기 전에 그곳에서 발생한 조난사고에 관한 기록들을 토대로 우리는 결론을 내렸었다. 브루스는 블루 노즈호에 대해 조사를 하면서 카리브해의 그 지역에서 블루 노즈호와 동일한 운명을 맞이했던 다른 배들에 관한 정보도 접하게 됐었다. 그런 정보는 가령 영국 해군의 명단에서도 발견할 수 있는데, 그 명단에는 지난 수세기 동안 난파된 배들이 전부 기록돼 있다. 우리는 미국의회도서관의 기록 보관실에서도 아주 다양한 조난사고에 관한 수많은 정보를 발견했다.

그 암초에 너무 가까이 접근한 많은 배들이 간신히 제때에 닻을 포기하거나, 아니면 적어도 닻을 이용해 암초로부터 벗어날 수 있었다. 그것이 우리에겐 수중에서 그렇게 많은 닻을 발견한 이유에 대한 유일하게 납득할 만한 설명이었다. 그런 위급한 상황에서 배를 멈추기 위해 닻을 내리고, 그러고 나서 닻을 이용해 배의 방향을 바꾸고, 마지막으로 암초로부터 벗어나기 위해 닻줄을 자르는 건 기본절차였다. 다른 방법은, 이미 암초와 충돌한 배를 닻을 이용해 끌어내는 것이었다. 이를 위해서 구명보트를 물 위에 띄웠고, 그러면 구명보트는 가능한 한 배로부터 멀리 떨어진 곳에 닻을 물속으로 던져야 했다. 닻이 바다 밑바닥에 단단히 고정됐으면 좌초한 배에 탄 선원들은 배를 암초로부터 떼어내기 위해 닻줄을 잡아당기기 시작했었다.

그러나 그런 시도가 불가능한 경우가 종종 있었다. 배가 암초에 완전히 걸리면 포기해야만 했다. 예를 들면 영국의 노예선이었던 엘리스호가 있는데, 그 배는 1774년 좌초했고, 타고 있던 450명의 노예들에게 물에 빠져 죽거나 다시 사로잡히기 전까지 일시적인 자유를 선사했었다. 또는 1790년에 사라진 스코틀랜드 함선 액티브호, 1802년 매드 리프에서 비운을 맞이했던 영국 상선 아레투사(라틴어로 '원천'이라는 뜻—역주)호, 마찬가지로 10년 후에 같은 운명에 처해진 영국 상선 퀸호 등을 들 수 있다. 그리고 당연히 블루 노즈호도 여기에 속하는데, 선원들이 열대성 폭우로 인해 시야가 열악한 상황하에서 배를 잘못 조종했고, 곧바로 암초를 향해 항로를 잡았기 때문이다.

그러나 우리가 바다 밑바닥에 놓여 있는 유물들 — 닻, 대포, 작은 금속장식, 파편, 권총, 장총 등 — 을 좀 더 자세히 관찰하자 우리가 다른 배를 발견했다는 사실을 점점 더 확신하게 되었다. 지금까지보다 훨씬 더 흥미로운 배를 말이다. 브루스는 영국 함선 자메이카 머천트호의 침몰에 관한 기록을 알고 있었고, 그 기록은 우리가 발견한 유물에 완벽하게 들어맞았다. 그리고 그 배는 이전에 헨리 모건 경의 함대에 속했었다! 서로 다른 세 문헌이 그 해적선의 침몰에 관해 상이한 연도를 제시했는데, 1673년, 1674년 그리고 1676년이었다. 자메이카 머천트호는 버커니어선이었고 자메이카의 포트로열에 배치돼 있었는데, 포트로열은 그 당시 영국이 카리브에서 확보하고 있던 유일한 거점이었다. 문헌들은 그 배를 '귀향하는 영웅에 어울리는 웅장한 함선'으로 묘사했다. 다른 문헌은 자메이카 머천트호가 크납만 선장의 지휘하에 자메이카에서 런던으로 항해를 했는데, 1674년에 경으로 추대된 헨리 모건을 자메이카로 데려오기 위해서였고, 헨리 모건은 자메이카에서 부총독으로 취임하기로 돼 있었다는 사실을 언급한다. 그 '영웅'은 헨리 모건이었고, 따라서 자메이카 머천트호의 침몰을 1676년으로 잡는 것이 가장 확실성이 있다.

우리가 자메이카 머천트호를 발견했다는 걸 증명할 수만 있다면, 그건 학계의 센세이션이나 다를 바 없을 것이다. 그사이 우리는 너무나 많은 자료들을 모았고 오래된 기록들을 보았기 때문에, 그 당당했던 배가 어떻게 최후를 맞았는지 충분히 상상할 수 있었으니…….

제 7장
자메이카 머천트호

1676년 2월 25일은 우중충한 날이었다. 며칠 전, 지나가던 폭풍이 맹위를 떨쳤는데, 허리케인이 불기엔 아직 철이 일렀다. 한바탕 소나기가 쏟아지면 잠시 해가 나곤 하는 날씨가 여전히 반복됐다. 강한 바람이 자메이카 머천트호의 돛을 팽팽히 부풀리며 수 미터 높이의 파도를 일렁이게 했다. 하지만 귀향하는 자메이카의 새 부총독인 헨리 모건 경을 태우고 카리브해를 횡단 중이던 영국의 해적선에 탄 선원들은 무사태평이었는데, 그들은 이미 더 심한 악천후도 이겨 낸 적이 있을 뿐더러, 일 아바슈 섬까지는 얼마 남지 않았다. 더구나 자메이카 머천트호는 단순한 보통 배가 아니라 당당한 영국 왕의 전함이었고, 수년 전 그곳에서 그리 멀지 않은 장소에서 침몰한 옥스퍼드호와 별 차이가 없었다. 자메이카 머천트호는 카리브해에 고정 배치돼 있었으며, 신세계에서 영국 왕 그리고 얼마 안 되는 영국 식민지의 이익을 보호했다. 해적들은 그 배를 이용해 왕국의 적들을 두려움과 공포에 떨게 했다.

자메이카 머천트호의 항법사와 크납만 선장은 카리브해가 처음이 아니었다. 그들은 그 해역을 잘 알고 있었고, 그 노선을 이미 여러 차례 항해했으며, 배 안에는 영국 해군성의 믿을 만한 해도자료들도 있었다. 그들은 그저 일 드 부아 섬이 나타나길 기다리기만 하면 된다는 사실을 알고 있었는데, 그 섬은 매드 리프의 최전방 외곽을 표시했고, 그 섬을 통과하면 라 아트의 식민 정착지 근처에 있는 한 만을 향해 안전하게 항로를 잡을 수 있었다 — 이미 수십 번 해 왔던 것처럼 말이다.

멀리서 섬의 야자수 꼭대기가 보이자, 선원들은 안심했다. 배는 기운차게 북서쪽으로 항로를 잡았고 곧바로 암초에 좌초했다. 자메이카 머천트호에 타고 있던 선원들이 보았던 섬은 일 드 부아 섬이 아니었다. 그 섬은 카이 아 로 섬이었거나 아니면 카이 드 레스트 섬이었을 공산이 크다. 지난 며칠간 몰아친 폭풍이 일 드 부아 섬에서 자라던 몇 그루 안 되는 야자수의 잎을 모조리 휩쓸어 갔고, 파도가 높고 시계가 나빴기 때문에 그 야트막한 작은 섬이 시야에 들어오지 않았다. 그리고 칼처럼 예리한 산호와 더불어 수면 바로 밑에서 도사리고 있던 평평한 암초도 거품이 이는 물 때문에 식별할 수 없었다 — 평소에 암초가 있음을 알려 주는 특유의 부서지는 파도도 그날은 없었다.

모든 게 순식간에 발생했다. 우지끈 소리가 나며 배가 갑자기 대략 5미터 정도의 수심에서 45도 각도로 기울며 정지했다. 자메이카 머천트호는 잠시 기우뚱거리다 우현 쪽으로 기울어졌다. 배에 탄 선원들은 나뒹굴었고, 아우성을 치며 어떻게든 배를 구하려고 애를 썼지만 이미 너무 늦은 상황이었다. 배는 끝장이 난 상태였다.

크납만 선장은 닻과 예비닻을 이용해 배를 어떻게 암초로부터 끌어낼지를 잠시 고민했다. 그러려면 선원들이 구명보트에 예비닻을 싣고 가능한 한 배로부터 멀리 떨어진 곳에 가서 예비닻을 물속에 던져야 한다. 그러면 배 안의 동료들이 배를 암초에서 닻이 있는 곳으로 끌어가는 걸 시도한다. 하지만 그런 시도를 하기엔 배의 경사 각도가 너무 컸다. 그리고 산호가 뚫어놓은 구멍을 통해 이미 선체 안에 물이 급속도로 차기 시작했다.

크납만은 그 상황하에서 오로지 화물과 귀중한 무기들을 가능한 한 많이 건지는 데만 진력할 수밖에 없었다. 그러나 일단 자신과 나머지 선원들을 구조하는 것이 급선무였다. 당시로선 먼 거리를 통해 연락을 취할 방법이 전혀 없었기 때문에, 크납만은 항해가 빈번한 그 항로로 지나가는 배가 나타나서 자신과 선원들을 받아 줄 때까지 기다려야만 했다. 실제로 6일이 걸려서야 해적선 한 척이 나타났고, 옆으로 누워 있던 난파선으로부터 모건과 선원들을 구출했다. 다행히도 선원들은 난파선에서 찾아낸 식량과 신선한 물 몇 통으로 그때까지 연명할 수 있었다.

헨리 모건이 배를 잃어버린 건 처음이 아니었다. 그럼에도 그는 건질 수 있는 건 모조리 건지길 원했다. 그래서 모건은 포트로열로 돌아온 후 자메이카 머천트호에 적재된 것들을 가능한 한 많이 물에서 끄집어내기 위해, 작지만 조종하기 쉽고 흘수가 얕은 '슬루프' 선들로 조직된 구조대를 보냈다. 그런 슬루프선은 전형적인 해적선이었다. 길이는 11미터에서 20미터 정도이고, 돛대는 하나이며, 6문에서 12문까지의 대포를 탑재한다. 웅장하지는 않지만 조종이 아주 용이해 해적들이 쓰기엔 이상적인 배였다. 슬루프선은 흘수가 얕은 관계로 훨씬 큰 전함을 피해 수심이 얕은 해역으로 도망갈 수 있었고, 빠른 속력 때문에 항구 도시나 상당히 큰 배들을 기습공격하기엔 안성맞춤이었다. 큰 슬루프선은 인원을 150명까지 수용할 수 있었다.

그 당시 상황에서 그런 구조작업을 한다는 건 지극히 위험한 시도였는데, 그곳의 수심이 정말 얕았기 때문에 감행할 수 있었다. 자메이카 머천트호가 옆으로 누워 있는 상태에서 부분적으로 물에 잠겨 있었기 때문에, 해적들은 모든 걸 전부 건져 낼 수는 없었다. 그래도 — 한 목격자의 증언에 따르면 — 어쨌든 '20문의 대형 대포와 212개의 대포알' 그리고 화물의 대부분을 건져 낼 수 있었다.

해적들이 배를 포기하자마자 주변의 섬주민들이 통나무배와 작은 보트를 타고 와서 구조대가 못보고 지나쳤거나 가치가 없다고 여긴 물건들을 약탈해 갔다. 다 털린 난파선은 얼마 동안 암초 위에 놓여 있었는데, 결국 내리치는 파도에 의해 세 동강이가 났다. 돌로 된 밸러스트는 선체를 빠져 나와 사고지점 근처의 해저에 가라앉았고, 그와 함께 몇 문의 대포도 그곳에 가라앉았다. 다른 대포들은 동강난 부분들과 함께 잠시 표류를 하다 역시 바다 밑으로 가라앉았다. 마지막 남은 나무조각조차 사라지고 대포들이 산호와 다른 바다생물 그리고 해초에 뒤덮이기까지는 단 몇 년이 걸렸을 뿐이다.

탐험여행이 끝나기까지 우리에겐 단 며칠밖에는 시간이 없었고, 자메이카 머천트호의 잔해를 찾는 일은 시간과의 싸움이 됐다. 우리는 퍼즐조각 하나하나마다 정보를 수집했다. 서로 다른 역사기록들을 최근의 연구와 비교했고, 물론 우리가 현장에서 발견한 것들과도 대조했다. 자메이카 머천트호를 전후한 많은 배들처럼 자메이카 머천트호도 섬들을 혼동했고, 곧바로 암초를 향해 나아갔다. 바람이 심하게 부는 날이나 소나기가 한차례 쏟아질 때 암초가 흰 물거품과 높은 파도에 가려 보이지 않으면, 더 나은 해도와 항법장치를 사용하는 요즘이라 하더라도 그런 사고가 발생할 수 있다. 동쪽에서 배를 타고 오면 암초가 있다는 사실을 알려주는 특유의 부서지는 파도를 식별하기가 거의 불가능하다.

　1493년 콜럼버스가 아이티 남해안을 따라 항해할 당시, 그 역시 그곳에서 곤경에 처했었다. 콜럼버스의 아들이 쓴 일지에 적혀 있는 한 메모는 그들이 에스파뇰라의 서쪽 끝에서 동쪽으로 항해했을 때 콜럼버스가 한 깊숙한 만에서 피난처를 찾으려 애썼다는 사실을 언급하고 있다. 그건 분명 일 아바슈 섬 주변이었거나 산토도밍고에 아주 인접한 아이티의 한 지역이었을 것이다. 그 소규모 함대는 앞서 말한 그 큰 만 안으로 들어가는 입구에서 곤경에 처했을 때 구명보트 한 척과 여러 개의 닻을 잃어버렸었다.

　우리는 마침내 매드 리프에서 발견한 잔해가 자메이카 머천트호에서 나온 게 분명하다고 확신하게 됐다. 그 물음에 관한 정확한 학술적 증명이야 수년이 걸리겠지만, 충분한 자료들이 우리가 그 배를 발견했다는 걸 암시했다. 첫 번째 잔해들은 약 3미터 깊이의 수심에서 바로 암초 위에 흩어져 있었다. 그 지점으로부터 동쪽으로 대략 30미터 떨어진 곳에서 자메이카 머천트호는 홀수에 상응하는 약 5미터 깊이의 수심에서 암초와 충돌했음에 틀림없다.

　세월이 흐르며 조류와 간만 그리고 폭풍이 세 조각이 난 난파선을 점차 암초 위의 얕은 물속으로 밀어넣었다. 몇몇 부분들은 추측컨대 강한 폭풍으로 인해 북동쪽으로 표류한 것 같았다. 난파선의 잔해들이 모두 그 방향에 있는 걸로 봐서는 아마 사고가 난 직후 대형 허리케인이 잔해들을 그곳으로 이동시킨 것 같았다.

이미 언급한 바와 같이 카리브의 온난한 해역에서는 한눈에 배를 연상시키는 것들을 거의 발견하지 못한다. 역사에 기록된 범선들을 건조하는 데 주재료로 사용되는 목재는 난류가 흐르는 그곳에서 이삼십 년을 버티지 못한다. 따라서 돌, 금속, 유리나 유사한 소재들인 장신구, 동전, 도자기 같은 것들만 발견하게 되는데, 대개 산호초로 뒤덮여 있다.

세 곳의 주 발굴장소 중 한 곳에서 — 우리는 그곳을 A라고 명명했다 — 우리는 이전에 선복에 놓여 있던 밸러스트로 사용된 돌들이 쌓여 있는 특유의 무더기를 발견했다. 그 외에도 대포 아홉 문, 닻 네 개, 유리파편, 그릇과 포도주 단지 조각들, 놋쇠장식 그리고 뭐라고 규정할 수 없는 쇠와 강철로 된 물건들도 찾아냈다. 하지만 바로 근처에 다른 난파선들이 너무 많이 놓여 있었기 때문에 우리가 발견한 것들이 전부 자메이카 머천트호에서 나왔다고는 단언할 수 없었다.

두 번째 발굴장소인 B에서는 우선 놋쇠장식과 놋쇠못만 발견했다. 그러나 모래 밑과 산호초 안에 더 많은 것들이 감춰져 있는 것 같았다. 하지만 우리는 어떤 경우에도 비전문적으로 발굴을 하고 싶지 않았고, 그래서 일단 전적으로 증거자료를 작성하는 데만 전념했다.

세 번째 발굴장소인 C는 딱 한 번만 탐색할 수 있었다. 브루스가 그 장소를 우연히 발견했는데, 그때 그는 블루 노즈호의 잔해를 더 찾아보려고 우리가 사전에 정해놓은 구역을 벗어나 잠수를 하고 있었다. 발굴장소 C는 지나치게 얕은 물속에 있었는데, 파도가 심해 더 세밀하게 탐색할 수 없었다. 그 지역은 강한 물살, 거대한 파도 그리고 극도로 날카로운 산호가 한데 어우러져서 위험한 정도가 아니었다. 바람이 얼마나 강하게 부느냐에 따라 잠수부에겐 그 위력에 맞서 싸우기가 불가능했는데, 잠수부는 속수무책으로 치명적인 상처를 입힐 수 있는 산호에 밀어붙여졌다.

브루스가 처음 잠수한 이후, 우리는 다섯 번이나 그 지점의 잠수를 시도했지만 매번 잠수를 감행하기엔 지나치게 위험했다. 그리고 설령 바람이 잠잠했다 하더라도 다시 거세지고 수중의 잠수부를 순식간에 치명적인 위험에 빠뜨릴 가능성이 여전히 존재했다. 브루스는 첫 번째 잠수에서 최소한 세 문의 대포를 발견했는데, 만들어진 시대와 크기가 우리가 장소 A에서 발견한 것들과 딱 들어맞았다.

적어도 대포의 형태와 산호로 뒤덮인 정도로 미루어볼 때 대포들이 동일한 시대에서 유래했다는 결론을 내릴 수 있었다. 그밖에도 그곳엔 작은 대포가 한 문 있었는데, 그 대포는 조그만 모래분지 바닥에서 조류에 휩쓸려 이리저리 뒹굴고 있었다. 이른바 '캐러네이드(함포의 일종, 구경이 크고 포신이 짧음—역주)'의 하나인 것 같았는데, 캐러네이드는 선미의 난간 위에 설치됐었다. 우리는 배의 바닥에 쓰이는 쇠로 된 보호장식들을 무수히 발견했고 도자기 파편도 발견했는데, 도자기 파편 하나는 좀 더 정확하게 규명하기 위해 가지고 왔다. 우리는 토착어부들로부터도 많은 발굴물을 선물받았는데, 그들은 그것들이 우리에게 쓸모가 있을 것으로 생각했던 것 같다. 하지만 유감스럽게도 그것들은 우리에게 소용이 없었는데, 아무도 발굴물들이 어디서 유래했는지를 말해 줄 수 없었기 때문이다. 그와는 상관없이 우리는 선물로 받은 것들을 견본으로 가져온 것들과 함께 나중에 아이티 정부에 넘겨 줄 예정이었다.

발굴물들이 아무리 흥분을 불러일으켰다고는 하지만, 어쨌든 우리들의 탐험여행은 끝이 났고, 대단한 성공이었다. 우리는 목적을 이루었고, 블루 노즈호가 침몰한 장소를 찾아냈다. 그뿐만이 아니었다. 그사이 나는 오직 한 가지 사실만을 알고 있었는데, 그곳으로 다시 돌아와 모건 선장의 배들을 둘러싸고 있는 비밀을 밝히기 위해 전력을 다할 것이라는 사실이었다.

제 8장

산산이 부서진 꿈

탐험여행이 끝나면 늘 똑같았다. 그런데 그때만큼은 정말 아주 달랐다. 귀환과 더불어 내 일이 끝나는 건 결코 아니다. 필름자료를 선별해야 하고, 편집실에서 흥미진진한 기록영화를 짜맞춰야 한다. 그러고 나서 필름에 곡을 붙이고 녹음된 텍스트를 삽입해야 한다. 하지만 이전의 탐험여행들 때와는 달리 나는 일에 집중을 할 수가 없었다. 내 생각은 여전히 카리브와 그곳 해저에 가라앉아 있는 배들에게 가 있었다. 그곳 어디선가 모건 선장의 배들이 나를 기다리고 있었다.

그러나 이제 당분간은 블루 노즈호가 중요했다. 나는 다큐멘터리 영화 속에서 일부러 산호에 뒤덮인 대포에 관해서도 언급을 했다 — 어쩌면 유명한 해적이었던 헨리 모건의 배에서 나온 대포일지도 모른다는 암시와 함께 말이다. 그 장면들이 카리브로 가는 두 번째 탐험여행에 자금을 대도록 디스커버리 채널의 기획담당자들을 설득시킬 수 있을지도 몰랐다. 그렇게 되면 나는 내 팀과 함께 자메이카 머천트호와 역사상 가장 유명한 해적에 관한 또 하나의 다큐멘터리를 찍을 수 있을 것이었다.

1999년 12월에 나는 《블루 노즈호의 마지막 여행》이라는 영화를 완성했다. 그 영화는 2000년 2월에 캐나다의 디스커버리 채널에서 방영됐다. 그 영화는 캐나다의 시청자들로부터 엄청난 화제를 불러일으켰다 — 시청자들은 드디어 가장 잘 알려진 국가적 상징 중 하나가 어디서 최후를 맞았는지를 알게 됐다.

그런데 우리가 두 번째 탐험여행을 떠날 수 있기 전에, 내 생애에 몇 가지 변화가 기다리고 있었다. 새 천년으로 바뀌며 나는 소유하고 있던 영화제작사의 지분을 여러 해 동안 함께 일해 온 동업자에게 팔았다. 나는 그걸로 오래 전부터 품어 왔던 생각을 실현시킬 수 있는 가능성이 좀 더 많아지길 기대했다. 지난 7년간 24번도 넘는 탐험여행을 하고 난 후, 매번 50상자가 넘는 장비들을 끌고 여행을 하며 돌아다니는 것에 넌더리가 났다. 장비들 때문에 늘 극도로 신경을 날카롭게 만드는 짜증나는 일투성이었다. 모든 부분을 일일이 검사하고 이의를 제기하는 세관원, 부정확한 화물운송 시간표, 분실되거나 도둑맞은 장비들은 우리 팀에게 끝없는 악몽의 연속이었다. 어떤 식이든 간에 그런 모든 문제들을 피할 수 있는 방법을 찾아내야 했다.

아이티에서 탐험여행이 끝나고 얼마 안 있어 우리는 카리브제도의 맨 동쪽에 위치한 바베이도스 섬에서 촬영을 했다. 나는 바베이도스 섬을 다시 보는 게 기뻤다. 나는 그곳에서 십 년을 살았고, 그건 내 생애에 있어 가장 즐거운 십 년이었다. 영화감독으로서의 나의 경력이 그곳에서 시작됐고, 난파선을 찾기 위한 잠수작업에 관한 모든 지식이 바로 그 멋진 섬에서 비롯됐다. 우리가 바베이도스 섬에서 디스커버리 채널을 위해 촬영했던 방송은 두 가지 주제를 갖고 있었다. 하나는 지구 온난화 현상이 미치는 영향을 기록하는 것이었고, 다른 하나는 캐나다의 화물선이었던 콘월리스호의 잔해를 찾는 일이었는데, 그 배는 제2차 세계대전이 끝날 무렵 독일의 잠수함이 쏜 수뢰에 의해 격침됐었다.

우리가 하는 일은 스폰서가 없이는 불가능하다. 우리가 디스커버리 채널을 위해 영화를 제작하는 경우, 일반적으로 아주 다양한 기업들로부터 후원을 받는다, 그 안에는 때때로 호텔 사용료를 떠맡는다거나 또는 잠수장비 회사의 최신기구들이 포함되는데, 그런 후원이 없다면 대부분의 텔레비전 다큐멘터리 영화는 결코 완성될 수 없을 것이다. 그러나 그 당시의 후원은 내 예상을 완전히 뛰어넘었다. 섬에 있던 대규모의 유람회사가 우리에게 콘월리스호에 관한 영화촬영을 하는 동안 자신들이 보유하고 있던 대형 캐터머랜(두 개의 선체를 나란히 연결한 범선. 쌍동선.—역주) 중 한 척을 마음대로 쓸 수 있게 하겠다고 제안했고, 우리는 그 제안을 기꺼이 받아들였다.

타이아미호는 30미터 길이의 캐터머랜으로 50명의 인원을 갑판 위에 수용할 수 있었고, 우리가 가지고 간 장비를 싣고도 남을 만한 공간을 제공했다. 캐터머랜은 전부터 항상 내 동경의 대상이었다. 나는 그야말로 그 배의 모든 걸 사랑한다. 우아하고 날씬한 외양, 수면을 헤치며 나아가는 엄청나게 빠른 속력 그리고 보는 사람으로 하여금 모험심을 불러일으키게 하는 것들 말이다. 장시간 그런 배에서 일을 하게 됐다는 사실이 나를 열광시켰다. 우리는 모두 이구동성으로 한 번도 그렇게 편안하게 일을 해 본 적이 없다는 사실을 확인했다. 장비들이 전부 항상 손에 닿을 수 있는 곳에 있을 뿐만 아니라, 잠수 자체도 더 용이해졌다. 일반적인 배에서는 무거운 카메라장비를 들고 물속으로 들어가는 게 사실 악몽이나 다름없다. 캐터머랜에서는 그냥 계단 몇 개를 내려가 부교 위로 나가기만 하면 벌써 수면과 거의 같은 높이에 서게 되고 곧바로 물속으로 미끄러져 들어갈 수 있다.

캐터머랜이야말로 우리가 갖고 있던 모든 문제에 대한 해결책이었다. 우리는 생활과 작업을 동시에 할 수 있는 대형 캐터머랜이 필요했다. 우리를 직접 한 장소에서 다른 장소로 이동시킬 수 있고,

게다가 두 개의 편집실과 조그만 녹음실로 쓸 공간을 가진, 잠수와 영화제작을 위한 떠 다니는 기반이 되는 그런 배 말이다.

정말 굉장한 꿈이다. 하지만 현실적으로 그만한 크기의 캐터머랜을 찾기란 여간 힘든 일이 아니며 비용도 전혀 감당할 수가 없다. 그런 배의 비용을 장래의 탐험여행을 위해 조달하기란 단순히 어려운 것 이상일 것이다. 내가 이미 40편이 넘는 방송을 제작하긴 했지만 대부분의 다큐멘터리영화 촬영가들처럼 아주 빠듯한 예산을 쪼개 써야 했다. 따라서 우리의 꿈이 목전에 달하기 위해서는 자금이 풍부한 투자자나 스폰서가 필요했다.

그런 구원자가 얼마나 빨리 모습을 드러낼지는 짐작할 수 없었다. 물론 바베이도스에서 영화촬영을 하는 동안 우리는 많은 사람들을 만났고, 그들은 우리가 하는 일에 관심을 보였지만, 그만한 규모의 투자를 할 용의가 있는 사람은 그때까지 아무도 없었다. 마지막 촬영이 끝난 후 우리는 서해안에 있는 고급 레스토랑에서 열린 파티에 초대됐다. 이른바 플라티나('백금'이라는 뜻—역주) 해안이라 불리는 그곳엔 상류사회 인사들이 넓은 저택과 토지를 소유하고 있다. 레스토랑 자체도 감탄사가 절로 나올 정도였다. 레스토랑은 바로 해변에 있었고, 대양이 보이는 엄청나게 넓은 테라스를 갖고 있었다. 그날 저녁 태양이 서서히 심홍색의 불꽃이 되어 저물어 가는 동안, 모래 위에 세워 놓은 횃불들이 무대를 조명하고 있었다. 사람들은 작은 무리를 지어 해변 위를 거닐며 칵테일을 마셨고, 어디선가 흘러나오는 레게음악이 잔잔한 파도소리와 어우러졌다.

그런 파티가 대부분 그렇게 고급스러운 분위기에서 열리는 것은 아니지만 우리에겐 항상 무언가 특별한 걸 의미했다. 그건 우리가 재차 탐험여행을 성공적으로 끝마쳤으며, 또 하나의 영화제작을 위한 충분한 영상자료를 카메라에 담았다는 걸 의미했다. 그리고 무엇보다도 우리 모두가 여전히 무사하고, 건강하며 마침내 자유롭게 긴장을 풀 수 있다는 걸 의미했다.

에버렛과 나는 해변에 서서 럼주칵테일을 홀짝이며 서서히 수평선 너머로 사라지는 태양을 지켜보고 있었다. 등적색 불덩어리가 바다 밑으로 가라앉기 직전 녹색의 섬광을 볼 수 있는데, 그건 마치 태양이 어둠에게 이제 그의 시간이 왔다는 신호를 보내는 것 같았다. 우리가 저마다 생각에 잠겨 있을 때, 상당히 나이가 지긋해 보이는 영국인이 우리에게 다가왔다. 피터라고 자신을 소개한 그는 우리가 제작한 텔레비전 시리즈를 좋아한다고 말했다. 피터는 침몰한 배들과 그 배들의 과거사에 관해 풍부한 지식을 가지고 있었다. 우리는 금세 카리브해에서 실종된 배, 해적 그리고 가라앉은 보물에 관한 흥미로운 대화에 몰두했다. 저녁은 순식간에 지나갔고, 우리는 그 자리를 떠야 했는데, 나를 제외한 팀 전원이 항공편으로 캐나다로 돌아갈 예정이었기 때문이다. 우리가 작별할 때, 피터는 나를 그 다음 날 점심식사에 초대하겠다고 고집했다.

다음 날 아침은 여러 가지 처리해야 할 일들과 더불어 시작됐다.

지불해야 할 계산서도 몇 개 있었고, 스폰서와 관청대리인에게 그들이 준 도움과 협조에 감사표시를 해야 했고, 그러고 나서 장비들을 세관을 거쳐 귀로에 오르게 해야 했다. 정오쯤 대부분의 일들이 처리된 후에야 비로소 긴장을 풀 수 있었다. 나는 이틀을 더 바베이도스에 머물 예정이었다. 피터의 저택에서 하기로 한 점심약속이 기다려졌는데, 그의 지식과 세련된 말솜씨가 내게 깊은 인상을 남겼었다.

외따로 떨어진 피터의 저택에 도착하기까지 거의 한 시간이나 걸렸다. 도로로부터 갈림길 하나가 거대한 단철대문을 통과해서 산호석으로 지어진 저택으로 통했는데, 그 저택은 첫눈에 보기에 카리브의 봉건영주 장원 같은 인상을 풍겼다. 집사가 문을 열어 주었다. 피터는 이미 기다리고 있었고, 넓은 테라스로 나를 인도했는데, 그곳엔 커다란 식탁이 대부분의 공간을 차지하고 있었다. 그 식탁 옆에 더 작은 식탁이 놓여 있었고, 그 위에 차려진 진수성찬이 우리를 기다리고 있었다. 테라스는 정면으로 태양을 바라보고 있었고, 높은 울타리로 해변과 분리돼 있었다. 테라스 바로 옆에 콩팥 모양의 커다란 수영장이 보였는데 간격이 가장 좁은 중간 부분에 수영장 위로 조그만 다리가 하나 세워져 있었다. 너무도 아름다운 정원은 야자수로 무성했고, 재능 있는 조경사의 작품인 게 분명했다.

나는 피터에게 그처럼 훌륭한 저택을 가진 걸 축하해 주었고, 부지런한 집사로부터 라임주스 한 잔을 건네받았다. 매리네이드 소스

릭 하우프트와 브루스 리밍

포트모건만

포트모건만 암초에서
잠수 작업 후 돌아오는 광경

캐나다의 10센트 주화를 비롯해 블루 노즈호를
소재로 한 그림.

카리브의 저주였던 헨리 모건 경

전속력으로 달리는 옥스퍼드호(왼쪽)
그리고 마침내 엄청난 폭발 뒤에 침몰하는 광경

마담 베르나르 부락의 선교관

부락을 방문 중인 에노 신부

통나무배에 탄 어부들

펠릭스, 바그너 그리고 디옹이 배로 아이들을 학교에 보내고 있다.

해적들이 은둔처로 사용했던
동굴 앞에 앉아 있는 바그너

마담 베르나르의 장날

라 아뜨 근처에서 본 어부

한 아낙네가 자신의 움막앞에서 가족을 위해 음식을 장만하고 있다.

카-콕의 해변에서 한 보트 건조자가 돛대를 깎고 있다.

생 루이의 아이들과 함께 한 실비아 크뤼거

잠수작업 : 촬영팀과 장비를 배에 싣기 위해 캣버드호가 포트모건의 선착장으로 접근하고 있다.

릭 하우프트, 실비아 크뤼거, 미쉘 부즈, 루스 포울러 그리고 "우디", 자메이카의 포트 안토니오에서.

암초로 가기 위해 잠수팀이 출발하고 있다.

릭 하우프트, 데이브 고데, 데이브 해리슨 그리고
에버렛 레딕이 바그너 사촌의 어선에 타고 있다.

매드 리프에 걸려 있는 난파선

수중의 움직임들 : 부채산호, 상어, 바다거북

한 무리의 열대어들

발굴물 : 영국 해군성 닻의 닻혀, 아울러 그에
맞는 닻채와 고리. 발굴장소는 아바쿠호의 암초.

은수저 조각들, 매드
리프에서 발견했으
며, 자메이카 머천트
호에서 나온 것 같음.

발굴물의 분석 : 선장의 방에서 있던 것으로 추측되는 장의
놋쇠장식, 그리고 튜더식 장미 형태를 한 서랍 손잡이.

해적들이 사용했던 수류탄.

생 루이 요새의 대포.

아바쿠의 암초에 놓여 있는
헨리 모건 함대의 영국식 대포.

해적들의 거점 : 라 아트 만, 만의 오른쪽 뒤로 민물 수원이 보인다(아래사진 참조).

카콕 부락의 포트모건

생 루이 요새의 정글 성채

포트로열에 있는 찰스 요새의 안마당

포트모건으로 들어오는 진입로를 지키고 있는
섬. 아직도 방어시설의 잔해를 볼 수 있다.

캣버드호에 게양된 웨일스의 깃발. 모건 가의 문장인 용이 그려져 있다.

자메이카의 포트모랑으로
돌아가는 중인
'레리타주 투호'

(식초, 포도주, 식용유, 향료를 섞어 만든 소스―역주)에 절인 새우, 튀긴 날치 그리고 빵나무(뽕나무과에 속하는 열대 상록수. 열매는 식용함―역주) 열매로 만든 샐러드를 먹은 후, 피터는 전날 저녁 에버렛과 나와의 대화가 정말 즐거웠노라고 말했다. 피터는 우리들의 장래계획에 대해 관심이 많은 듯 보였고, 특히 캐터머랜을 영화제작의 기반으로 삼는 내 비전에 흥미가 있는 것 같았다.

"당신의 계획이 마음에 듭니다." 피터가 말했다. "그 계획에 투자를 하고 싶군요."

나는 말문이 막혔다. 그건 농담일 수밖에 없었다. "그런 캐터머랜은 수백 만 달러가 듭니다." 내가 대꾸했다.

페터는 단지 어깨를 움칫했을 뿐이다. "비용에 대해선 생각하실 필요가 없습니다. 그 일은 그만한 가치가 있다고 믿습니다."

페터는 적당한 배를 찾아보는 걸 나에게 위임했다. 내가 적당한 걸 발견하면 그 배를 구입하겠다는 거였다. 나는 뭐라고 말을 해야 좋을지 몰랐다. 꿈에서조차 나는 그런 기대를 해 본 적이 없었다. 그건 내 생애 최고의 제안이었다!

나는 이틀 뒤 바베이도스를 떠날 때도 여전히 내 행운이 실감나지 않았다. 나는 곧바로 토론토로 날아가는 비행기 안에서 기내전화를 이용해 여러 명의 선박중개인에게 대형 캐터머랜을 찾아달라는 주문을 했다. 나는 그 다음 몇 주 동안 아이티로 가는 두 번째 탐험여행을 준비하고, 아주 다양한 배들을 소개하는 세계 곳곳에서 날아온 수많은 팩스와 이메일을 훑어보느라 바빴다. 어딘가에 분명 우리 요구에 가장 적합한 그런 특별한 캐터머랜 한 척이 숨어 있어야만 했다. 예를 들면 그 배는 우리 팀 전원에게 널찍한 선실을 제공해야 하며, 더불어 선실이 없는 일종의 잠수함인 잠수정을 포함한 모든 장비에 필요한 선창을 갖고 있어야 한다. 그밖에도 잠수탱크를 채우는 압축기가 장착된 두 개의 잠수발판이 있어야 하는데, 그것들은 물론 나중에 설치할 수도 있었다.

그런저런 동안에 나는 독일로 이주를 준비하고 있었다. 독일 텔레비전에도 내 다큐멘터리 방송을 보여주기 위해서였다. 하지만 진정한 이유는 드디어 여자친구 실비아 크뤼거와 살림을 차리고 싶은 마음에서였다. 실비아와 그녀의 남동생 디르크는 내 다큐멘터리 방송을 위해 역사적 자료들을 조사했고, 내가 일을 조직하는 걸 도왔다. 그런데 나는 2개월이 지나도록 적당한 캐터머랜을 한 척도 발견하지 못했다. 더 황당했던 건 소개된 배들 중 내가 생각했던 것에 정말 대충이라도 일치하는 배가 단 한 척도 없다는 사실이었다. 그러던 중 나는 결국 플로리다의 한 중개인에게서 전화를 받았는데, 그는 그단스크(발트해 연안에 위치한 폴란드의 항구 도시—역주)에서 무언가를 발견했고, 내 마음에 들지도 모르겠다는 내용이었다. 그 배는 두 독일인의 소유인데, 이제 막 팔려고 내놓았다는 얘기였다. 뒤이어 보내온 중개인의 팩스를 보고 나는 즉각 좋은 인상을 받았다. 그 캐터머랜은 길이가 42미터로 내가 원했던 것보다도 컸고, 우리의 요구를 모조리 충족시킬 만한 충분한 공간도 갖고 있었으며, 독특한 디자인은 무척 마음에 들었다. 나는 그 배를 가까이에서 직접 관찰해야만 했다.

나는 즉시 배의 소유주들과 연락을 취했고, 그들은 우선 배에 관한 모든 정보를 보내왔는데, 건조도면, 사진, 겨냥도 등이었다. 나는 그 자료들을 곧바로 그 당시 런던에 체류하고 있던 피터에게 보냈다. 피터 역시 단번에 그 배를 마음에 들어했다. 피터는 내게 청신호를 보냈고, 우리가 그 배를 구입하게 될 경우, 계약협상을 자신의 변호사들에게 위임하라고 제안했다. 배를 면밀히 관찰하기 위해 나는 기쁜 마음으로 소유주들과 그 다음 주에 그단스크에서 만나기로 약속했다.

토론토에서 폴란드로 가는 항공여행은 길고도 힘든 여정이었다. 나는 도합 14시간을 여행 중이었다. 나는 그 시간을 캐터머랜의 소유주들로부터 받은 자료들을 상세히 검토하고, 나중에 필요하게 될 배의 변경을 고려하는 데 이용했다. 배를 변경하는 것이 가능한지 그리고 배가 전반적으로 수락할 만한 상태에 있는지를 확인하기 위해 나는 영국에서 가장 뛰어난 조선 기술자 중 한 사람을 고용했다.

독일인 소유주, 플로리다에서 온 중개인, 영국인 조선기술자 그리고 나로 이루어진 작은 모임은 마침내 그단스크의 한 커다란 호텔의 로비에서 이루어졌다. 그때까지 우리는 전화로만 서로를 알고 있었다. 우리는 저녁식사를 하며 그 다음 며칠간의 일정을 협의했다. 배의 외면과 스크루를 포함해 배를 면밀히 관찰할 수 있게 우리는 사전에 이미 배를 건선거에서 정비대 위에 올려놓기로 합의했었다. 그러고 나면 기술자가 기관과 수압장치가 작동하는지를 확인할 예정이었다. 모든 게 이상이 없으면, 우리는 그 배를 타고 동해(발트해—역주)로 나가서 시험운항을 하며 배의 방향전환 능력과 물에서의 반응을 철저히 검사할 예정이었다.

다음 날 아침은 춥고 눅눅했으며 짙은 안개가 온통 사방에 하얗게 드리워져 있었다. 하지만 그런 날씨가 내 흥분을 누그러뜨릴 수는 없었다. 나는 그 이례적인 배를 가까이서 보는 걸 더 이상 기다릴 수 없을 지경이었다. 20분 정도 차를 달린 후 우리는 선거에 도착했고, 작업반장이 이미 우리를 기다리고 있었다. 통나무 위에 얹혀진 두 개의 부교와 함께 배가 그곳에 있었는데, 거의 선거 전체를 차지하고 있었다. 나는 배에서 더 이상 눈을 뗄 수 없었다. 나는 마치 최면에 걸린 듯 선거 바닥으로 인도하는 작은 쇠사다리를 기어 내려갔다. 그 밑에서 배는 더 웅장하고 인상깊어 보였다. 길이는 42.4미터, 너비는 17미터에 40미터 높이의 돛을 갖고 있었다. 나는 내가 본 게 좀처럼 믿어지지 않았다.

조선 기술자는 먼저 스크루를 잠시 점검하더니 그 다음 시간들을 배의 외면을 면밀히 검사하는 데 할애했다. 외벽의 래커는 더 이상 흰색이 아니라 회색으로 변했고, 칠이 벗겨지긴 했지만, 그 캐터머랜은 메이크업이 없이도 아름다웠다. 그사이 나는 그 거대한 배의 내부를 볼 수 있었고, 감격했다. 내부 전체에 두터운 붉은 양탄자가 깔려 있었고, 벽은 모두 영국산 벚나무 목재를 사용했으며, 전등과 장식은 반짝반짝 빛나는 순수 놋쇠로 만들어져 있었다.

그 배는 내가 찾던 바로 그 배였다. 내부설비는 호화로웠고, 실용적인 면과 편안함을 동시에 갖추고 있었다. 예를 들면 해수염분 제거시설과 배의 후미에 있는 두 부교 사이에 설치된 수압으로 작동하는 잠수발판 등이었다. 갑판 위에는 총 10개의 승객선실이 있었고, 두 선체 내에는 6개의 승무원 숙소가 있었다. 선실마다 샤워실과 화장실이 있었고, 심지어 헤어 드라이어와 전기면도기를 위한 소켓도 갖춰져 있었다. 선실 안에는 벽에 접을 수 있는 두 개의 침대 외에도, 책상, 의자 두 개, 소파, 옷장들, 시디 플레이어 그리고 텔레비전이 놓여 있었다.

두 독일인 소유주는 자신들의 배를 완전히 독자적으로 6개월 정도까지 해상에서 머물 수 있게 꾸며 놓았다. 부엌에는 이동 가능한 냉동고 그리고 냉장창고가 있었다. 식사장소에는 28명의 인원이 동시에 식탁에 앉을 수 있었고, 심지어 라운지에는 40명이 앉을 수 있는 자리가 준비돼 있었다. 선미에는 큰 선창들이 있었는데, 예비용 돛, 밧줄, 염료 그리고 스포츠 장비들이 적재돼 있었고, 필요에 따라 수압장치를 이용해 갑판으로 가져올 수 있었다. 그곳에는 대형 구명보트도 두 척이 놓여 있었는데, 수압장치로 순식간에 물 위에 띄울 수 있었다. 그 모든 걸 엄청난 돛을 단 40미터 길이의 돛대가 내려다보고 있었다.

기술자는 별다른 문제점을 발견하지 못했고, 정오가 조금 지나 선거에 물이 채워졌다. 잠시 후 캐터머랜은 수면 위에서 이리저리 흔들렸고, 우리는 출항할 준비가 됐다.

우리는 천천히 미끄러지듯 선거를 빠져 나와, 그단스크 만으로 나가는 항해를 시작했다. 너무나도 멋진 기분이었다. 그 배는 우리 배였다. 내가 찾던 바로 그 배였다. 그 배는 완벽했다.

호텔로 돌아오자 나는 런던에 있는 피터에게 전화를 하고, 흥분한 채 첫 번째 시험결과를 보고했다. 그 다음 날에도 비슷하게 좋은 결과가 나온다면, 피터는 그 배를 살 예정이었다. 그리고 실제로 내가 고용한 기술자는 우리가 매입을 주저해야 할 어떤 문제점도 발견하지 못했다. 소유주들은 매각절차를 분명히 하기 위해 피터와 연락을 취했고, 필요한 부분들을 자비로 수리해 주겠다고 약속했다. 나는 새로 장만한 배에서의 작업을 감독하기 위해 그단스크에 머물렀다. 배 전체를 새로 칠하는 것 같은 외관교정 외에도 배의 후미에 있는 발판을 우리가 가진 장비에 맞게 넓힐 필요가 있었다. 그단스크는 오랜 전통을 가진 조선도시로 그런 작업을 하기엔 안성맞춤이었다. 나는 즉시 폴란드인 승무원들을 고용했고, 그들이 모든 작업을 떠맡았다.

먼저 배 전체를 분사기로 닦아내고 새 칠을 했다. 그 다음엔 돛을 수선하고, 수압장치와 기관을 정비하고, 전기시설을 모두 점검해야 했다. 작업은 4월에 시작해 10월에야 비로소 끝이 났다.

2000년 11월 11일 우리가 코럴 퀸호로 명명한 위풍당당한 캐터 머랜 한 척이 그단스크 항구를 출발했다. 그리고 나는 또다시 뱃머리에 서 있었는데, 더구나 이번엔 배의 일부가 내 소유이기조차 했다. 나는 행복에 겨워 가슴이 터질 것 같았다. 나는 드디어 가고 싶은 곳 어디든 여행할 수 있게 됐다. 코럴 퀸호와 더불어 전 세계가 우리에게 열려 있었다. 우리는 마침내 카리브해로 돌아가서 모건의 배들을 추적할 수 있었다. 에버렛이 내게 다가와, 우리가 그런 아주 특별한 순간을 위해 비축해 두었던 붉은 크리미아 젝트(크리미아산 샴페인—역주)를 두 개의 잔에 따랐다. 우리는 건배를 했고, 그사이 코럴 퀸호는 킬(독일 북부의 항구 도시—역주)을 향해 항로를 잡았고, 우리는 킬에서 계속해서 북해(독일 북서쪽의 바다—역주)로 항해할 예정이었다.

캐터머랜이 수면을 헤치며 미끄러지듯 나아가는 모습을 지켜보는 건 즐거움 그 자체였다. 양 뱃머리는 칼처럼 매끄럽게 수면을 갈랐고, 선미엔 소용돌이조차 일지 않았다. 11월과 12월은 동해 위를 항해하기에 가장 부적절한 달들이다. 그 즈음이면 위험한 폭풍을 만나는 북해에선 상황이 더 악화될 전망이었다. 그러나 우리는 선택의 여지가 없었는데, 일정표는 세워진 상태였고, 우리는 지구 저편의 카리브로 항해하고 싶었으며, 또 항해해야만 했다. 그래서 우리는 날씨가 쾌청하면 전진을 했고, 바다가 거칠면 항구에서 피난처를 구했다.

우리는 드디어 도버해협에 당도했는데, 도버해협은 세계에서 가장 운항이 빈번한 해협 중 하나로 그 계절엔 — 그사이 12월 말이 됐다 — 항상 짙은 안개에 휩싸여 있다. 폴란드인 선원들에게 결코 쉬운 일이 아니었다. 카나리아제도를 향해 출발하기 전, 우리는 프랑스의 르 아브르에서 다시 연료를 채우고 식량을 배에 실어야 했다.

악천후는 이겨 낸 상황이었다. 나는 선원들을 신뢰할 수 있었고, 그들이 배를 안전하게 운항하리라는 사실을 알고 있었다. 그래서 나는 독일에서 여러 가지 서류들과 조직상의 문제를 처리하기 위해 배에 탄 동료들과 작별을 고했는데, 2001년 1월 5일 다시 합류할 예정이었다. 그 기간 동안 나는 에버렛 그리고 배의 선장과 매일 전화통화를 했다. 나는 배 안에 이상이 없다는 사실을 확실히 해 두고 싶었는데, 날씨는 언제든 악화될 수 있었고, 배를 위험에 빠뜨릴 수 있었기 때문이다.

12월 31일 에버렛이 계획에 없이 나에게 전화를 했고, 선장이 프랑스로 되돌아가기로 결정했다고 전했다. 서쪽으로부터 악천후를 몰고 오는 전선이 코앞에 다가왔기 때문에, 선장은 차라리 브레스트 만에서 피난처를 구하고 정박한 상태에서 폭풍을 맞이하고 싶어 했다. 나는 항해가 잠시 지연되는 것에 동의했는데, 그러면 승무원들이 편안히 망년 파티를 하고, 계속될 고된 항해 전에 한 번 더 충분한 휴식을 취할 수 있었기 때문이다. 나는 배에 탄 모든 사람들에게 좋은 새해가 되길 바란다는 인사를 하고 잠자리에 들었다.

전화벨 소리가 나를 잠에서 깨운 건 2000년 1월 1일 새벽 3시27분이었다. 에버렛이었다. 배가 곤경에 처해 있었다. 시속 130킬로미터의 풍속을 동반한 폭풍이 코럴 퀸호를 덮친 것이다.

"우리는 닻 두 개를 모두 잃어버렸다." 에버렛이 위성전화를 통해 불안한 목소리로 보고했다. "그리고 이제 기관들까지 말을 듣지 않아!" 폭풍은 배를 쉴새없이 바위투성이인 프랑스 해안으로 몰아붙이고 있었다. 에버렛은 온갖 시도를 다했지만 전혀 소용이 없었다. 단 하나의 기관조차도 다시 작동시킬 수 없었고, 조타륜은 더 이상 조종이 불가능했다. 코럴 퀸호는 허리케인의 노리개가 되었던 것이다. "우리는 해안에 점점 더 다가가고 있다." 에버렛이 긴장한 채 내게 말했다. "우린 이제 어찌할 수 없다." 그러자 통화가 중단되고 말았다.

나는 도무지 믿을 수가 없었다. 나는 여기 독일의 내 집에서 평온히 앉아 있고, 저 바깥 대서양에선 내 동료들이 자신들의 생명과 새 배를 지키려고 싸우고 있었다. 나는 안절부절못하며 방안에서 이리저리 뛰어다녔다. 에버렛이 다시 전화를 하기까지는 30분이 흘러갔다. "우린 바위 위에 좌초했다." 나는 에버렛의 절망적인 목소리를 들었다. 새벽 3시 55분이었다. "물이 이미 선체 안으로 들어오고 있다. 우리는 무선통신으로 해안경비대를 불렀다. 우리 힘으로는 여기서 빠져나갈 수가 없다!" 딱 소리가 나더니 전화가 완전히 끊겼다.

온통 동료들과 배에 대한 걱정에 휩싸여 나는 속수무책으로 수화기만 뚫어져라 쳐다보았다. 기다릴 수밖에는 도리가 없었다. 그날 나는 뜬눈으로 밤을 새며 에버렛으로부터 살아 있다는 소식이 오기만을 기다렸다.

그 시각 에버렛과 코럴 퀸호의 승무원들은 생존을 위해 싸우고 있었다. 나중에 전해들은 바에 따르면, 폭풍과 파도가 끊임없이 배를 바위 위에 내동댕이쳤다. 배 안에서는 사람, 가구, 기관들이 뒤엉킨 채 이리저리 날아갔다. 쏟아져 들어온 물은 선실 곳곳에 출렁거렸다. 배는 서서히 조각이 났다. 에버렛과 선원들은 바다 속으로 휩쓸려 들어가지 않으려고 필사적으로 배의 잔해에 매달렸고, 해안경비대가 해난구조선을 보내기까지는 끝없이 오랜 시간이 걸렸다. 그런데다 구조선은 물이 새고 있는 캐터머랜에 접근하질 못했다. 코럴 퀸호가 너무 해변에서 가까운 바위 위에 좌초해 있었던 것이다. 구조선이 코럴 퀸호에 다가가려 시도했더라면, 구조선마저도 좌초할 상황이었다. 그래서 캐터머랜의 승무원들을 구출하기 위해 폭풍이 몰아치는 데도 불구하고 구조선에 탑재돼 있던 헬기를 이륙시켜야 했다. 그런 폭풍 속에서 헬기를 공중에 정지 상태로 두기란 결코 쉬운 일이 아니다. 예측할 수 없는 바람이 언제라도 헬기를 추락시킬 수 있기 때문이다. 오로지 조종사가 대담하게 진력을 다한

덕에, 코럴 퀸호의 승무원들을 케이블 윈치를 이용해 한 사람 한 사람 배에서 끄집어낼 수 있었다.

모두 생명을 건졌다. 마침내 아침 7시에 에버렛이 지치고 잔뜩 풀이 죽은 목소리로 내게 전화를 했다. "우리는 무사하다. 하지만 배는 상태가 안 좋아 보이는군."

폭풍이 잠잠해지고 밀물이 빠지자, 승무원들은 그냥 걸어서 난파선으로 돌아갈 수 있었고, 사고의 전체 규모를 파악할 수 있었다. 그건 완전한 손실이었다. 배는 여전히 바위 위에 걸려 있었다. 양 동체는 부서져 입을 벌리고 있었고, 내부의 기관과 발전기조차 볼 수 있었다. 돛은 부러졌고, 갑판 위에 세워졌던 것들은 폭풍에 의해 거의 전부 떨어져 나갔다. 거대한 파도는 거침없이 배 곳곳에 밀어닥쳤고, 선체에 단단히 용접되지 않은 것들을 모조리 휩쓸어 갔다. 짐들은 모두 사라졌고, 장비들도 남은 게 거의 없었다.

나는 완전히 파멸했다. 나는 이전에 위풍당당했던 배들의 잔해를 찾아 10년이 넘게 잠수를 했고, 지구의 구석구석에서, 모든 대양에서 배들의 잔해를 발견했었다. 그때마다 항상 그 당시 벌어졌을 비극들도 의식했었다. 이제 내 자신이 그 비극을 당했다. 그곳엔 내 배의 잔해뿐만 아니라, 내 생애의 잔해도 놓여 있었다. 내가 소유했던 모든 걸 그 배에 투자했고, 이제 모든 걸 잃어버렸다.

그러나 의기소침해할 시간이 전혀 없었다. 승무원들은 폴란드로 돌아가야 했고, 우리는 보험회사, 해안경비대와 담판을 벌여야 했으며, 배의 잔해와 얼마 남지 않은 장비들을 돌봐야 했다. 에버렛은 사고조사를 종결하기 위해 독일로 와야 했다.

내 새 배가 침몰한 사실을 극복하기 위해선 무조건 시간이 필요했다. 배와 더불어 나의 모든 꿈들만 좌초된 것이 아니라, 저축해 뒀던 돈의 거의 전부가 사라졌는데, 나 역시 직접 배의 설비에 투자를 했었기 때문이다. 텔레비전 시리즈로부터 얻은 모든 소득이 코럴 퀸호에 흘러들어 갔었다. 10년간의 노고가 단 하룻밤 새에 물거품이 됐고, 나는 더 어찌해야 좋을지 몰랐다.

그 다음 달은 보험회사대 리인에 의해 집행된 이루 말할 수 없는 심문의 연속이었다 ― 왜 엔진 중 하나가 꺼졌는지, 그건 왜 그랬고, 저건 왜 그랬으며……. 우리는 변호사, 항해전문가 그리고 끊임없이 교체되는 보험회사관계자들과 대화를 해야 했다. 악몽은 멈출 것 같아 보이지 않았고, 실제로 그 사건은 여태껏 종결되지 않은 상태이다. 보험회사가 돈을 지불하게 될지 아닐지, 또는 종국에 가선 화해가 될지, 결정이 나기까지는 좀 더 시간이 걸릴 것이다. 그나마 우리들의 후원인이었던 피터는 그 재난을 상대적으로 침착하게 받아들였다. 내가 거의 전 재산을 그 배에 투자한 반면, 그 억만장자는 자신의 지분을 우편요금 계좌에서 지불했었다. 그 참사가 피터를 파산시킨 것은 아니었지만, 단지 코럴 퀸호의 최후는 그의 재정적 참여의 종식도 의미했다. 나는 피터의 결정을 나쁘게 받아들일 수 없었다.

그 사고로 인해 나의 모든 계획이 수포로 돌아간 듯이 보였다. 나는 극심한 타격을 받았다. 하지만 돈, 장비, 배를 잃어버렸을 망정 결코 나의 확신까지 상실한 것은 아니었다. 그 모든 것에도 불구하고 나는 계속해서 나의 꿈을 저버리지 않았다. 나는 아이티로, 카리브의 해저로 가길 원했다. 그곳에서 나를 기다리고 있을 모건 선장의 배들에게 말이다.

제 9장

대양을 누빈 공포의 화신

헨리 모건의 사전에 자비란 없었다. 고결한 마음이 아니라, 파렴치함, 교활함 그리고 잔인함이 그를 가장 성공적인 버커니어로 만들었다. 그가 부하들과 도시를 습격하면, 주민들은 살인, 방화, 강간을 자행하는 무리들 앞에서 대부분 목숨조차 부지할 수 없었다. 어느 정도 재화를 비축해 둔 시민과 상인들의 경우는 몸값을 주고 풀려날 가능성도 있었다. 재물이 숨겨진 곳을 발설하지 않으면, 해적들은 희생자들이 숨겨진 곳을 말할 때까지 고문대 위에 팔다리를 묶어 놓고 팽팽히 잡아당기며 수 시간 동안 고문을 했다.

모건의 이름 하나만으로도 신세계에 있던 스페인 치하의 해안도
시 주민들은 두려움에 몸이 굳어졌다. 17세기 후반 모건이 카리브
에서 테러를 자행할 당시, 주민들은 수평선에서 낯선 돛을 발견하
면 즉시 내륙으로 달아났다. 하지만 그것마저도 아주 드문 경우에
나 도움이 됐다. 모건은 전술의 대가였으며 교활한 전략가였다. 그
는 속임수, 책략, 남모르는 술수에 통달했었다. 모건은 결코 공공연
하게 낯선 항구에 진입하는 법이 없었고, 야음을 타고 배후에서 나
타났는데, 수적으로 우세한 주둔군이 있는 스페인 치하의 도시를
급습하기 위해 부하들과 함께 며칠씩이나 정글을 헤치며 나아가곤
했다.

헨리 모건은 당당한 풍채의 소유자였다. 큰 키에 다부진 체격을
가졌고, 긴 머리에 위압감을 주는 꼬아 올린 수염을 기르고 있었다.
부하들이 스페인의 요새로 돌진하면, 전통적인 보병들의 무기인 거
대한 창을 휘두르며 앞장을 섰는데, 그 모습 하나만으로도 스페인
병사들이 무기를 버리고 도망가기에 충분했다. 누구든 그의 앞을
가로막는 자는 때려눕혀졌고, 부상당한 적들은 나중에 전부 살해됐
으며, 값이 나가는 물건들은 모두 강탈당했다.

그러나 헨리 모건 역시 모든 법의 테두리 밖에서 살았던 것은 아
니다. 그는 영국 왕의 신하였다. 영국 해군이 왕래하지 않던 지구의
반대편인 그곳에서 모건은 영국의 이익을 대변했다. 모건은 스페인

을 비롯한 다른 유럽 열강들로부터 빈약한 영국의 식민지를 보호했으며, 보다 중요한 점은 그가 스페인 인들을 잠시도 그냥 내버려두지 않았고, 그들에게 연이은 패배를 안겨줬으며, 그들이 식민지로부터 착취한 재화로 영국 왕의 보물창고를 채웠다는 사실이다. 천재적인 전략가였던 모건은 지금도 그의 고향에선 제국 설립에 공헌한 인물로 영웅시되고 있다.

바로 이 인물이 나를 매료시켰다. 나는 왕의 잔인한 버커니어에 관해 더 많은 것을 알고 싶었고, 오래 전에 침몰한 그의 배들을 찾고 있었다. 그래서 나는 모건에 관한 서적들을 구할 수 있는 건 모두 읽었고, 도서관 문서실에서 자료를 수집했으며, 심지어 워싱턴의 의회도서관까지 뒤졌었다. 나는 그곳에서 그 해적이 활동하던 시대에 작성된 오래된 지도들을 발견했는데, 그 지도들은 나중에 우리에게 도움이 됐다. 나는 자료를 조사하던 중 헨리 모건이 자메이카의 총독에게 보고했던 편지들을 우연히 발견했다. 런던과 자메이카 사이를 왕래하던 서신들이 지금까지 보존되어 있었다. 그들 중 여섯 통의 편지는 모건의 배들을 찾는데 도움이 됐는데, 편지에 범선들의 침몰이 기록돼 있었기 때문이다.

하지만 가장 흥미로운 발견은 내가 모건가의 후손을 찾는 작업에 착수했을 때 이루어졌다. 모건 부부는 아이가 없었지만, 그래도 나는 인터넷에서 그의 친척을 찾는 데 성공했다. 논의의 대상이 될 만한 일련의 모건 성을 가진 사람들이 존재했는데, 수많은 전화통화를 한 후 마침내 내 집요함이 보상을 받았다. 나는 앨런 모건이란 인물을 발견했는데, 그는 정말 그 해적과 인척관계였다. 앨런 모건은 헨리 모건의 남동생 에드워드의 직계후손이었던 것이다! 그는 이 사실을 증명하기 위해 내게 족보까지 보내왔었다.

헨리 모건은 1635년 무렵 웨일스의 랜럼니에서 출생했는데, 그곳은 카디프(웨일스의 항구 도시—역주) 근처의 백작 영지인 뉴포트에 있는 한 장원으로, 그 장원은 16세기에 모건가의 소유로 넘어갔다. 랜럼니로부터 그리 멀지 않은 곳에 있던 펜칸 장원도 마찬가지로 모건가의 소유였는데, 그곳에선 헨리 모건의 숙부가 살았었다. 모건은 그 대농장에 대한 기억이 뚜렷했던 것 같은데, 말년에 자메이카에서 별장을 구입했을 때, 이름을 '펜칸'이라고 지었다.

모건은 유서 깊은 무사가문 출신으로, 그 가문은 대대로 스튜어트 왕가에 충성을 맹세했으며, 헌신의 대가로 토지를 부여받았다. 모건의 할아버지인 토머스 모건 경은 1580년에서 1600년에 걸쳐 영국 군부대를 해외에서 성공적으로 지휘한 후 웨일스에서 '전사'로 유명해졌다. 토마스 모건 경의 조카인 매시유 모건 경은 1591년 루앙을 포위할 당시 부상을 입기도 했다. 마찬가지로 토마스 모건 경의 동생인 찰스 모건 경도 해외에서 복무하며 왕을 섬겼다. 모건가의 남자들에겐 한 가지 공통점이 있는데, 전투를 모두 육지에서 치렀다는 사실이다. 그들은 보병이었으며, 수병이 아니었다.

전사로서의 모건의 경력은 1655년 시작됐는데, 그 당시 그는 대략 20살 나이의 수병장교로 카리브에 왔었다. 수병은 선원이 하는 일에 전혀 관여하지 않았다. 그들은 오로지 전투만 했는데, 육지에서건 적선에 침입하는 것이건 구별하지 않았다. 모건은 로버트 베너블스 장군과 윌리엄 펜 제독이 지휘하던 40척의 전함과 7000명의 병력으로 구성된 원정대의 일원이었는데, 호민관이었던 올리버 크롬웰이 그 원정대를 카리브에 파견했었다. 원정대는 스페인의 식민지를 습격하고 정복해야 했으나 완전히 실패하고 만다. 그들은 유일하게 방어시설이 허술했던 자메이카 섬을 점령하는 데만 성공했을 뿐이며, 그 섬과 더불어 작은 항구 도시인 스페니시 타운을 차지했다.

수천 명의 영국 병사가 전사했다. 헨리 모건은 생존자 중 한 사람이었는데, 단기간에 재능 있는 전략가이자 무서운 전사임이 입증됐다. 그는 원정이 끝난 후에도 카리브에 남았으며, 자메이카의 방어시설을 견고히 하고, 그 섬을 탈환하려는 스페인인들의 모든 시도에 대비하는 데 가세했다.

스페인인들을 괴롭히기 위해 영국인들은 카리브의 해적들을 투입하기 시작했다. 1659년 크리스토퍼 밍스 선장의 지휘하에 버커니어 함대가 멕시코와 파나마의 해안도시들을 습격하기 위해 출정했을 당시, 젊은 헨리 모건도 배에 타고 있었다. 1660년 국왕 찰스 2세와 더불어 영국에 왕정이 복고되자, 헨리의 숙부인 에드워드가 부총독으로 자메이카에 파견됐는데, 헨리에겐 분명 유리한 상황이었다. 그렇지만 왕권의 대리인과 그런 밀접한 관계를 갖는 것이 불필요했을 터인데, 헨리는 혼자서도 해적들의 서열 내에서 빠르게 지위가 높아졌기 때문이다. 1662년 크리스토퍼 밍스의 지휘하에 해적 함대가 산티아고데쿠바(쿠바의 항구 도시—역주)를 습격하고 약탈했을 때, 모건은 이미 배 한 척을 지휘하는 선장이었다. 영국인들은 산티아고 만의 진입로를 지키고 있던 중무장된 카스틸로델모로 요새를 완전히 파괴하는 데 성공함으로써 스페인인들을 결정적으로 무력화시켰다.

1663년 밍스가 캄페체(멕시코의 항구 도시—역주)를 습격할 당시에도 모건은 동참했었다. 버커니어, 해적 그리고 지원자들로 이루어진 1100명의 병력은 멕시코 해안까지 1000마일을 항해했고, 무방비 상태에 있던 그 도시를 기습했다. 두 개의 요새와 스페인의 정규부대가 지키고 있던 그 도시는 격전이 벌어진 지 하루만에 함락됐다. 버커니어들은 14척의 스페인 함선과 수많은 금은보화를 노획했다.

같은 해에 모건은 처음으로 다섯 척으로 이루어진 해적 함대의 독자적인 지휘권을 넘겨받는다. 다른 선장들이 모두 노련하고 나이가 더 든 해적들이었음에도 불구하고, 그들은 젊은 모건에게 지휘를 위임했다. 카리브해와 남미 앞의 전 해역을 항해하면서 가능한 한 많은 스페인의 식민지를 약탈하는 것이 그들의 계획이었다. 그 항해는 18개월이 걸릴 예정이었다. '스페니시 메인'이라고도 불렸던 미 대륙의 스페인 식민지는 광활한 북남미 지역을 포괄했기 때문인데, 현 베네수엘라에서 시작해서 콜롬비아, 에콰도르, 파나마, 멕시코를 거쳐 플로리다와 캘리포니아 일부까지 확산돼 있었다.

소규모 함대는 유카탄반도를 돌아 멕시코 만에 있는 프론테라에 상륙했다. 해적들은 부유한 도시이던 비야에르모사를 습격하기 위해 육로로 50마일을 행군했다. 그러나 그들이 그 도시를 약탈하자, 그사이 스페인 인들이 자신들이 타고 온 배를 나포했다는 사실을 확인해야 했다. 그러자 모건과 부하들 역시 재빨리 스페인 함선 두 척과 네 척의 노를 저어 가는 보트를 약탈해서 항해를 속행했다. 그들은 유카탄반도를 다시 돌아 나와 중미 해안을 따라 항해를 계속하기 위해, 돛과 노를 이용해 거센 조류에 대항하며 전진했다. 그들은 마침내 현 니카라과의 해안에 상륙했고, 그라나다 시를 습격하기 위해 또다시 육로로 행군을 감행했다. 그 돌발적인 기습은 대성공이었다. 공식적인 보고에 따르면, 해적들은 1000명이 넘는 인디언들로부터 지원을 받았다고 한다. "사로잡은 자들을 모두 살해했는데, 제일 먼저 성직자들을 죽였다."

모건은 자신의 약탈행위로 그사이에 명성을 떨쳤다. 뿐만 아니라 약탈행위는 그가 그 동안 상당히 유복해지는 데도 기여를 했다. 그래서 모건은 1665년 사촌인 메리 엘리자베스와 결혼할 수 있었는데, 그녀는 모건의 숙부의 장녀였다. 두 사람 사이에 아이는 없었지만, 그 결혼은 일단 모건을 포트로열에 정착시켰다. 모건은 해적생활을 잠시 중단했고, 모디포드 총독으로부터 그 지역의 민병대 조직을 떠맡으라는 지시를 받았다. 포트로열도 항상 적군 병력이나 해적들에게 습격받을 위험에 처해 있기는 마찬가지였다. 그러니 스스로 그 많은 도시들을 습격하고 약탈했던 인물보다 누가 카리브의 항구를 방어하는 데 더 확실하게 책임을 질 수 있었겠는가? 그래서 모건은 이전에 스페인 도시들의 성벽과 요새를 파괴했던 열정으로 포트로열의 방어시설을 개선하고, 왕의 민병대를 해적들의 공격에 대비시키는 일에 착수했다.

모건은 이제 은퇴해서 농장소유주로 편안한 삶을 누릴 수도 있었다. 하지만 그는 쉬는 걸 원치 않았다. 그래서 그는 '해안의 동지들'인 옛 동료들이 자신을 다시 불러들이자 기뻐했다. 해적들의 지휘자이던 홀란드 인 에드워드 만스펠트가 — 맨스펠드라고도 불렸다 — 토르투가에서 전사했던 것이다. 그리고 해적들에겐 그를 대신할 수 있는 인물이 오직 하나밖에 없었다. 헨리 모건이었다. 1668년 버커니어들은 모건을 제독으로 선출했고, 모건은 드디어 누구 못지 않게 능숙한 일들을 다시 할 수 있게 됐다. 살인과 약탈이었다.

모건은 즉시 대규모 작전참모회의를 소집했다. 약 700명 가량의 해적들이 그 천재적인 해적의 계획을 경청하기 위해 참석했다. 해적들은 12척이 넘는 배에 나눠 타고 쿠바 남쪽에 위치한 작은 섬 앞에 집결했다. 하지만 배들은 당당한 범선이라기보다는 조각배에 가까웠는데, 돛대는 하나였고 선원들에게 그리 많은 피신처를 제공하지 못하는 허술한 배들이었다. 가장 큰 배는 추측컨대 돌핀호였다. 이 배는 이전에 스페인의 범선이었으며 8문의 대포를 탑재하긴 했지만, 기껏해야 길이는 15미터에 무게는 50톤 정도였다. 하지만 그게 무슨 상관이란 말인가? 모건에게 배는 목적을 위한 수단이었고, 한 장소에서 다른 장소로 이동하기 위한 운송수단이었다. 전투야 어차피 육지에서 행해졌다.

모건은 부하들에게 푸에르토델프랭시프를 공격하기로 약속했는데, 그 도시는 해안에서 약 45마일쯤 떨어진 쿠바 본토에 위치해 있었다. 모건은 나중에 한 서신에서 다음과 같이 보고한다.

"우리는 푸에르토델프랭시프로 행군했고, 별 저항 없이 그 도시를 점령했습니다. ……우리는 스페인 병력이 다가오자 도시 전체에 불을 지르거나 사로잡은 자들을 데리고 가겠다고 위협했습니다. 하지만 1000마리의 소를 받은 후, 사로잡은 자들을 모두 풀어 주었습니다."

모건이 보고에서 숨긴 사실은, 그 도시의 주민들이 정말 마지막 남은 재화마저도 넘겨줄 때까지, 그들을 고문했다는 사실이다.

그럼에도 해적들에겐 수확이 전혀 신통치 않았는데, 소와 몇 척의 배 외에 고작 5만 페소 정도를 노획했기 때문이며, 그건 그들에게 결코 충분한 게 아니었다. 습격에 동참했던 프랑스 해적들은 실망했고, 차라리 자신들과 동향인 잔인한 버커니어 롤로누아와 토르투가에서 한번 시도해 보기로 결정했다.

그로 인해 전력이 약화됐음에도 모건은 1668년 5월 남은 병력을 이끌고 카리브해를 횡단해서 현 파나마 운하에서 그리 멀지 않은 지점까지 항해를 했으며, 새로이 작전참모회의를 소집했다. 다음 번 목표는 푸에르토벨로였다. 그건 결코 쉬운 일이 아니었는데, 그 항구는 그 당시 신세계에서 세 번째로 큰 도시였고, 그에 상응하는 방어시설로 무장돼 있었기 때문이다. 하지만 모건은 그에 대해서도 해결책을 갖고 있었는데, 바로 기습공격이었다. 모건은 그 항구 도시에서 멀리 떨어진 곳에 450명의 부하들을 상륙시켰고, 그러고 나서 여러 척의 대형 카누에 태워 노를 저어 들키지 않고 목표지점까지 접근하게 했다. 모건은 나중에 이렇게 기술했다. "우리는 총 23척의 보트에 나눠 타고 해안을 따라 노를 저었습니다. 우리는 새벽 세 시에 상륙했고, 도시 안으로 진입했습니다."

그 기습은 완벽했다. 총 세 곳의 요새가 그 도시를 습격으로부터 보호해야 했다. 처음 두 곳의 요새에 주둔해 있던 수비대들은 아직 잠이 덜 깬 상태에서 이렇다할 저항조차 하지 못한 채 순식간에 제압당했다. 그러나 세 번째 요새는 스페인 총독의 지휘하에 해적들과 격전을 벌였다. 이제 모건이 얼마나 파렴치한 인물인지 드러났다. 스페인 인들의 가톨릭에 대한 경외감이 얼마나 큰지를 아는 모건은 부하들이 찾아낼 수 있던 모든 신부, 수도사, 수녀들을 한데 모았고, 그들로 하여금 성채의 장벽에 사다리를 세우도록 강요했다. 모건은 독실한 스페인 인들이 절대로 성직자에게 발포하지 않으리라고 철석같이 기대하고 있었다. 하지만 그건 모건의 착각이었다. 포위당한 총독은 절망한 나머지 발포하라는 명령을 내렸다. 그래도 소용이 없었는데, 거친 해적 무리는 결국 요새의 성첩 위에 올라섰고, 수비대를 닥치는 대로 학살했다. 이제 해적들 앞을 가로막을 건 더 이상 없었다. 엄청난 학살현장에서 술에 취한 모건의 부대는 마지막 남은 재화를 숨겨둔 곳을 자백할 때까지, 푸에르토벨로의 주민들을 고문, 학대, 강간했다. 해적들이 너무나 많은 금을 약탈해서, 그 사건 직후 스페인 주화가 자메이카에서 공식적인 화폐가 될 정도였다.

1669년 1월 모건은 마침내 권력의 정점에 도달했다. 자메이카의 총독은 모건에게 새로이 카리브에 배속된 대영제국 전함 옥스퍼드호를 맡겼다. 다른 열 척의 해적선과 만나기 위해 옥스퍼드호가 현 아이티인 에스파뇰라 앞의 만 안으로 진입할 때, 모건은 자부심에 가득 찬 채 사령갑판 위에 서 있었다. 이제 그는 병력뿐만 아니라 카리브에선 견줄 만한 배가 없는 당당한 전함까지 보유하게 됐다. 모건은 이제 자신의 걸작품을 완성할 시기가 왔다고 확신했는데, 헤아릴 수 없을 만큼 풍요로운 도시 카르타헤나를 습격하는 것이었다. 예상과는 달리 끔찍한 폭발이 옥스퍼드호를 산산조각 냈고 수백 명의 생명을 앗아갔지만, 그 지독한 전사를 멈추게 할 수는 없었다. 모건은 단지 자신의 계획을 약간 수정했을 뿐이며, 새 기함인 새티스팩션호에 승선해서 동쪽으로 항로를 잡았고, 에스파뇰라 해안을 따라 항해를 했다. 모건의 목표는 이제 베네수엘라 만에 위치한 도시 마라카이보였는데, 해적들에겐 손쉬운 제물이었다. 그들은 좀 더 남쪽에 위치한 지브롤터와 함께 그 항구 도시를 순식간에 정복했다.

그러나 그 후 구사일생으로 살아남은 뒤 불사신으로 간주됐던 모건에게 더 이상의 행운은 사라진 듯 보였다. 왜냐하면 모건의 소규모 함대는 갑자기 마라카이보 만에서 참으로 이기기 힘든 상대와 대결할 상황에 처했기 때문이다. 스페인의 부제독 알롱소가 세 척의 막강한 전함을 이끌고 해적선을 추격했고, 이제 그 좁은 만에서 그들을 궁지에 몰아넣은 것이다. 모건의 함대는 각양각색의 배들로 이루어진 집단이었고, 유일하게 34문의 대포를 장착한 모건의 기함인 새티스팩션호만이 돋보일 뿐이었다. 부제독의 기함인 막달렌호는 48문의 대포를 탑재하고 있었다. 그러나 모건은 대포와 수적인 우세함에 전혀 신경을 쓰지 않았다. 1669년 5월 1일 스페인인들이 좌우현 포로 해적선을 침몰시키려 할 당시, 모건은 또 하나의 전술적 걸작품을 보여 준다. 모건은 지체없이 작은 배 한 척에 불을 지르고 곧바로 막달렌호를 향해 나아가도록 시켰다. 기함의 선장이 위험을 피하려고 모진 애를 썼음에도 불구하고, 선장은 육중한 전함을 활활 타오르는 작고 민첩한 화선의 궤도에서 벗어나게 하는 데 실패했다. 위용을 자랑하던 막달렌호는 화염의 제물이 됐고, 침몰했다. 부제독이 불타는 전함을 빠져 나와 구명보트를 타고 두 번째 전함인 산타 루이자호로 피신하는 바로 그사이에, 해적들의 적 선침입돌격대는 세 번째 전함인 마르크자호를 공략했다. 스페인인 들은 육박전에서 버커니어들에게 전혀 상대가 되지 못했다. 모건의 부하들은 순식간에 그 배를 점령했고, 알롱소는 도망칠 수밖에 없었다. 산타 루이자호는 돛을 올렸고, 약탈하는 버커니어들을 피해 산카를로스의 요새로 달아났다.

그 요새는 전략적으로 매우 중요했는데, 무장된 대포로 마라카이보 만으로 통하는 모든 진입로를 통제하고 있었기 때문이다. 모건은 해전에서 승리하긴 했지만, 이제 그 만을 빠져나가려면 대포들의 포화를 뚫고 나가야 했으며, 배들은 분명 격침됐을 것이다.

그 사이 마라카이보의 주민들은 한계점에 도달했다. 그들은 살인 행위가 종식되길 바랐으며, 모건에게 2만 페소의 몸값을 지불함과 동시에 만을 안전하게 벗어날 수 있다는 보장을 제안할 용의가 있었다. 하지만 알롱소가 고집을 부렸는데, 그는 해적들이 협소한 진입로를 통과해서 빠져나가려고 시도할 때까지 기다리길 원했다.

모건에겐 그 순간 그런 사실들이 전혀 중요하지 않았다. 일단 침몰한 스페인의 기함을 약탈하는 것이 중요했다. 다행히 배는 얕은 물에 가라앉았고, 모건의 부하들은 만 오천 페소와 수많은 금괴를 건져낼 수 있었다. 그사이 모건은 다음 번 계획을 세우고 있었다. 모건은 스페인 인들이 요새에서 해상 위의 모든 움직임을 주시하고 있다는 사실을 알고 있었다. 그래서 그는 육지로부터 야음을 틈타

공격을 하기 위해 병력을 해안가로 이동시키려는 것처럼 가장했다. 모건은 부하들을 큰 구명보트에 태워 해안으로 노를 저어가게 했고, 스페인 인들은 그 광경을 명백히 목격했다. 그러나 스페인인들의 시야를 벗어난 지점에서 배에서 내리는 대신, 해적들은 그냥 뱃바닥에 납작하게 드러누웠고, 다시 함대로 돌아왔다. 말하자면 스페인의 부제독이 모건의 전 병력이 이제 육지에 머물고 있다고 확신하는 동안, 실제로 해적들은 모두 배 안에 있었던 것이다.

돈(스페인에서 세례명에 붙이는 경칭—역주) 알롱소는 즉각 반응을 보였다. 그는 육지 쪽으로부터 공격이 있을 것이라는 예상 아래, 해적들을 우박처럼 쏟아지는 대포알로 맞이하기 위해, 대포들을 모두 그와 일치하는 방향에 배치시켰다. 하지만 기다리던 해적들은 나타나지 않았다. 그 대신 모건은 썰물이 닥치자마자 돛을 올렸고, 배들을 이끌고 유유자적하게 만을 빠져나갔다. 실망한 스페인 인들은 단 한 발의 대포도 모건 쪽으로 쏠 수가 없었다. 1669년 5월 17일 모건은 개선장군이 되어 포트로열로 돌아왔다. 그는 이제 자신의 경력 중 가장 큰 약탈행위를 시도할 각오가 돼 있었다. 1670년 말 무렵 모건은 36척의 배와 1800명이 넘는 병력으로 조직된 함대를 편성했고, 함대는 에스파뇰라 앞의 일 아바슈 섬 근처에 있는 안전한 해역에 집결했다. 그들은 파나마를 공격하기로 결정했는데, 파나마는 그 당시 세계에서 가장 부유한 도시 중 하나였다. 많은 상인들이 그곳에 호화로운 영업소와 장원을 유지하고 있었고, 페루의 금광에서 나오는 모든 재화가 스페인으로 선적되기 전에 그 도시에 모여들었다.

처음엔 모건쪽의 상황이 불리했다. 약 1000명의 해적들로 조직 된 그의 병력은 정글을 행군하느라 쇠약해진 상태였고, 3000명 정 도의 스페인 병사 그리고 그들을 지원하는 인디언들과 맞서야 했 다. 그럼에도 모건은 승리를 했고, 자신의 기함인 새티스팩션호를 잃어버리긴 했지만, 무훈에 빛나는 장군으로 자메이카에 돌아왔다. 새티스팩션호는 귀환 도중 암초에 좌초했고, 가라앉았다. 그러나 모건이 수백 명의 노예와 금은보화가 가득 찬 궤짝들을 실은 채 포 트로열에 닻을 내리자, 그 배에 관해 질문을 던지는 사람은 아무도 없었다. 모건은 통상적인 분배원칙에서 벗어나 1000파운드에 해당 하는 재물을 자신이 이룬 웅대한 승리에 대한 특별보상으로 간직해 도 좋다는 허가를 받았다. 일반 선원은 환산해서 대략 50파운드를 받았는데, 그건 그 당시에 평범한 해적이 여생을 보내기에 충분한 재산이었다.

그런데 파나마가 함락됐다는 소식이 런던에 쇄도하자, 런던의 정 세가 바뀌었다. 스페인에 대한 유화정책을 옹호하던 자들이 우위를 점했는데, 특히 유럽 여러 나라의 수도에서 스페인이 영국에 선전 포고를 할 것이라는 소문이 거듭 퍼져 나왔기 때문이다. 그래서 런 던에선 경쟁중인 해양강국을 지나치게 자극하지 않는 것이 더 나을 것이라고 기대했고, 그래서 우선 자메이카의 총독인 모디포드를 그리고 나중에 헨리 모건 역시 파나마를 습격한 사실에 대한 책임을 물어 체포하는 것이 현명하다고 생각했다.

1672년 모건은 프리깃함인 웰컴호에 태워진 채 런던으로 이송됐다. 모건은 17년 전 자신이 떠난 이후 끊임없이 변모한 나라로 돌아왔다. 모건이 떠날 당시엔 올리버 크롬웰의 치하에 청교도주의자들이 정권을 잡고 있었다. 하지만 1660년 이후 찰스 2세와 더불어 스튜어트 왕가가 다시 왕권을 쥐고 있었다. 왕정과 더불어 생에 대한 즐거움, 예술 그리고 심한 퇴폐문화가 런던으로 돌아왔다. 런던 거리의 사람들은 최신 유행하는 파리의 패션에 따라 옷을 입었고 다양한 오락에 빠져 있었다.

영국인들은 헨리 모건을 환호 속에 맞아들였는데, 그는 신세계의 머나먼 해안에서 돌아온 전쟁영웅이었고, 그곳에서 대영제국을 위해 용감히 싸웠기 때문이다. 그래서 그는 총독 모디포드와는 달리 런던탑의 지하감옥에서 불편한 체류를 하는 걸 모면할 수 있었다. 그런 대신 모건은 그 다음 3년간을 런던에서 자유롭게 보냈다. 그는 앨비말의 제2공작이던 크리스토퍼 멍크와 친교를 맺었는데, 그의 아버지는 모건의 숙부와 시민전쟁(찰스 1세와 의회와의 논쟁. 1642~46, 1648~52—역주)에서 함께 싸웠었다. 멍크는 찰스 2세에게 모건에 주목하라고 조언했다.

왕은 자메이카에 있는 식민지가 불안했고, 여러 번에 걸쳐 그 버커니어에게 조언을 구했다. 그리고 1674년 1월 23일 왕은 모건에게 기사작위를 수여해, 경으로 추대했으며, 더불어 새로운 관직을 하사했다. 헨리 모건 경은 왕의 지시에 따라 자메이카의 부총독이 됐던 것이다.

그건 모건에게 성공적인 귀향이 됐다. 그사이 45살이 된 모건은 새로운 직위와 함께 부제독, 포트로열 주둔군 사령관, 해군 재판소 재판관, 치안 판사 등의 지위도 동시에 얻었는데, 그로 인해 책상을 지키는 신세가 됐다. 해적선의 갑판 위에 서거나, 부하들의 선두에서 스페인의 식민지를 향해 돌진하던 시기는 지나갔다. 모건은 차츰 비대해졌으며, 술을 많이 마셨고, 자주 항구의 선술집에서 옛 동료들과 어울림으로써 포트로열의 상류사회를 몹시 경악시켰다.

1687년 마침내 앨비말의 공작이 총독의 지위를 인계받기 위해 자메이카에 도착했다. 그가 탄 호화선은 수많은 상선의 호위를 받았는데, 그 배들은 500톤이 나가는 공작의 개인재산과 약 100여 명의 노예들을 실어 날랐다. 공작의 부인, 레이디(영국에서 상류귀족의 부인이나 딸에 대한 존칭—역주) 엘리자베스 캐번디시는 일찍이 상류사회의 꽃이었는데, 27살의 나이에 우울증에 걸려 있었기 때문에 젊은 주치의인 한스 슬론을 동반했다. 슬론은 후에 연구자이자 영국박물관의 공동설립자로 유명해진다. 1688년 모건이 병이 들자, 슬론은 모건도 치료했다.

슬론이 나중에 보고한 바에 따르면, 그는 모건을 온몸이 부어오르고, 얼굴색이 노란 상태에서 발견했다고 한다. 하지만 그 고집불

통의 해적은 정밀검사를 받기를 거부했고, 그 대신 기적을 부른다
는 흑인 주술사의 조언을 따랐는데, 그는 모건을 머리부터 발끝까
지 점토로 감쌌다. 그 요법이 실패하자 모건은 1688년 6월 유언을
작성시켰다. 모건은 1688년 8월 25일 세상을 떠났으며, 포트로열
의 묘지에 안장됐는데, 그 묘지는 단 4년만에 심한 지진으로 인해
도시의 대부분과 함께 바다에 가라앉았다.

제 10장

새로운 희망

코럴 퀸호의 사고는 나를 원점으로 되돌려 놓았다. 그러나 나는 포기할 수도 없었고, 포기하고 싶지도 않았다. 탐험 여행에 들어갈 비용을 다시 조달할 방법이 전혀 떠오르지 않았지만, 나의 목표, 아이티는 요지부동이었다.

우리가 처음 그곳으로 여행을 한 이후 일 년이 넘게 지나갔다. 나는 다음번엔 첨단장비를 가지고 갈 작정이었는데, 사이드 스캐닝 소나(수중 초음파 탐지기의 일종─역주)와 자기 탐지기였다. 그 장비들을 이용하면 배 안에서 의심스러운 형성물이나 금속의 흔적을 찾아 해저를 샅샅이 뒤질 수 있다. 하지만 그런 장비는 가격이 비쌌고, 새 스폰서가 없이는 장만할 수 없었다.

코럴 퀸호의 해난사고 이후 보험관계자들과 항해전문가들은 서로 등을 돌렸다. 우리는 어떻게 그런 참사가 발생할 수 있었는지를 대화나 회의에서 끊임없이 반복해서 설명해야 했다. 그런데 신경을 극도로 소모시켰던 바로 그 대화와 회의가 우리가 탐험을 속행할 수 있게 된 데 기여하리라곤 꿈에도 생각지 못했다. 관계자들 중엔 함부르크의 해양경비회사도 있었는데, 그 회사의 대리인들은 우리들의 다큐멘터리 제작에 관심을 갖고 있었다. 그들은 우리가 새로운 스폰서를 찾고 있다는 말을 듣자, 여기저기 알아보겠다고 약속했다. 그리고 정말 2주 만에 그들은 나를 한 기업가에게 소개했는데, 그의 회사는 전 세계에 퍼져 있는 난파선을 전문적으로 발굴하고 있었다.

회사 측에서 비용의 일부와 필요한 장비를 제공하겠다고 확약하자, 나는 기뻐서 어쩔 줄을 몰랐다. 우리가 다시 아이티에 갈 수 있게 된 것이다! 내가 얼마나 운이 좋은 건지 정말 믿어지지 않았고, 즉시 2001년 5월에 시작될 다음 번 탐험에 필요한 세부계획에 몰두했다.

나는 이번엔 단순히 그 엄청난 수중박물관을 촬영하는 데만 그치지 않을 작정이었다. 그 규모를 고려할 때, 우리가 찾은 어마어마하고, 특히 넓게 분산돼 있는 발굴물들을 세상에 알리기 위해 최선을 다하겠다고 결심했다. 나는, 과학자들뿐만 아니라 관광객들도 함께 대양을 항해한 자들의 여러 세대에 걸친 유물들을 연구하고 경험할 수 있는, 그런 해양공원을 설립하겠다는 비전을 갖고 있었다.

그 계획을 실행에 옮기기 위해, 나는 세계문화기구인 유네스코와 같은 국제조직뿐만 아니라 아이티 정부와도 접촉하기로 작정했다. 아이티 정부와의 접촉은 캐나다 대사관이 가지 말라고 경고했던 수도인 포르토프랭스로 먼저 가야 한다는 걸 의미했다.

그리고 인원과 물자를 운송하는 데 막대한 비용이 들어간다는 것 또한 의미했다. 코럴 퀸호의 손실로 인해, 이제 우리는 다른 방법에 의존해야 했다. 우리가 가진 짐과 장비는 총 53개의 무거운 선박용 상자에 들어 있었고 무게는 5톤이 넘었다. 그런데 포르토프랭스에서도 촬영을 할 예정이었기 때문에, 짐과 장비를 모두 그곳으로 옮겨야 했다. 하지만 그건 시작에 불과했는데, 포르토프랭스에서는 모든 장비를 좁은 산길을 지나 항구 도시인 카이로 수송해야 했기 때문이다. 우리는 그곳에서 디디에 불라르와 함께 배를 타고 일 아 바슈 섬을 건너갈 예정이었다.

나는 캐나다에 있는 내 팀에게 전화를 했다. 그들은 코럴 퀸호를 잃어버린 후 다시 시작할 수 있게 된 걸 기뻐했다. 카메라맨인 데이브 고데는 촬영장비를, 에버렛과 데이브 해리슨은 압축기에서부터 발전기, 잠수장비까지 나머지 장비들을 책임지겠다고 약속했다. 우리 팀은 금세 다 모였는데, 크리스, 밥 그리고 얼을 제외하곤 거의 모든 팀원들이 다시 동참했다. 새로 추가된 사람은 내 아내인 실비아인데, 그녀는 단기간에 없어서는 안 될 조직담당자가 됐고, 사진가로서도 우리 팀을 보강했다. 그렇게 해서 탐험대는 요트선장이자 잠수부이며 역사학자인 브루스 리밍, 카메라맨인 데이브 고데, 잠수조정자이자 안전책임자인 데이브 해리슨, 기술자이며 기계공인 에버렛 레딕, 컴퓨터 전문가이며 필름편집자인 숀 데일, 음향기술자이자 카메라맨인 조녀선 비디토 그리고 브루스의 요트에서 일하는 리처드 데이로 구성됐다.

팀원들은 아이티의 포르토프랑스에서 만나서 차를 타고 카이로 가게 돼 있었다. 브루스와 리처드만 브루스의 새 범선을 타고 곧바로 텍사스에서 플로리다를 거쳐 일 아바슈 섬으로 올 예정이었는데, 그 배는 두 개의 돛대를 가진, 길이가 거의 16미터에 달하는 민첩한 '케치(쌍돛 범선의 일종—역주)'였다. 새 스폰서와 대화를 나눈 후 실비아와 내가 독일에서 토론토로 가는 비행기에 착석하기까지는 채 6주도 걸리지 않았다. 우리는 캐나다에서 팀원들과 만나 마지막 남은 문제들을 의논할 예정이었다. 첫 번째 문제가 이미 발생했는데, 데이브 고데는 당시 갖고 있던 일자리를 제때에 그만둘 수 없는 것 같았다. 캐나다에서 그를 기다렸다 같이 비행기를 타고 여행을 계속한다는 건 비용 때문에 거의 불가능했다. 일정이 빡빡했고, 게다가 독일인 스폰서의 팀과 장비들은 모두 아이티로 가고 있는 중이었다. 그래서 우리는 실비아와 내가 먼저 출발하고, 데이브의 일이 끝나면 팀원들이 뒤따라오기로 결정했다. 우리는 마이애미를 거쳐 계속해서 포르토프랭스로 날아갔다.

우리가 포르토프랭스의 국제공항에서 나왔을 때는 이른 오후였다. 찌는 듯한 무더위 때문에 입고 있던 옷들이 즉각 몸에 들러붙었다. 입국절차를 마치고 여행가방 두 개와 잠수장비가 든 가방 두 개를 가져온 후, 이제 우리들의 운전사만 발견하면 출발할 수 있었다. 디디에가 우리를 호텔로 데려갈 친구 한 사람을 보내겠다고 약속했었다. 하지만 공항건물 앞에선 운전사 대신 아수라장이 우리를 기다리고 있었다.

우리는 순식간에 본토인들에 둘러싸였고, 그들은 우리에게 고함을 치며 들고 있던 짐들을 낚아채려 했다. 그런 난리 속에서 운전사가 있는지는 확인할 길이 없었다. 사내들은 우리 주위로 몰려들었고, 자기들끼리 서로 밀치며 진짜 드잡이를 시작했다. 마침내 나이가 좀 들고 이는 거의 없는 덩치가 아주 큰 남자가 다른 사람들을 모두 제치고 우리를 간신히 자신의 택시로 끌고 갔다. 저항한다는 건 소용이 없었고, 사실 그가 우리를 마중 나온 운전사든 아니든 간에 그 난리 속에서 우리를 벗어나게 해 준 것만으로 다행이었다. 우리가 택시 안으로 피신하자, 다른 택시운전사들은 보닛 위로 몸을 던지고, 인상 쓴 얼굴을 차창에 들이댔으며, 우리에게 큰 소리로 저주를 퍼부었다. 우리는 어찌할 바를 모른 채 좌석에 몸을 바짝 붙였다. 운전사는 태연했고, 가속페달을 밟았다. 차 밖의 사람들은 위험한 일을 당하지 않으려면 차츰차츰 길을 비켜줄 수밖에는 없었다.

공항에서 포르토프랭스로 가는 길은 에티오피아 황제의 이름을 따서 하일레 셀라시에 거리라 불렸다. '하이웨이' 치곤 거창한 이름이었는데, 그 길은 처음 백 미터만 포장이 돼 있었고, 그 다음부터는 먼지 나는 지방도로로 바뀌었다. 운전사는 40년 된 캐딜락을 통행이 빈번한 거리 위로 험하게 몰아댔는데, 움푹 패인 구멍이 보이는 족족 그 위로 지나갔으며, 맞은편에서 오던 차가 왼쪽 사이드 미러를 부러뜨렸는데도 그 행위를 중단하지 않았다. 지독한 악취가 밖에서 차안으로 들어왔다. 포르토프랭스가 가까워질수록 상황은 점점 더 나빠졌다. 도로 양옆엔 쓰레기들이 썩어가고 있었다. 우리는 초라한 옷차림의 사람들을 지나쳐 달렸는데, 도로변은 그런 사람들로 붐볐다. 그들은 노숙자들로, 가진 것이 전혀 없었고 희망조차도 없어 보였다. 목가적인 일 아바슈 섬과는 정말 판이하게 달랐다. 우리는 이전의 탐험여행에서 정말 좋아하게 된 잊혀진 작은 섬이 아니라, 이제 '진정한' 아이티에 와 있었다. 수도는 마치 허리케인과 지진이 순차적으로 덮쳐 폐허가 된 것 같은 인상을 주었다. 파괴된 도로, 피폐한 주택과 폐허들, 거기다 불에 탄 자동차의 잔해들이 도로변 곳곳에 서 있었다.

이미 완전히 지친 상태에서 우리는 호텔에 당도했다. 에어컨이 가동되지 않아, 방은 한증막처럼 뜨거웠지만, 우리는 방안을 기어

다니는 엄청나게 큰 바퀴벌레들조차 개의치 않고 잠부터 잤다. 그 다음 날 우리에겐 중요한 일정이 있었다. 먼저 문공부의 관계자와 만나고, 그 다음엔 '국립역사박물관'의 관장과 대담할 예정이었다. 오후엔 독일인 스폰서가 네 명으로 구성된 자신의 팀과 함께 프랑크푸르트에서 과들루프를 경유하여 도착하고, 그 다음 날엔 그들의 장비가 오게 돼 있었다. 브루스는 이미 자신의 배를 몰고 플로리다로부터 오고 있는 중이었다. 모든 게 계획대로 진행되고 있었다.

다음 날 아침 우리는 식사 후 택시를 타고 시내로 들어갔다. 우리는 먼저 독일대사관을 잠시 방문했다. 대사관 직원은 우리 계획을 듣자 깊은 인상을 받은 듯했으나, 우리의 안전을 결코 보장할 수 없다고 경고했다. 사고나 습격은 아이티의 높은 범죄율이 말해 주듯 흔한 일이며, 그런 일을 당할 경우 우리를 위해 아무것도 해 줄 수 없노라고 말했다.

우리의 본래 목적지인 문공부는 우리가 투숙한 호텔에서 한 블록 떨어진 곳에 위치해 있었는데, 스페인 양식으로 지어진 크고 고풍스러운 건물 내에 자리 잡고 있었다. 우리가 만나기로 약속한 가스파르는 아이티의 모든 역사업무를 담당하고 있었는데, 그의 업무엔 발굴과 고고학적 활동도 포함돼 있었다.

가스파르는 대략 40대 초반으로 보였고, 실비아와 나를 반갑게 맞이했다. 나는 그가 우리들의 탐험여행에 관해 더 많은 걸 알고 싶어 못 견뎌하는 걸 눈치챘다. 나는 그에게 문공부의 감독하에 해양공원을 설립하고 싶다는 나의 소망에 관해 말했다. 가스파르는 그 착상에 대단한 호응을 보였고, 이미 많은 잠수부들이 아이티 앞 해양에서 자신들의 운을 시험했으며, 가라앉은 보물선들을 찾으려고 했다고 설명했다. 유감스럽게도 자신에겐 그런 보물들을 약탈하는 걸 막을 만한 자금이나 인원이 전무한 상태라고 말했는데, 우리가 그에게 공식적으로 우리 계획을 제시한 걸 더욱 더 기뻐하는 듯 보였고, 우리 프로젝트에 본토인을 고용할 예정이라는 사실에 대해서도 만족해 하는 것 같았다. 그는 우리 계획을 위해 허가증을 교부할 것이며, 조만간 일 아바슈 섬의 포트모건으로 우리를 방문하겠다고 약속했다.

우리는 정부청사를 나와 국립박물관 쪽으로 걸어가고 있었는데, 그때 웬 본토인이 우리에게 말을 걸었다. 그 사내는 30대 후반 정도의 나이에 며칠간 굶은 듯이 보였고, 상당히 지저분한 인상을 주었다. 그는 어느 정도 알아들을 수 있는 영어로 안내자가 되길 자청했는데, 그의 말에 따르면 도처에서 우리를 노리는 강도들로부터 우리를 보호하기 위해서라는 거였다. 우리는 누군가 길을 알고, 말이 통하는 사람이 곁에 있다는 사실이 싫지 않았고, 그래서 곧 그 사내와 시내안내에 대한 보수에 합의를 보았다. 보수는 2달러였는데, 그건 아이티 공장노동자의 하루 일당에 해당하는 액수였다.

우리 안내자인 장은 국립박물관으로 가는 짧은 거리를 동행했고, 그곳에서 우리는 관장인 레르부르 씨를 만날 예정이었다. 나는 이미 얼마 전부터 그와 서신교환을 했었고, 그는 나에게 많은 정보를 주었는데, 그 정보들은 우리에게 아주 도움이 됐었다. 나는 그와의 만남이 기대됐지만, 그보다는 드디어 박물관의 자랑거리인 유명한 콜럼버스의 기함 산타마리아호의 닻을 보는 게 더 기대됐다.

레르부르 씨는 냉방시설이 된 자신의 집무실에서 우리를 맞이했고, 직접 진열실 곳곳으로 우리를 안내했다. 원형으로 설계된 박물관은 방공호 같은 느낌을 주었는데, 박물관의 대부분이 지하에 위치한 까닭이었다. 우리는 레르부르 씨가 특히 자랑스러워했던 산타마리아호의 닻을 보는 것으로 관람을 시작했다. 박물관은 에스파뇰라의 파란만장한 역사에서 유래하는 유물들을 많이 소장하고 있었는데, 침몰한 배에서 나온 보물상자들, 다양한 무기들 그리고 16~17세기의 갑옷들이 아주 많이 있었다. 레르부르 씨도 마찬가지로 우리 계획에 매료됐는데, 특히 우리가 장차 발굴할 것들이 대부분 자신의 박물관으로 올 것이기 때문인 것 같았다. 그 역시 일 아바슈 섬에서의 탐험기간 동안 우리를 방문하겠다고 약속했으며, 계속해서 최신정보를 제공 해달라고 부탁했다.

시원한 박물관을 나오자 무더운 공기와 직사각형의 넓은 광장으로 몰려드는 인파와 차량의 엄청난 소음이 다시 우리를 강타했다. 수많은 차들이 경적을 울리며 샹 드 마르 광장 주위를 돌았고, 차 안의 운전사들은 고함을 질러 댔는데, 그 광장의 잘 손질된 잔디 위엔 아이티 독립운동 지도자인 장 자크 데살린, 알렉상드르 페시옹,

그리고 앙리 크리스토프의 대형 동상들이 서 있었다. 그 장소는 소음, 쓰레기, 악취 속에 둘러싸여 혼돈 한복판의 오아시스처럼 묘하게 비현실적인 느낌을 자아냈다. 실비아는 재빨리 카메라를 꺼내 들고 잔디 위 동상을 향해 다가갔는데, 그 순간 난리가 났다. 그녀가 잔디 위에 발을 디디자마자, 성난 무리들이 우리 쪽으로 다가왔다. 나는 이미 우리 둘 다 돌에 맞고 밟혀 죽으리라 예상했다. 그때 안내자인 장이 개입을 했다. 그는 달려와서 흥분한 무리를 향해 뭐라고 고함을 쳤다. 알아들을 수는 없었지만 효과가 있는 것 같았다. 사람들은 내키지 않는 표정이긴 했지만 흩어지기 시작했다. 여전히 숨이 차 헐떡이며, 장은 우리가 뭘 잘못했는지 설명했다. "저곳은 신성한 장소입니다. 아무도 그 땅을 밟아서는 안 됩니다!" 그렇게 해서 우리는 그 나라 성인들 앞의 잔디가 왜 그렇게 나무랄 데 없었는지도 알게 됐다.

정확히 아침 7시 30분에 내가 주문했던 차들이 호텔 앞에 서 있었다. 자동차 두 대와 장비를 실을 트럭 한 대였다. 독일 발굴팀은 전날 저녁 도착했다. 가방과 상자들 그리고 네다섯 시간의 여행에 필요한 충분한 식수와 양식을 싣기 시작했다. 여행 목적지는 아이티의 남해안에 위치한 항구 도시 카이였다.

움푹 패인 구멍 천지인 비포장도로를 달리며, 우리는 녹음으로 뒤덮인 자연 그대로의 산악지대를 통과했다. 녹음은 생각할 수 있는 모든 색조의 녹색으로 눈부시게 윤이 나고 있었다. 야생의 오렌지나무, 레몬나무 그리고 야자수들이 길가에 늘어서 있었다. 네 시간 후 우리가 카이의 부두에 도착하자, 디디에가 이미 기다리고 있었다. 우리는 장비를 그의 배에 옮겨 실었고, 20분 후 포트모건에서 닻을 내렸다.

프랑수아즈와 한 무리의 원주민들이 이미 선창에 서 있었는데, 그들 중엔 바그너도 있었다. 디디에는 먼저 우리가 처음 방문했던 1999년 이후 자신이 완성한 것들을 보여주었다. 그는 주민들의 도움으로 12채의 작은 움막을 지었고, 그 움막들을 관광목적으로 확장시킬 장기적인 계획을 갖고 있었다. 그러고 나서 디디에는 나쁜 소식을 전해 주었다. 브루스가 한밤중에 위성전화로 연락을 했는데, 플로리다 키 근처 어디에선가 갑자기 동력장치에 문제가 생겼다는 내용이었다. 하필이면 탐험에 정말 절실히 필요한 새 배에 문제가 발생했다니! 브루스는 약속을 지키지 못할 것 같았다. 따라서 우리의 모든 일정이 위태로워졌다. 브루스의 배만이 필요한 장비를 실을 수 있을 만큼 충분히 컸기 때문이다. 계획대로라면 우리에겐 그 배가 꼭 필요했다.

나는 내 기분을 망치지 않기 위해 기분전환을 하려고 시도했다. 독일팀은 현장의 여건에 익숙해져야 했고, 그 다음엔 장비들을 움막에 쌓아 놓아야 했다. 우리가 일을 끝마치자, 프랑수아즈의 조그만 레스토랑의 그늘진 베란다에 차려진 맛 좋은 음식냄새가 우리를 유혹했다. 우리가 없는 동안 프랑수아즈가 음식을 장만했던 것이다. 잠시 후 우리는 모두 맛있게 식사를 하며, 둥근 만 너머로 떨어지는 해를 감상했다. 하늘은 점차 심홍색으로 물들어 갔고, 아이티 본토에서 우리 쪽으로 다가오는 저녁안개 사이로 카이에서 반짝이는 불빛들을 볼 수 있었다.

저녁 늦게 브루스가 연락을 했는데, 배를 다시 가동할 수 있게 되기를 바랐던 기대가 무너졌다. 수압장치에 발생한 문제는 그 순간엔 해결이 불가능했고, 그래서 브루스는 우선 항공편으로 우리와 합류하길 원했다. 우리는 탐험에서 가장 중요한 퍼즐조각을 단념해야만 했다. 독일 발굴팀은 상당히 실망했다. 브루스의 범선은 우리가 한 협약에서 빠질 수 없는 요소였고, 우리 계획의 중요한 부분이었다. 그 배에 사이드 스캐닝 소나와 자기 탐지기를 설치하려고 했었다. 일종의 불만이 독일팀과 우리 사이에 확산됐지만, 나로선 그 순간 그 상황을 바꿀 수 없었다. 우리는 임기응변으로 대처하는 수밖에 없었다.

사실 일 아바슈 섬은 대신할 수 있는 배를 당장 빌릴 수 있는 곳은 아니다. 디디에는 생활의 불편함을 감수하면서까지 자신의 소형 모터보트를 우리에게 빌려 줄 수 있다고 했다. 다행히 브루스가 레리타주호를 일 아바슈 섬에 두고 갔었다. 그럼에도 그건 이상적인 해결책은 아니었는데, 레리타주호는 10미터가 채 안 되는 길이로 너무 작았으며, 성능이 약한 소형모터 하나만 장착돼 있었기 때문이다. 하지만 우리는 선택의 여지가 없었는데, 탐험여행에 매일 막대한 비용이 들어갔기 때문이다. 브루스는 마지못해서 자신의 배를 독일팀에게 넘겼고, 그들은 그 다음 날 온종일 레리타주호와 디디에의 보트에 사이드 스캐닝 소나와 자기 탐지기를 설치하기에 바빴다.

자기 탐지기와 사이드 스캐닝 소나는 가라앉은 배를 찾는 데 가장 좋은 보조수단이다. 사이드 스캐닝 소나는 작은 어뢰처럼 생겼으며, 배 뒤 케이블에 연결되어 끌어당겨진다. 사이드 스캐닝 소나는 기술적으로 일반 수중 음파 탐지기와 기능이 같다. 따라서 수중의 물체가 반향하는 음파를 발송한다. 그렇게 해서 해저의 3차원적 영상을 받게 되는 것이다. 그러면 프린트나 모니터 상으로 인위적인 형성물들을 아주 분명하게 식별할 수 있는데, 배의 잔해가 오래 전에 산호와 다른 바다생물로 뒤덮여 있다 할지라도, 그들 특유의 형태를 유지하고 있는 경우가 허다하기 때문이다.

반면에 자기 탐지기는 자기의 변화를 측정해 보여줌으로써, 금속 물체를 찾아낼 수 있는데, 보다 정확히 말하자면 모래나 산호 군체를 뚫고 자기를 측정한다. 따라서 산호에 뒤덮인 대포나 모래 속에 파묻혀 있는 닻은 자기 탐지기의 모니터 화면에 생생하게 나타난다. 그건 첫 번째 탐험여행과 비교할 때 우리에게 엄청난 기술적 진보를 의미했다. 이제 해저에서 일일이 눈으로 뒤져야 하는 일에서 벗어날 수 있게 된 것이다. 그래서 우리는 측정결과를 연구한 뒤 충분히 흥미가 있다고 판단되는 장소만 골라서 잠수할 작정이었다.

그런데 유감스럽게도 우리가 먼저 탐색하려 했던 장소에 자기 탐지기와 사이드 스캐닝 소나를 사용할 수 없다는 사실이 드러났다. 우리는 실종된 자메이카 머천트호에 편입시켰던 잔해들을 발견한 매드 리프의 그 장소에서 시작할 예정이었다. 잔해들은 그곳에서 수심이 최고 2~3미터밖에 안 되는 깊이에 놓여 있었는데, 첨단장비를 사용하기엔 너무 얕다는 사실이 밝혀졌다. 레리타주호가 사이드 스캐닝 소나를 암초 위로 끌어당겼더라면, 산호에 걸리는 걸 피할 수 없었을 것이다.

하지만 수심이 깊은 곳들도 있었고, 개중엔 첫눈에 유망해 보이는 곳들도 있었다. 우리는 지난 수 백 년간 몰아친 폭풍에 의해 암초에서 떠밀려간 수많은 배의 잔해들이 암초 동쪽 깊은 물속에 여전히 놓여 있을 게 틀림없다고 추측했다. 그래서 우리는 독일팀과 암초 동쪽에서 약 길이 1200미터, 너비 150미터의 지대를 샅샅이 뒤졌다. 탐색은 이틀이나 걸렸지만 아무것도 발견하지 못했다.

나는 그 결과를 해저가 그곳에서 급경사를 이루고, 배가 충돌해서 조각날 만한 장애물이 전혀 없다는 사실로 설명하려고 애를 썼다. 정말 모든 잔해들이 유일하게 암초의 '정상' 위에만 놓여 있는 게 분명한 것 같았다. 하지만 그럼 옥스퍼드호는 어떻게 된 걸까? 모건의 기함은 어쨌든 암초에 좌초해서 가라앉은 것이 아니고 폭발로 인해 파괴됐다. 그 배는 여하튼 수심이 깊은 물속에 놓여 있어야만 했다! 어떤 선장도 옥스퍼드호의 홀수와 최소 회전반경을 가진 배를 그렇게 위험한 암초 근처에 접근시킬 배짱은 없었을 것이다. 나는 17세기에 건조된 전형적인 배가 안전하게 정박할 수 있었을 장소를 찾아야 한다고 확신했다.

옥스퍼드호 같은 배는 4~5미터의 홀수를 갖고 있고, 안전하게 조종하기 위해선 용골 밑으로 2~3미터가 더 필요했을 것이다. 따라서 수심이 7미터가 안 되는 지역들을 사전에 모두 제외시킬 수 있었다.

독일팀은 실망한 후 다시 활력을 얻었다. 그들도 마찬가지로 무조건 옥스퍼드호를 발견하고 싶어했다. 독일팀은 체계적으로 수심이 깊은 해저를 수중 탐지기와 자기 탐지기로 수색하기 시작했다. 실비아와 나는 당분간 할 일이 별로 없었다. 우리 촬영팀이 없는 상황에선 실직당한 거나 다름없었다. 우리는 그 시간을 섬에 대한 안목을 넓히는 데 이용했고, 선창 뒤에 있는 언덕들 위로 올라갔다. 그곳에서는 주위 경관을 모두 잘 볼 수 있었다. 북쪽으로 눈을 돌리면 본토의 작은 해안도시 카이와 그 뒤의 높은 산들까지 보였다. 서쪽으론 아바쿠의 암초와 그 뒤로 놓여 있는 아이티의 곳을 볼 수 있었다. 동쪽으로는 저 멀리 매드 리프 위에서 홀로 녹슬어 가고 있는 화물선들을 알아볼 수 있었고, 남쪽에는 섬의 라 아트 언덕들이 자리 잡고 있었고, 그 뒤로 사주와 여울 그리고 공해까지 보였다.

실비아가 사진을 찍는 동안, 나는 우리 바로 뒤 섬 안쪽에 있는 작은 민물호수를 다시 한 번 관찰했다. 나는 잠시 머뭇거렸다. 그

호수는 원형에 가까웠다……. 내가 어디에서 이 호수를 보았었더라? 옳거니, 우리가 조사를 하는 동안 열람했던 많은 옛 지도들 중 하나에서였다. 그 호수가 옛 문서들 속에서 항상 언급됐던 민물저수지는 아닐까?

해적들은 민물이 필요했고, 그건 의심할 여지가 없다. 그들은 대개 몇 주를 해상에서 보냈기 때문에 민물이 다량으로 필요했다. 그리고 포트모건뿐만 아니라 주변 어디에도 우물은 없었고, 단지 빗물을 받는 물통들뿐이었으며, 추측컨대 300년 전에도 상황은 다르지 않았을 것이다.

그러나 호수는 포트모건의 자연적인 항구로부터 너무 멀리 떨어져 있었고, 그 사실이 내 이론을 의심하게 만들었다. 물통들은 막대한 노력을 기울여 먼저 언덕 위로, 그러고 나선 다시 언덕 아래로 옮겨져야만 했을 것이다. 하지만 민물저수지가 그렇게 멀리 떨어져 있었다면, 모건의 배들은 그곳 만 안에 전혀 정박하지 않았을지도 모른다……. 브루스와 반드시 상의해야 할 내용이었다.

그 다음 며칠간 독일팀이 계속해서 해저를 탐색하는 동안, 실비아와 나는 최소한 사진으로나마 섬을 보여 주기 위해 바그너와 많은 시간을 보냈다. 바그너는 우리를 자신의 집으로 데리고 갔고, 자기 아내와 3개월 된 아기를 소개시켰다. 그 집은 바그너가 직접 지었는데, 흰색으로 칠을 했고, 녹색의 창틀과 특유의 짚으로 이은 지붕을 갖고 있었다. 유리창은 그 기후에서 불필요했고, 나무덧문이

달린 네모나게 뚫은 공간이면 충분했다. 화장실은 없었고, 두 개의 긴 의자, 선반 그리고 서너 개의 의자 외엔 가구가 전혀 없었다. 열심히 공부하는 바그너의 영어 실력이 우리의 크레올어 실력보다 훨씬 뛰어나긴 했지만, 의사소통은 여전히 좀 힘들었다.

실비아와 나는 매일 어부들로부터 조언을 얻었는데, 그들은 암초에서 자신들의 그물이 걸려 있는 장소를 보고했다. 아마 역사적인 배들의 잔해인지도 몰랐다. 들은 장소들 중 몇몇은 멀리 떨어진 아바쿠의 암초에 위치해 있었다. 우리는 그때까지 탐색을 하면서 아바쿠의 암초를 부차적으로만 생각했었는데, 앞으로는 같이 포함시켜야 할 것 같았다.

촬영팀과 브루스가 없는 상황에서 우리는 마치 개밥의 도토리 같은 신세였다. 우리가 어떻게 그런 텔레비전 다큐멘터리 영화를 찍어야 한단 말인가? 게다가 우리와 독일 발굴팀 간의 긴장은 점차 고조됐다. 발굴물이 적으면 적을수록, 그들은 더 조바심을 냈다. 나는 차츰 우리가 정말 동일한 목표를 추구하는지 의심이 들었다. 나는 인류를 위해 문화적 유산을 보존하길 원했는데, 그때문에 하필이면 오로지 돈벌이에만 혈안이 된 보물사냥꾼들과 관계를 맺게 된 건지도 몰랐다. 그러나 내가 더 큰 걱정을 하기 전에, 데이브 고데가 연락을 해 왔고, 도착을 통보했다. 그 다음 날 마침내 캐나다팀이 도착하자 나는 더없이 기뻤다. 모두 여행으로 지쳐 있었지만, 곧바로 그 다음 날 잠수하기로 결정했다.

제 11장
다시 시작된 추적

우리는 압축기와 발전기를 설치하고, 산소탱크를 채우며 열성적으로 첫 번째 출항준비에 착수했다. 독일팀이 벌써 며칠 전부터 레리타주호에서 탐색작업에 전념한 반면에, 우리는 이제 제대로 시작할 수 있게 됐다. 정오의 거센 물살을 피하려고, 우리는 이미 아침 일찍 바그너 사촌의 배를 타고 매드 리프로 출발했다.

그 배는 길이가 약 8미터에 가장 넓은 곳이 2미터였다. 상당히 큰 어선으로 노후한 선외모터뿐만 아니라 돛대를 고정시킬 수 있는 장치도 돼 있었으며, 돛대 역시 배 안에 놓여 있었다. 모터가 꺼질 경우, 돛이 달린 돛대를 간단히 구멍에 꽂고 범주해서 섬으로 돌아갈 수 있었다.

우리는 금세 포트모건으로 들어오는 진입로를 지키고 있는 작은 바위섬을 지나 우리가 18개월만에 다시 보는 매드 리프를 향해 나아갔다. 맞은편에 보이는 아이티 본토의 산꼭대기들은 여전히 아침 안개에 휩싸여 있었지만, 하늘만큼은 파랗게 빛났고, 남동쪽에선 미풍이 산들산들 불어왔다. 그날은 잠수하기에 정말 좋은 날이었다. 우리는 블루 노즈호를 찾아서 암초로 가는 그 구간을 매일 지나다녔던 지난번 탐험여행을 회상했다. 그러나 이제 우리는 규모가 더 큰 걸 찾고 있었고, 그건 모건 선장의 배들이었다. 나는 탐험이 시작될 때면 항상 나를 사로잡는 그런 사냥에 대한 열정을 다시 감지했다. 무엇이 우리를 기다리고 있을까? 여행이 끝나면 우리가 이미 지난 번 탐험여행에서 자메이카 머천트호를 발견했다는 걸 증명할 수 있게 될까? 그리고 첨단장비를 이용해서 드디어 침몰한 옥스퍼드호의 흔적도 발견할 수 있게 될까?

바그너의 사촌은 마치 당연하다는 듯 그 위험한 해역을 통과하며 배를 조종했다. 그는 어렸을 적부터 그 지역의 모든 산호초와 사주 위로 배를 몰았기 때문에, 그곳을 환히 알고 있었다. 그사이 우리는 시간을 허비하지 않기 위해 잠수준비를 했고, 도착하자마자 곧바로 물속으로 뛰어들 작정이었다. 매드 리프는 만을 두 구역으로 나누고 있고, 우리는 이제 매드 리프의 동쪽 지역을 통과했다. 암초의 한쪽은 수면이 거의 거울처럼 매끄럽고 고요했으며, 대서양을 향해 열려 있는 다른 쪽은 이른 시각이라 파도가 상대적으로 잔잔하게 남서쪽에서 암초를 향해 출렁거렸다.

우리는 지난번 탐험 때 개별적인 발굴장소의 정확한 위치를 위성항법장치로 확인하고 기록해 두었다. 이제 우리는 그 위성항법장치를 이용해 우리가 18개월 전에 떠났던 그 정박 지점을 찾기 시작했다. 정확한 위치로 배를 조종하기까지는 시간이 다소 걸렸지만, 우리는 곧 닻을 내릴 수 있었다. 배를 가능한 한 암초 가까이 접근시키기 위해, 우리는 닻줄을 좀 더 길게 풀어놓았다.

하지만 문제는 접근할 때보다 잠수를 마치고 다시 수면 위로 떠올라 배로 돌아가기 위해 물을 빠져나오는 데 있었다. 파도와 조류를 거슬러 헤엄쳐야 했기 때문이다. 브루스의 배가 있었더라면 구명보트를 이용해 아주 간단히 우리를 암초에서 빼냈을 것이다. 이제 우리는 근력을 이용해 배로 헤엄쳐 돌아오는 것 외에는 다른 방도가 없었다.

우리는 모든 준비를 마쳤고, 수중에서의 행동에 대해 다시 한 번 상의를 했다. 우리는 될 수 있는 대로 많은 발굴장소를 확인하고, 그들의 위치를 위성항법장치로 확인하며, 모든 걸 방수처리된 디지털카메라로 포착할 예정이었다. 드디어 우리는 물속으로 뛰어들었다.

수천 개의 기포로 이루어진 흰 소용돌이 속에서 서서히 가라앉으며, 나는 엄습하는 수중의 무중력 상태와 고요를 느꼈고, 동시에 부드럽게 암초 쪽으로 움직이는 조류를 감지했다. 1분도 채 되지 않아 우리는 산호 군체와 마주쳤는데, 산호 군체는 완만한 경사를 이루며 암초의 정상까지 뻗어 있었다. 우리는 거울처럼 맑은 물속에서 이미 우리 앞에 놓여 있는 대포들을 목격했는데, 대포들은 산호 딱지가 앉은 포문을 우리를 향해 내밀고 있었다.

첫 번째 산호를 보는 순간 나는 경악했다. 지구의 온난화는 지난 18개월간 파괴적인 활동을 계속했는데, 내가 우려했던 것보다 정도가 훨씬 심했다. 지난번 방문했을 때 아직 살아 있던 수많은 산홋가지들이 이제 죽은 채 회백색을 띠고 있었다. 나는 수천 년에 걸쳐 생성된 자연의 경이로운 작품이 단지 하나의 추억으로 남게 될 때까지 얼마나 걸릴지 자문해 보았다.

우리는 작업에 착수했다. 2인 1조로 저마다 맡은 구역을 샅샅이 뒤지기 시작했다. 에버렛과 나는 앞으로 헤엄쳐 나갔고, 곧이어 우리 왼쪽으로 두 문의 중형 대포들이 놓여 있었고, 좀 떨어진 앞쪽에 놓여 있는 닻의 윤곽을 발견했는데, 우리가 두고 간 그대로였다. 우리는 돌아왔다.

소리와 중력이 없는 상태에서 우리는 거울처럼 맑은 물속을 미끄러지듯 나아갔는데, 수면을 통과해 비치는 햇빛 속에서 물고기들이 노닐고 있었다. 나는 홀가분한 기분이었다. 우리는 운이 좋았는데, 이전에 잠수했을 때는 이날 아침처럼 물살이 잔잔했던 적이 한 번도 없었던 것이었다. 지난번 잠수 때는 전력을 다해 파도에 맞서야 했지만, 이날은 파도가 우리를 그저 부드럽게 암초 쪽으로 미는 정도였다. 그래서 우리는 정말이지 처음으로 방해받지 않고 상당히 넓은 지역을 탐색할 수 있었다.

우리는 지난번 탐험 때 중단했던 곳에서 시작했고, 평소의 방식을 따라 2인 1조로 나뉘어 암초를 샅샅이 뒤졌다. 우리는 산호 위나 산호 내에서 그리고 바다 밑바닥에서 발견한 것들을 모두 기록하고 분류했다. 그리고 우리의 기대는 어긋나지 않았다. 정말 어디를 보건 수세기 전의 유물들이 놓여 있었다. 대포와 닻뿐만이 아니고, 놋쇠 그리고 언뜻 보기엔 확인하기 힘든 금속들로 된 무수히 많은 작은 조각들, 쇠로 만든 가구와 문의 장식들, 동전 같아 보이는 물체들도 있었다. 파편들과 다른 작은 조각들도 추가됐다. 유물들은 모래 위에, 모래에 반쯤 묻힌 채, 산호에, 작은 분지에, 그렇게 도처에 널려 있었다. 우리는 기꺼이 그 유물들을 주워 모으고 싶었고, 그래서 이따금 나는 반사적으로 몸을 움찔거렸다. 발굴물을 한두 개 가져가는 것이 아무리 유혹적이었다고는 하지만, 우리의 임무는 오로지 사실을 증명하는 거였다.

그날 오후 일 아바슈 섬으로 돌아올 때, 우리는 너무나 지쳐서, 몇몇은 이미 배 안에서 잠이 들 정도였다. 잠수는 체력을 극도로 소모시킨다. 먹기는 엄청 먹지만, 매 탐험여행마다 평균 10~12파운드(약 4~5kg—역주) 정도는 체중이 줄었다. 우리가 닻을 내리고, 빈 산소탱크를 압축기에 달기 위해 장비를 배에서 내리자, 바그너는 그때를 이용해 일요일인 그 다음 날 있을 행사에 우리를 초대했다. 매주 열리는 닭싸움이었다.

　다음 날 오전 우리가 막 장비점검을 마치자, 바그너의 친구인 펠릭스가 우리를 데리러 왔다. 닭싸움이 대부분의 나라에서 금지돼 있는 것은 당연하다. 하지만 일 아바슈 섬의 주민에게 닭싸움은 우리에게 주말이면 찾아오는 분데스리가 축구와 매일반인데, 주중의 단조로움으로부터 벗어나는 기분전환이자 모두 함께 열광하며 돈 내기를 할 수 있는 행사이다. 닭싸움에 참여하기 위해 온갖 연령층의 남자들이 매주 일요일 정오 무렵 부락에 모인다.

　닭싸움 장소로 다가갈수록 소음이 커지고 사람들이 더 밀집해 있었다. 많은 남자들이 긴장해서 꼬꼬댁거리는 닭들을 팔 옆에 끼고 있었다. 부락 외곽의 한 공터에 가로 4미터, 세로 6미터 넓이 정도의 작은 목조건물이 서 있었다. 지붕은 야자수 잎으로 만들어졌고, 사방이 트여 있었다. 중앙에는 찰흙으로 다져진 길이와 너비가 각각 2미터 정도의 경기장이 만들어져 있었다. 움막 앞에는 아낙네들이 서서 캐슈너트(아메리카 열대지방산 옻나무과 식물의 열매—역주), 망고, 청량음료 등을 팔았다. 팬들의 함성과 내부의 비좁음은 정말 겁이 날 정도였다. 사람들은 가능하면 좋은 자리를 차지하려고 밀고

당기며 소란을 피웠다. 첫 번째 싸움이 시작되기 전 큰 소리로 마지막 돈내기가 성사됐다.

첫 번째 싸움은 곧 시작될 것 같았다. 혼잡한 곳으로부터 좀 떨어진 곳에서 낯익은 얼굴을 발견했는데, 바그녀였다. 바그녀는 자신의 닭 앞에 무릎을 꿇고 싸움에 대비하고 있었고, 그 옆에는 친구들이 서 있었다. 우리가 바그녀에게 다가가자, 바그녀는 자기 닭이 그날 처음으로 싸움을 하는 것이며, 온 가족이 그 닭에게 돈을 걸었다고 설명했다.

닭들이 싸우는 주위로 사람들이 너무 몰려들어서, 작은 투기장 내에서 무슨 일이 벌어지는지 알아보기가 힘들었다. 마침내 중앙의 정사각형 투기장을 간신히 볼 수 있었는데, 그때 막 싸움이 끝난 것 같았다. 패배한 닭이 이긴 닭을 피해 절룩거리며 주인에게 달려갔고, 닭주인은 닭을 정성스럽게 안아들고 그곳을 떠났다.

필리핀에서 카리브까지 여전히 세계의 많은 지역에서 행해지고 있는 닭싸움엔 아주 다양한 규칙들이 있다. 체급이 구분돼 있고, 닭들은 애지중지 특별한 관리와 훈련을 받으며 도핑까지 받는데, 물론 닭에게서 도핑여부를 증명하기란 쉽지 않다. 때때로 닭의 발톱을 날카롭게 만들어서 죽을 때까지 싸움을 시키는 경우도 있는데, 그런 피비린내 나는 싸움을 금지시키려는 노력에도 불구하고 근절되지 않고 있다. 다행히 일 아바슈 섬에선 닭들이 서로 우위를 다퉈 승부를 판가름했고, 진 닭이 절룩거리며 달아나는 걸로 경기가 끝났다.

이제 바그너의 차례가 됐다. 바그너 주위에서 구겨진 지폐들이 주인을 바꾸는 동안, 바그너는 자기 닭을 경기장으로 데려갔다. 내기에 거는 돈의 액수는 컸는데, 몇 분 내에 일주일간 번 돈을 모조리 날릴 수도 있었다. 바그너의 닭은 아직 어려 보였고 주위의 혼란과 소음으로 흥분된 상태였다. 상대편 닭은 검은 점이 촘촘히 박힌 깃털을 갖고 있었고, 무게가 최소한 1파운드(약 450g—역주)는 더 나갔다. 수많은 흉터로 미루어 볼 때, 이제 진짜 베테랑이 바그너의 닭과 시합을 하는 게 분명했다.

신호에 따라 닭주인들은 닭에서 손을 떼었다. 닭들은 거칠게 상대방에게 달려들었고, 날카로운 부리로 서로 깃털을 쪼며, 발톱으로 할퀴었다. 바그너의 닭은 용감하게 싸웠지만, 노련하고 나이가 더 든 상대 닭의 적수가 아니었고, 곧 물러나야 했다. 이미 깃털 사이로 피가 흐르고 있었다. 뭔가 나쁜 일이 발생하기 전에 바그너가 경기장 안으로 뛰어들어가 닭을 안아들었다. 바그너는 실망한 기색을 보이지 않았고, "닭을 좀 더 훈련시켜야 해요. 하지만 언젠가는 이 닭으로 정말 돈을 벌 수 있게 될 거예요."라고 말했다.

여섯 번의 경기가 더 있은 후 시합은 모두 끝났다. 사람들은 서서히 흩어졌고, 다음 주말에 있을 닭싸움을 기약하며, 몇몇은 조금 부유해지고, 몇몇은 가난해진 채 집으로 돌아갔다.

우리가 포트모건으로 돌아오자, 뜻밖의 일이 우리를 기다리고 있었는데, 브루스와 리처드가 우리와 같은 경로를 통해 그곳에 도착했던 것이다. 배는 없었지만, 이제 그 상황을 바꿀 수는 없었다. 탐험이 그때까지 만족스럽게 진행되지 않았기 때문에, 나는 브루스와 상의할 일이 많았다. 독일팀은 상당히 화가 나 있었다. 내가 브루스의 배를 약속했기 때문이다. 게다가 그들은 그때까지 옥스퍼드호의 흔적을 하나도 발견하지 못한 상태였다. 우리가 서로 건설적으로 협력하려면, 즉각 무언가 해결책을 강구해야만 했다.

나는 무엇보다도 섬 안에 있는 민물호수에 관해 브루스와 의논하고 싶었다. 옛 지도들을 고려할 때, 그 호수가 모건 부대의 저수지일 가능성이 있기는 했지만, 그사이 나는 바다로부터 떨어진 거리 때문에 더 이상 그걸 믿지 않고 있었다. 더구나 그 물이 모건 시대에 마실 만했는지도 의심스러웠다. 어쨌든 나는 원주민들이 섬에서 모은 빗물이 정말 다 떨어진 경우에만 그 물을 마시며, 그럴 경우 사전에 물을 끓여야 한다는 사실을 바그너를 통해 들어서 알고 있었다.

그러나 우리는 모건의 거점에 민물 수원이 있었음에 틀림없다는 사실에는 의견이 일치했다. 옛 문서들엔 모두 그렇게 기록돼 있었기 때문이다. 어쩌면 우리가 단순히 틀린 장소에서 찾고 있었던 건 아닐까? 그렇다면 옥스퍼드호가 그 섬 앞에서 침몰했다는 모든 역사적 보고들은 오류일 것이다. 수세기에 걸쳐 적어도 다섯 개의 서

로 다른 명칭이 그 섬에 붙여진 데도 그 원인이 있는지 몰랐는데,
아일 에이 바슈, 아일 아바체, 일 드 바카스, 일 아바카, 아일 오브
애시 등이었다. 그걸로 독일팀이 성능이 우수한 장비에도 불구하
고 왜 여태껏 아무것도 발견하지 못했는지도 설명될 수 있을 것이
다. 우리는 생각을 풀어나갔다. 그 사실은 우리가 바다에서 쉽게
다다를 수 있었던 민물 수원이 있는 장소를 찾아야 한다는 걸 의미
했다. 하지만 그건 말처럼 쉬운 게 아니었다. 우리는 어디서 새로
운 탐색을 시작해야 할지 몰랐으며, 우리 이론이 맞는지조차 몰랐
다. 우리는 일단 그 문제를 보류해 두고, 종전대로 일을 계속하기
로 결정했다.

어느 날 아침 위성전화를 통해 뜻밖의 방문이 통고됐다. 아이티
문공부의 한 관계자가, 가스파르가 이른 오후에 우리를 방문할 예
정이라고 내게 전했던 것이다. 우리는 어쩐지 그런 시찰이 있을 것
이라고 예상했었다. 설령 내가 가스파르에게 우리의 학술적 관심사
를 납득시키려고 모든 노력을 다했다 하더라도, 아이티 정부가 의
심을 품을 만한 이유는 충분했다. 그들은 이미 모험가나 보물을 찾
는 자들이 학술이라는 미명하에 오로지 약탈행각을 벌이고, 가라앉
은 전설적인 보물선들을 추적하며 역사적 유물들을 황폐화시키고,
금은보화에 대한 탐욕에 사로잡혀 난파선들을 영원히 파괴시킨 사
실들을 너무나도 자주 경험했던 것이다.

가스파르는 이른 오후에 여섯 명의 수행원을 동반하고 카이에서

배를 타고 섬에 도착했다. 수행원들 중엔 관광청 관계자 두 사람과 일 아바슈 섬의 시장도 있었다. 인사가 끝난 후 나는 해도를 이용해 우리 계획이 어느 정도 진행됐는지 설명하기 시작했고, 첫 번째 잠수결과를 보고했다. 가스파르는 관심이 있는 듯 영화촬영의 진척에 대해서도 질문을 했다. 그는 우리가 촬영을 위해 섬으로 가져온 방대한 규모의 장비를 보자 놀란 기색이 완연했다. 장비는 우리가 촬영팀이라고 사칭한 것이 아니었다는 사실을 증명했다. 우리가 그 나라의 해역에 있는 수중박물관을 보호해야 할 필요성에 대해 이야기를 시작하자, 가스파르는 그런 계획을 뒷받침하는 데 필요한 자금이 없다고 호소했다. 나는 그에게 18개월 전에 촬영한 블루 노즈 호에 관한 다큐멘터리 영화를 보여 주었고, 수행원들은 우리가 고용했던 원주민 도우미들과 대화를 나누었다. 그의 방문은 후원을 수락할지에 대한 시험인 게 분명했다. 가스파르 씨가 늦은 오후에 섬을 떠날 당시, 나는 아이티 정부의 후원자 한 사람을 발견했다는 인상을 받았는데, 그건 역사적 해양공원의 비전을 위해 필수적 조건이었다.

유감스럽게도 아이티 정부와의 좋은 관계가 두 번째 탐험여행에서 얻은 유일한 성과임이 밝혀지고 말았다. 우리가 매드 리프를 거의 한치도 빼놓지 않고 뒤졌고, 독일팀이 그 암초 주변의 수심이 깊은 지역들과 고려할 만한 다른 만들을 자기 탐지기와 사이드 스캐닝 소나로 조사했지만, 탐험여행이 끝날 때까지 옥스퍼드호의 흔적을 발견하지 못했다.

게다가 독일팀과 우리 사이의 분위기는 눈에 띄게 냉각됐다. 그 시초는 그들이 더 큰 브루스의 배를 단념할 수밖에 없었다는 사실이었고, 그러자 흥미로운 난파선들이 가장 많이 놓여 있는 곳, 즉 그 납작한 암초 위에 자신들의 장비를 투입할 수 없었으며, 종국엔 옥스퍼드호의 흔적을 전혀 발견하지 못했다는 것이다. 그사이 우리는 그 팀이 우리와는 다른 목적을 추구하고 있다는 인상을 받았다. 그들의 관심사는 고고학적 연구라기보다는 오직 보물을 추적하는 것뿐인 게 분명했다.

그래서 우리는 탐험여행이 끝난 후 관계를 끊었는데, 유감스럽게도 우리의 공동작업은 또 다른 여파를 일으켰다. 시간이 어느 정도 흐른 후 나는 독일 발굴팀이 이번엔 한 텔레비전팀을 동반하고 또 한 번 카리브해로 떠난 사실을 알게 됐다. 그들은 그곳에서 자칭 놀라운 발견을 했다고 주장했다. 일 아바슈 섬 앞의 매드 리프에서 자메이카 머천트호의 잔해를 '발견'했다는 것이다. 다만 그들은 자신들에게 모건의 배가 놓여 있다고 추정되는 발굴 장소에 관한 정보를 제공한 것이 우리라는 사실을 언급하는 걸 '망각'했던 것이다. 1999년에 제작한 블루 노즈호─다큐멘터리 안에 자메이카 머천트호에 관한 정보를 삽입한 건 잘한 일이었다. 그걸로 독일팀이 아니라 우리가 실제로 그 배를 발견했다는 걸 증명할 수 있었기 때문이다.

약 25일 후 아이티를 다시 떠날 당시, 우리는 탐험의 성과를 객관적으로 정리할 수 있었다. 모든 긴장 관계에도 불구하고 나는 첨단 장비를 갖춘 팀을 제공한 독일 회사에 감사하는 마음이었다. 자기 탐지기와 사이드 스캐닝 소나를 이용한 방대한 조사는 우리에게 적어도 다음과 같은 사실을 확인시켜 주었다. 옥스퍼드호는 수많은 역사학자와 전문가들 그리고 우리가 그때까지 추측했던 곳에 놓여 있지 않았다. 모건은 300여 년 전에 전혀 다른 곳을 정박 지점으로 선택했던 것이다. 비록 우리가 옥스퍼드호를 찾지는 못했지만, 자메이카 머천트호 — 아니면 그럴 거라고 여겼던 배 — 의 발굴 장소만큼은 잠수를 하면서 완벽하고 아주 정확하게 기록되었다.

원래 포르토프랭스대학과 공동으로 모든 발굴 지점에서 약간의 견본들을 수집할 계획이었지만, 정부가 자금을 조달할 수 없어서, 그것마저도 이루지 못했다. 우리는 그 대신에 정확히 확인된 여러 지점에서 나중에 전문가로 하여금 시대적으로 정리시키기 위해 작은 발굴물들을 가져왔는데, 가령 작은 도자기 파편이나 작은 놋쇠장식 같은 것들이었다.

우리는 자메이카 머천트호의 안식처에서 도합 대포 아홉 문, 닻 두 개, 대포 받침대 하나 그리고 그 밖에 수많은 부품들, 놋쇠장식들, 유리와 도자기 파편, 산호에 뒤덮인 항아리들과 확인할 수 없는 다른 물건들을 발견했다.

우리가 체류하는 동안 섬의 일상을 필름에 담을 기회도 있었는데, 가령 어부가 보트를 건조하는 장면을 관찰했었다. 어부들은 대략 길이가 3미터이며 — 이따금 좀 더 길기도 하지만 — 두 사람이 탈 수 있는 통나무배를 이용한다. 통나무배는 대부분 마호가니의 목재를 깎아서 만드는데, 마호가니 목재는 특히 단단하며, 널리 퍼져 있는 흰개미 떼들에 의해 다른 나무들처럼 그렇게 쉽게 부식되지 않는다. 보트 건조기간은 대략 일주일 정도였다.

그 외에도 우리는 장례의식을 촬영하는 행운이 있었는데, 나는 그걸 주민들이 우리를 정말 신뢰한다는 증거로 여겼다. 장례에서도 역시 민속신앙과 가톨릭이 혼합됐다. 고인은 매장이 되기 전 신부로부터 축복을 받았다. 그러고 나서 가족들이 유해를 배에 태워 바다로 나갔고, 그곳에서 왼쪽으로 돌고, 오른쪽으로 돌며, 몇 번 원을 그리며 도는데, 고인으로 하여금 악령을 피하게 해주고, 악령이 고인의 육체를 더 이상 찾지 못하게 혼란시키기 위해서이다.

일 아바슈 섬 주민들은 내게 무척 소중해졌다. 우리가 옥스퍼드호를 찾는 목적을 이루지는 못했지만, 그럼에도 두 번째 탐험여행으로 세계의 이목을 잊혀진 카리브의 그 지역에 집중시키는 데는 성공했다. 전 세계의 신문과 텔레비전 방송국들이 자메이카 머천트호가 발굴된 것 같다고 보도했다. 우리가 발견한 것이 얼마나 높이 평가받았는지는 〈런던 타임스〉의 반응을 보면 알 수 있다. 그 신문은 모건의 배들 중 한 척을 발견한다는 것은 "학술적으로 로버트 밸러즈가 타이타닉호와 비스마르크호를 발견한 것과 똑같이 뜻깊은 일이다."라고 보도했다. 그 찬사는 우리를 자부심으로 가득 채웠고, 옥스퍼드호를 찾는 일을 포기하지 않도록 나를 채찍질했다.

제 12장

파나마의 멸망

파나마는 헨리 모건의 걸작품이 될 운명이었다. 파나마는 1519년 8월 15일 건설된, 태평양 연안에서 가장 오래된 스페인 식민도시였다. 1531년 정복자 프란시스코 피사로에 의해 페루가 함락되자, 그 도시는 얼마 지나지 않아 잉카제국에서 흘러 나온 금을 옮겨 싣는 장소가 됐다. 금은 그곳에 모여 보관됐고, 나중에 노새와 마차를 이용해 파나마 지협을 거쳐 파나마로부터 북쪽으로 70킬로미터 떨어진 농브르드디오로 옮겨졌으며, 마지막으로 대서양 연안에 위치한 푸에르토벨로로 운반되어 전설적인 스페인의 금 선단에 선적됐다.

1670년 말엽 모건이 파나마를 정복할 계획을 세웠을 당시, 파나마는 신세계에서 가장 풍요롭고, 현란한 스페인인들의 거주지 중 하나였다. 그 도시엔 주택만 약 7000채에 달했는데, 그 중엔 화려한 상인들의 별장이 무수했다. 거대한 창고들이 해안가에 즐비했고, 항구에는 금을 실은 스페인 배들이 드나들었다. 만 명이 넘는 인구가 그 도시에 거주했다. 파나마는 여덟 개의 수도원, 두 채의 성당 그리고 큰 병원시설을 갖춘 주교의 거주지였고, 성당 중 하나는 두 개의 탑이 딸린 주교좌 대성당이었다. 도시의 부유함에 걸맞게, 성당은 전혀 초라하지 않았다. 촛대, 성배 그리고 다른 성당의 집기들은 순금이나 은으로 만들어졌고, 명인의 솜씨로 제작된 제단 역시 금이었으며, 게다가 값비싼 그림들이 벽을 장식하고 있었다.

파나마의 문화생활은 유럽의 대도시에서나 볼 수 있을 정도로 번창했다. 극장에선 유럽에서 건너온 최신 작품들이 공연됐고, 그에 상응하게 도시는 많은 연극배우, 음악가 그리고 다른 예술가들로 붐볐다. 공휴일과 일요일엔 부유한 상인들의 가족이 도시를 에워싸고 있는 아름답게 가꿔진 정원을 산책했다. 교외의 풍요로운 목초지에선 수많은 소, 양, 염소들이 풀을 뜯었고, 들판에선 농부들이 도시에 공급하기 위해 과일과 채소를 재배했다.

그처럼 부유한 도시는 당연히 해적들의 공격을 예상해야 했다. 그러나 시민들은 나무와 찰흙으로 지어진 요새에 주둔하며 입항을 지키고 있던 강력한 스페인 수비대를 신뢰하고 있었다. 이미 수십 년 전인 1595년 영국의 해상영웅이던 프랜시스 드레이크 경이 그 도시를 점령하려고 시도했지만 실패했다. 곧 밝혀진 바와 같이, 어떤 함대도 파나마의 대포와 수비대를 이길 수 없었다. 누군가 내륙으로부터 그 도시를 정복하려 한다는 건 파나마의 수비대로선 상상할 수 없었는데, 그러기 위해선 먼저 수일간 모기가 득실거리고 앞이 안 보일 정도로 울창한 정글을 헤치고 나아가야 했기 때문이다.

그러나 그들은 모건을 계산에 넣지 않았다. 모건은 결코 평범한 인물이 아니었고, 천재적인 전략가였으며, 파나마의 취약점을 즉시 간파했고, 해적군대를 정글을 헤치고 파나마로 몰아대기에 필요한 파렴치함과 의지를 소유하고 있었다. 1670년 말 모건은 버커니어들을 대규모 작전참모회의로 불러들였다. 일 아바슈 섬 앞의 지역이 또 다시 출발점이었다. 36척의 배에 탄 1800명의 해적들이 웨일스 출신인 모건의 부름에 응했고, 항해 목적지를 듣기 원했다. 모건은 해적들로 하여금 자신의 계획에 구미가 당기도록 하는 데 재차 성공했다. 그는 해적들에게 헤아릴 수 없을 만큼 많은 금을 약속했던 것이다.

모건의 계획은 대담했지만 지극히 소모적이고 위험했다. 파나마 운하가 아직 없던 터라, 모건의 병력은 도보로 밀림을 헤치고 높은 산악을 넘으며 진군해야 했다. 지도나 이어지는 길도 없었고, 유일하게 인디언들이 사용하는 통행하기 힘든 오솔길뿐이었다. 함대는 출항했다. 그들의 목적지는 우선 파나마의 배후에 위치한 산로렌조 요새였는데, 그곳에서 샤그르 강이 대서양으로 흘러 들어갔다. 소규모 수비대는 승산이 전혀 없었다. 수비대는 압도적인 버커니어들의 급습을 그리 오래 견뎌내지 못했다. 전투는 순식간에 끝났고 요새는 모건 부하들의 수중으로 떨어졌다. 이제 모건의 계획은 제2단계에 접어들 수 있었다. 모건은 버커니어들에게 큰 카누를 건조하라고 지시했다. 그는 그 카누를 타고 샤그르 강을 거슬러 노를 저어 갈 작정이었다. 함대의 배들은 그 계획에 적합하지 못했다. 배들의 흘수가 너무 깊었고, 게다가 그 배들은 범선인 반면에, 필요했던 건 노를 저어 가는 배였다.

며칠 걸리지 않아 모건은 1400명의 병력과 함께 약 40척의 카누에 승선했고, 나머지 부하들을 점령군으로 산로렌조에 잔류시켰다. 그들의 임무는 만일의 경우 스페인 병력이 버커니어들의 뒷덜미를 치지 못하게 대비하는 거였다. 모건은 부하들에게 식량을 가져가지 못하게 지시했고, 배가 운반할 수 있을 만큼 많은 탄약과 무기를 싣게 했다. 그는 파나마로 행군하는 중에 충분히 식량을 조달할 수 있을 거라고 예상했다. 도중에 약탈할 수 있는 스페인의 정착촌이나 농원, 대농장들이 수두룩했기 때문이다.

그러나 모건은 그 점에서 오판을 했다. 그의 병력이 남의 눈에 띈 것은 당연했다. 하지만 모건은 내륙에 정착해 있던 스페인인들이 자신들의 전 재산을 버커니어의 수중에 들어가게 할 바엔 차라리 태워 버릴 거라곤 예상하지 못했다. 대략 하루가 지난 후 해적들이 노젓기를 멈추고 주변의 부락과 대농장을 약탈하려 했을 때, 그들은 소실된 건물과 텅 빈 창고 외엔 아무것도 발견할 수 없었다. 다른 부락에서도 상황은 마찬가지였다. 4일째 되는 날 해적들은 굶주리고 지친 상태에서 교역기지인 토르나카발로스에 당도했다. 그러나 그곳에도 역시 이미 스페인인들이 식량을 모두 가지고 달아난 상태였다. 해적들이 유일하게 찾을 수 있었던 건 낡은 가죽포대 몇 개였다. 그들은 절망한 나머지 가죽을 길쭉하게 잘라서, 강물에 불려 먹으려고 시도했다. 6일째가 돼서야 비로소 해적들은 옥수수가 가득 찬 헛간을 하나 발견했고, 딱딱한 옥수수를 있는 그대로 게걸들린 것처럼 삼켰다. 7일째 되는 날 해적들은 사람들이 아직 살고 있는 것처럼 보이는 산타크루스 부락에 도착했다. 그러나 주민들은 해적들이 오는 걸 보자, 마찬가지로 부락에 불을 지르고 달아났다. 지친 해적들은 그들의 뒤를 쫓을 수도 없었다. 개와 고양이 서너 마리만 폐허 사이를 돌아다닐 뿐이었고, 곧 해적들의 허기를 채우는 데 희생됐다.

해적들은 다른 방도가 없었다. 쇠약해진 버커니어들은 이제 도보로 진군을 계속해야 했고, 파나마 방향으로 울창한 정글을 헤치며 나아갔다. 많은 해적들이 이질에 걸려 고생했고, 열병으로 몸을 떨었다. 차츰 포기할 생각을 하는 자들이 생겼고, 반란의 기미가 보였다. 그러나 모건은 재차 그들의 탐욕에 호소하며, 해적들에게 파나마에서 기다리고 있을 금과 보석, 헤아릴 수 없는 재물을 상기시켰다. 그렇게 해적들은 행군을 계속했고 밀림을 헤치며 나아갔다. 그러던 중 스페인인들의 지원병력이던 인디언들과 처음으로 교전이 있었다. 해적들은 자신들이 처한 상황에도 불구하고 쉽게 승리할 수 있었다. 인디언들이 단지 활과 화살로만 무장을 했었기 때문이다. 소수의 모건 부하가 희생됐지만 모건을 저지할 수는 없었다. 타오르는 스페인의 정착촌을 뒤로 한 채 그들은 파나마 방향으로 진군을 계속했다.

9일째 되던 날 새벽에 비가 내리기 시작했다. 해적들은 온전한 움막 몇 채를 찾는 데 성공했고, 그곳에 화약과 무기를 보관할 수 있었다. 젖은 화약은 그들 계획의 종지부를 의미했을 것이다. 대부분의 모건 부하들은 그날 밤을 무방비 상태로 빗속에서 보내야 했고, 열병은 계속해서 번져 나갔다.

그러나 결국 해냈다. 9일째 아침 해적들은 정글을 빠져 나와 한 산에 이르렀고, 그 아래에 파나마가 놓여 있었다. 계곡에선 소, 말, 당나귀들이 풀을 뜯고 있었고, 굶주린 해적들에겐 틀림없이 천국처럼 보였을 것이다. 그들은 도살잔치를 시작했고, 며칠만에 처음으로 배가 터지게 먹을 수 있었다.

파나마는 이제 사정거리에 있었다. 모건은 부하들을 잔뜩 먹게 했고, 그러고 나서 도시를 향해 행군을 계속했다. 정찰병들이 처음으로 스페인 병사들과 마주쳤으나, 스페인 병사들이 신속히 퇴각하는 바람에 전투가 벌어지진 않았다. 해적들은 파나마가 내려다 보이는 언덕 위에 야영지를 설치했다. 모건은 도시를 향한 대돌격을 앞두고, 혹사당한 병력에게 마지막 휴식을 취하도록 지시했다.

버커니어들이 산로렌조를 출발한 지 열흘째 되는 날 아침 파나마를 향한 대공격이 거행될 예정이었다. 나팔수, 호적수, 고수들이 모건의 병사들에게 공격개시를 알렸다. 오랜 행군 뒤에 1000여 명의 전투능력이 있는 해적들이 남았는데, 나머지는 기아와 질병으로 목숨을 잃었던 것이다. 모건은 정면으로 도시를 공격하지 않고, 측면공격을 위해 숲을 통과하는 힘든 길을 선택하기로 결정했다. 그 사실은 스페인인들에게 뜻밖의 전환을 의미했다. 그들은 정면공격을 예상하고 해적들이 올 방향으로 진지를 구축했던 것이다. 바리케이드와 대기시켜 놓은 포병대는 이제 소용이 없었고, 그 대신 정정당당하게 야전에서 일대일로 해적들에게 맞서야 했다.

정글을 통과하는 오랜 행군 뒤에 기력이 바닥난 모건의 해적들에게 상황은 유리해 보이지 않았다. 해적들이 숲에서 나오자, 스페인 총독이 배치한 엄청난 병력이 언덕 아래 평지 위에 집결해 있는 것을 발견했다. 2100명의 보병과 600명의 기병, 게다가 엄청난 규모의 거친 황소 떼를 앞세워 몰고 오는 인디언과 노예들이었다. 해적들은 경악했다. 그곳엔 충분히 휴식을 취했고, 수적으로 거의 세 배나 우세할 뿐만 아니라, 이중으로 위험한 기마 병력까지 소유한 군대가 자신들과 대치하고 있었다. 해적들은 많은 전투에서 수적으로 우세한 상대를 만나긴 했지만, 수적인 우세가 그렇게 엄청났던 적은 한 번도 없었다. 그들은 이제 어쩔 수 없이 모든 걸 한 판 승부에 걸어야 했다.

모건은 아직 두 개의 비장의 무기를 갖고 있었다. 그는 태양이 곧바로 해적들의 등 뒤로 떠오르고, 스페인 병사들에겐 가차 없이 눈을 자극하도록 공격시점을 선택했다. 또한 모건은 지난 며칠간 내린 비가 땅을 진창으로 만들어 기병대를 제지할 것이라는 사실을 알고 있었다. 어쩌면 그 두 요인이 스페인 병력의 수적인 우세를 극복할 수 있을지도 몰랐다.

이제 결정이 내려져야 했다. 한 쪽엔 영양 상태가 좋고, 무장이 잘 되고, 훈련된 스페인 국왕의 병사들이, 그리 멀지 않은 반대쪽엔 거칠고 피에 굶주린, 더 이상 잃을 것이 없는 집단이 서로 대치하고 있었다. 모건은 공격나팔을 불도록 지시했다.

북, 피리, 나팔 소리가 귀가 먹을 것처럼 요란하게 울리는 가운데, 버커니어들은 네 조로 나뉘어 언덕 아래로 진격하기 시작했다. 스페인 기병대는 즉각 움직였다. 하지만 모건이 예상한 대로였다. 땅은 질척거렸고, 말들은 느린 속도로밖에는 전진하지 못했으며, 비틀거리거나 구덩이에 빠져 움직이질 못하기도 했다. 모건의 저격수들은 그보다 더 나은 목표물을 바랄 수 없을 정도였고, 접근하는 스페인 기병대를 향해 연달아 일제 사격을 가했다. 보병들이 느릿느릿 뒤따라오고, 노예들과 인디언들이 황소 떼를 해적들의 대열

쪽으로 모는 동안, 기병들은 추풍낙엽처럼 쓰러져 갔다. 그런데다 버커니어들에 대항하는 데 황소를 이용하는 것이 결코 좋은 방법이 아니었다는 사실이 명백해졌다. 총소리와 전투의 소음으로 겁에 질린 황소들을 도저히 교전이 벌어지고 있는 쪽으로 몰 수가 없었고, 그나마 버커니어들 근처로 접근한 얼마 안 되는 황소들도 즉시 총에 맞아 쓰러졌다.

그사이 스페인 보병들은 사정거리까지 해적들에게 접근했지만, 안정된 전선을 구축할 수 없었다. 대열은 놀라 날뛰거나 부상당한 기병대의 말들에 의해 번번이 무너졌고, 큰 소리로 울부짖는 황소들이 이리저리 내달렸다. 당당한 파나마의 기병대는 버커니어들에게 별다른 손실도 입히지 못한 채 섬멸됐고, 살아남은 소수의 기병들은 도망을 쳤다. 그건 스페인 보병들에게 지나친 충격이었다. 그들은 마지막으로 머스켓총(화승총의 일종—역주)을 발사한 뒤, 무기를 진흙탕에 내던지고 할 수 있는 한 빨리 도시 안으로 달아났다. 600여 명의 스페인 병사들이 전사했고, 또한 수많은 부상자들이 전장에 남겨졌다. 모건은 인정사정없이 부상자들을 전부 하나하나 총살시켰고, 그러고 나서 도시를 향해 돌격명령을 내렸다.

전투는 육탄전이 됐다. 모건의 해적들은 금세 도시의 바리케이드를 밀어 넘어뜨리거나 우회해서 도시 안으로 진입했다. 거리와 골목에서 스페인 병사들은 필사적으로 저항을 했지만 결국엔 허사였다. 모건의 거친 해적들에게 더 이상 저항할 수 없다는 것과, 민간

인들이 이미 모두 숲 속으로 달아났다는 사실을 알아차리자, 얼마 남지 않은 병사들은 가능한 한 아무것도 버커니어들의 수중에 들어가지 못하게 하기로 결의했다. 그들은 자신들의 집에 불을 질렀고 요새를 폭파시켰다. 다른 문헌들은 모건 스스로 도시에 불을 지르게 했다고 주장하는데, 어쨌든 파나마의 거의 3분의 2가 불에 타 없어진 건 의심할 여지가 없다. 그런 상황에서도 모건의 부하들은 건물이 전부 소실되기 전에 많은 건물을 약탈하는 데 성공했다.

모건은 부하들과 함께 한 달이 넘게 폐허가 된 도시에 진을 치고 있었다. 모건은 번번이 부하들을 파견해서 숲을 샅샅이 뒤져 그곳에 감춰 둔 재물을 찾게 했다. 뿐만 아니라 해적들은 숨겨 놓은 금고를 찾기 위해 폐허이건 온전히 남아 있는 건물이건 닥치는 대로 이잡듯 뒤졌다. 그들이 발견한 것들은 모두 소실되지 않은 창고로 옮겨졌다. 버커니어들은 산으로 도망갔던 노예, 시민, 상인들을 붙잡는 데도 성공했는데, 그건 모건에게 삼중의 이득을 의미했다. 노예들은 팔 수 있었고, 부유한 상인들의 몸값을 갈취할 수 있었으며, 고문을 통해 마지막까지 숨겨 놓은 재화를 손에 넣을 수 있었다.

모건과 부하들은 이제 자신들의 잔인함을 있는 그대로 보여줬다. 모건의 수색대가 잡아 온 상인들이 입을 열지 않으면, 재화를 숨긴 곳을 말하거나, 아니면 죽을 때까지 그들을 고문했다. 해적들은 순전히 즐기기 위해서 고통을 가했다. 그 대상이 남자든, 여자든, 노예든, 상인이든, 신부든, 수녀든 전혀 개의치 않았다. 모건 자신이 가장 잔인하게 심문을 했으며, 부하들이 데려온 여자들을 강간했고, 마음 내키는 대로 그녀들을 대했다. 한번은 부유한 상인의 아내에게 침실과 하녀를 마련해 주도록 시켰고, 그녀에게 값비싼 장신구를 선물하고 융숭한 식사대접을 했다. 그런데도 그 여인이 자신의 청을 들어주지 않자, 모건은 즉시 그녀가 입고 있던 값비싼 옷을 벗기게 하고, 친척들이 결국 몸값을 보낼 때까지 그녀를 감금시켰다.

이제 모건에겐 파나마로부터 약탈물의 수송을 조직하는 것이 문제였다. 그 여정은 정글을 통과해서 자신의 배들이 정박하고 있던 산로렌조의 요새까지 되돌아가는 거였다. 모건의 추종자들 중 일부는 재차 그런 고난을 겪는 걸 피하길 원했다. 파나마의 항구엔 배가 한 척 정박해 있었고, 반란자들은 그 배를 타고 도망하는 걸 계획했었는데, 모건이 그 사실을 알게 됐고, 즉각 반응을 했다. 그는 지체 없이 그 배의 메인마스트를 톱으로 잘라내게 했고, 그 배와 항구에 있던 다른 보트들을 모조리 불태우게 했다. 반란자들은 다시 모건에 합류하는 것 외엔 다른 방도가 없었다.

1671년 2월 24일 해적들은 완전히 파괴된 파나마를 출발했다. 하지만 이번엔 잔뜩 짐을 진 채 금은보화가 가득 실린 짐수레와 마차를 끌고 가는 175마리의 황소와 노새 행렬, 그리고 600명이 넘는 포로들을 정글을 통과해 수송하는 게 필요했다. 첫 목적지는 해적들이 이미 오는 도중에 지나쳤던 소도시 산타크루스였고, 3월 5일 그곳에 도착했다. 거기서부터는 카누와 급조한 뗏목을 타고 산로렌조 요새까지 강을 따라 내려갔고, 3월 9일 요새에 당도했다.

모건은 그사이 약탈행각을 통해 얻을 수 있는 건 모두 우려낸 상태였다. 포로들 중 능력이 있는 자들은 모두 몸값을 주고 풀려났었다. 모건은 이제 모든 재물을 포트로열로 옮기기만 하면 됐다. 그런데 모건은 재물을 분배하길 원치 않았다. 그는 겉으로만 약탈물을 분배시키는 척했고, 살아남은 해적 모두 각각 200페소를 받았는데, 해적들이 감수한 노고에 비하면 형편없이 적은 액수였다. 그러나 그 당시에 보통 그랬듯이, 오로지 약탈행각 때문에 거대한 병력의 일원이 됐던 해적들은 이제 모건에겐 상관이 없었다. 모건은 그들에게 요새를 파괴하라고 지시하고, 그러고 나면 더 많은 보수를 지불하겠다고 약속함으로써, 그들의 주의를 돌렸다. 그사이 모건의 심복들은 약탈물의 대부분을 배에 실었다. 그리고 만족하지 못한 해적들이 — 그들 중 상당수가 프랑스 인들이었고, 그들과 대부분이 영국인인 동료들과의 관계는 아주 좋은 편은 아니었다 — 요새를 파괴하고 대포들을 모두 못쓰게 만드는 동안, 모건은 돛을 올리게 했고 부하들과 더불어 자메이카를 향해 항로를 잡았다. 사전에 배와 보트를 모조리 파괴해서 기만당한 동료들이 더 이상 쫓아올 수 없게 한 건 물론이다.

포트로열로 돌아온 모건의 귀향은 대성공이었다. 어떤 해적도 이전에 그런 업적을 이룬 적이 없었다. 시민들은 모건을 프랜시스 드레이크 경 이후 가장 위대한 영웅이라고 찬미했다. 파나마는 1673 년에야 비로소 방어하기 더 나은 지점에 재건됐고, 현 파나마시티의 중심부를 이루고 있다. 파나마 라비에하에는 폐허만이 남았는데, 그 폐허는 지금도 볼 수 있고 문화재로 보호되고 있다.

제 13장

세 번째 탐험여행

우리가 일 아바슈 섬으로 다시 돌아가기까지는 2년 반이 넘게 걸렸다. 그때까지 발견한 것들에 관해 단지 다큐멘터리 영화를 찍으며, 계속해서 옥스퍼드호를 찾으려는 계획 외에도, 내겐 아이티 앞의 해역을 그 지역 관청뿐만 아니라 국제적 단체로부터도 보호받게 하는 일이 점점 더 절박해 보였다. 나는 세계문화기구인 유네스코와 집중적인 대화를 나눴고, 대화가 진행되는 과정에서 특히 수년 전부터 유네스코를 위해 일하고 있는 오랜 친구이자 스승인 로버트 그레니어로부터 아주 긍정적인 반응을 받았다.

또한 나는 세 번째 탐험여행에 자금을 댈 용의가 있는 텔레비전 방송국과 자금과 물품을 지원해서 우리들의 탐색에 동참하길 원하는 새 스폰서를 물색하고 있었다. 다행히 이번엔 찾는 일이 그리 오래 걸리지 않았다. 영국 방송국인 ITV—웨일스의 폴 캘버리가 세 번째 탐험여행에 관한 — 옥스퍼드호의 발견에 관한 다큐멘터리도 기대하면서 — 다큐멘터리 영화를 제작할 용의가 있다고 밝혔다. 그 외에도 우리 의도를 납득시킬 수 있었던 잠수장비 판매자가 첨단잠수장비를 마련해 주었다. 그리고 무엇보다도 모든 요구에 부응하는 배 한 척을 제공한 스폰서 한 사람을 찾아냈다. 한 미국인이 우리에게 27미터 길이의 캐터머랜인 캣버드호를 마음대로 쓸 수 있게 해 준 것이다. 그걸로 우리는 내가 늘 마음속으로 원했던 배를 마침내 다시 사용할 수 있게 됐다. 나는 돈을 중개인을 통해 알게 됐는데, 그 중개인은 캣버드호를 자신의 목록에 갖고 있었다. 캣버드호가 너무나도 코럴 퀸호를 연상시켰기 때문에, 나는 즉시 돈과 연락을 취했고, 그에게 우리 계획을 설명했다. 돈은 상당히 깊은 인상을 받았고, 그래서 우리에게 자신의 배를 무료로 빌려 주고 싶어했다.

탐험은 2004년 2월에 시작될 예정이었다. 실비아와 나는 자메이카로 날아갔고, 그곳에서 곧바로 일 아바슈 섬으로 가게 돼 있었다. 모든 게 빈틈없이 계획돼 있었는데, 이번엔 아이티에서 반란이 일어난 것이다. 폭동이야 새로운 게 아니었지만, 이번 반란은 시민전쟁으로 악화될 조짐이었다.

2000년부터 도미니카공화국에서 망명생활을 하던 반란군 지휘자 기 필리프가 아이티로 돌아와서 반란군을 지휘했고, 얼마 안 있어 반란군은 이미 아이티에서 두 번째로 큰 도시인 카프아이시앵을 장악한 상태였다. 대통령 장 베르트랑 아리스티드의 군대는 노상에서 반란군의 추종자들을 살해했고, 곧이어 아이티 전국이 전쟁의 소용돌이에 휩쓸렸다. 미국과 프랑스는 아이티 주변의 해역으로 전함들을 파견했고 자국민들을 탈출시키고 있었다.

나는 우리 팀원들과 더불어 그런 상황하에서 뭘 할 수 있을지 신중히 생각해 보았다. 팀의 구성이 약간 달라졌는데, 이번엔 카메라맨인 톰 모런과 음향전문가인 노르베르트 클라이너가 새로 참가했다. 그 외에 내 아내와 오랜 친구인 브루스 리밍 그리고 그의 사촌이자 선원인 로브가 동참했다. 브루스는 마침내 다시 운항이 가능해진 레리타주 투호를 타고 도착했었다. 정치적 상황을 고려할 때, 탐험여행은 시작도 되기 전에 수포로 돌아갈 운명인 것처럼 보였다. 우리는 계획 전부를 연기할까도 생각해 보았지만, 우리가 당장 착수하지 않으면 위험한 폭풍을 동반한 허리케인 시즌에 처하게 돼 있었다. 게다가 돈의 배는 제한된 기간 동안만 사용할 수 있었다. 따라서 탐험을 즉시 실행에 옮기거나, 아니면 아예 포기하거나 둘 중 하나였다.

탐험여행을 간단히 취소하기엔 브루스와 나는 이미 너무 오래 그리고 너무 힘들여 우리들의 꿈을 추구해 왔다. 반면에 우리 모두의 생명이 위태로울지도 몰랐다. 우리는 일 아바슈 섬의 상황이 어떤지 알지 못했는데, 그곳이 본토보다 훨씬 평온할 가능성도 있었다. 하지만 확신은 할 수 없었다.

우리는 결국 감행하기로 결정했다. 우리는 이제 조심하는 수밖에는 없었다. 무장 경호원으로 우리 신변을 보호하려던 시도는 실패했다. 몇몇 회사가 경호원을 제공할 용의가 있었으나, 목적지가 아이티라는 말을 듣자 고개를 절레절레 흔들었다. 너무 위험하다는 거였다.

그 일로 우리는 사기가 저하됐고, 결국 고심 끝에 직접 무기를 구입해 일 아바슈 섬에서 우리 신변을 보호해 줄 사람을 고용하기로 결심했다. 전적으로 우리 취향에 맞는 건 아니었지만 탐험여행을 끝까지 마치는 유일한 가능성인 것처럼 보였다. 반란군이었는지, 아니면 달아나는 아리스티드의 추종자들이었는지, 누가 그랬는지는 모르나, 우리는 이미 여러 척의 소형 보트들이 나포되고, 자메이카로 항해하도록 강요됐다는 사실을 들어 알고 있었다. 그 지역신문들이 '보트 피플'이라고 부르는 자들은 자포자기한 상태였고, 무슨 일을 저지를지 몰랐으며, 무엇보다도 경찰이나 군대에 속했던 자들로 무장까지 한 상황이었다. 그들이 우리 경호원을 보고 겁을 먹을지는 우리들의 희망사항일 뿐이었다.

또 다른 걱정거리는 캐터머랜이었다. 나는 거래하는 보험회사 중

개인으로부터 연락을 받았는데, 그는 우리가 장비를 갖고 교전지역으로 여행을 하면, 장비를 보험에 들게 할 수 없다고 전했다. 나는 돈의 배에도 동일한 규정이 적용될 거라고 추측했다. 돈은 대체 그에 대해 뭐라고 말할까? 그는 자신의 배와 승무원들에 대한 위험부담을 어떻게 평가할까? 다행히도 돈은 자신의 배에 대해 전혀 걱정을 하지 않는 것 같았는데, 마지막 결정은 승무원들에게 맡기길 원했다. 승무원들은 그 다음 날 도착하게 돼 있었다.

우리는 그날의 나머지 시간을 탐험여행을 시작하기 전에 늘 정기적으로 필요한 일들을 하며 보냈다. 우리는 수백 번도 더 장비재료에 하자가 있는지 점검했고, 카메라, 배터리 충전기, 산소탱크, 잠수복, 물갈퀴, 물안경 등을 다시 한 번 조사했다. 끊임없이 머릿속으론 승무원들이 거절하면 이 모든 게 헛수고일 거라는 생각을 하면서 말이다.

설상가상으로 캣버드호의 승무원들이 그 다음 날 연락을 했는데, 바람이 없는 관계로 그 다음 다음날에야 도착할 수 있다는 내용이었다. 그 소식으로 나는 가슴이 아팠다. 우리는 그렇지 않아도 이미 일정표에 뒤쳐져 있었기 때문이다. 우리는 기분을 전환하기 위해 포트로열을 한 바퀴 돌며 시간을 보내기로 했다. 그곳은 헨리 모건이 오랜 기간 거점을 두고 있었던 곳이다.

그 도시는 영국 함대가 올리버 크롬웰의 지시에 따라 에스파뇰라의 산토도밍고를 점령하려 했던 1655년에 세워졌다. 그 시도는 실패했다. 스페인 인들이 영국인들의 공격을 물리쳤기 때문이다. 그래서 영국인들은 어쩔 수 없이 자메이카를 선택했고, 그곳에서 스페니시 타운을 지키고 있던 소수의 스페인 병사들을 금세 몰아냈다. 젊은 헨리 모건도 그 영국 원정군단의 일원이었다. 원정대는 스페니시 타운이 마주 보이는 만의 반대쪽에 요새를 구축했는데, 그쪽의 위치가 전략적으로 유리했고 자연적으로 이루어진 거대한 항구를 보호했기 때문이다.

만 위쪽으로 크롬웰 요새가 세워진 지 몇 년 안 되어 요새 밑으로 여러 개의 도로와 성당 그리고 수많은 창고들이 세워진 소도시가 형성됐는데, 바로 포트로열이었다. 자메이카의 포트로열은 카리브에서 유일하게 견고한 영국의 디딤돌이자 해적들의 아성이 됐다. 영국 왕 찰스 2세와 더불어 1660년 왕정이 복고되자, 사람들은 크롬웰 요새를 찰스 요새로 개명했는데, 지금까지 그렇게 불리고 있다. 헨리 모건은 그곳에서 스페인 함선과 정착촌에 대항하는 전쟁터로 떠나곤 했었다. 그의 성공적인 약탈행위는 금은보화를 도시 안으로 흘러들게 했고, 얼마 지나지 않아 그 도시를 그 당시 세계에서 가장 부유한 도시 중 하나로 만들었다.

나중에 헨리 모건은 그 도시의 방어시설을 확장하고, 영국과의 교역을 촉진시키는 임무를 떠맡게 된다. 그는 약탈행위로 얻은 재화를 자메이카와 다른 곳의 대농장에 투자했고, 부총독의 신분으로 포트로열을 자기 생각에 따라 설계했으며, 신세계에서 가장 중요한 교역장소 중 하나이자, 강력한 영국의 함대기지로 만들었다.

찰스 요새의 경계성벽 거의 대부분이 지금까지 그대로 서 있고, 마찬가지로 몇 채의 건물과 연병장도 남아 있다. 지금은 성벽을 따라 다양한 시대에 만들어진 수많은 대포들이 늘어서 있는데, 모건이 활동하던 시대에 만들어진 것들도 있지만, 대부분은 그 후에 만들어진 것들인데, 가령 1779년 21살의 나이에 그 요새의 사령관이 됐던 허레이쇼 넬슨이 그곳에 주둔했던 시기를 들 수 있다. 건물들 중 두 채는 현재 박물관으로 쓰이며, 1692년의 대지진이 있기 전 시기의 유물들이 보존돼 있다.

우리가 포트로열의 정문을 통과해서 항구로 걸어갈 때, 나는 도처에서 모건의 영혼을 느꼈다고 생각했다. 나는 기꺼이 그의 무덤을 방문하고 싶었지만 불가능했다. 모건이 1688년 묻힌 묘지는 4년 뒤에 발생한 지진으로 물속으로 가라앉았던 것이다. 그 묘지와 더불어 포트로열의 3분의 2 이상이 수장됐었다. 태양이 높이 떠 있을 때, 바닷가에 아주 가까이 접근해서 물속을 들여다보면 가라앉은 도시의 어두운 그림자를 볼 수 있다.

그 다음날 캣버드호가 도착했다. 내가 일어났을 때 푸른색의 캐터머랜은 저 바깥 포트로열의 만에 정박해 있었다. 드디어! 나는 할 수 있는 한 빨리 항구에 있는 브루스의 배로 달려 내려가 무선통신기 앞에 앉았다.

나는 최종적인 질문을 하기 위해 승무원들을 만나고 싶어 안달이 났다. 아이티로 갈 건가요, 아닌가요? 하지만 좀 더 참고 기다려야 했는데, 그 큰 캐터머랜이 비교적 작은 포트로열의 계류장 안으로 진입하기까지는 한참이 걸렸기 때문이다. 선장은 무선통신기로 자신들이 이미 한밤중에 도착했었다고 전했다. 캣버드호는 조심조심 천천히 선창을 향해 접근했고, 우리는 마침내 서로 인사를 나눌 수 있었다. 우디는 작지만 건장한 30대 중반의 사내였다. 미셸은 일등항해사인데, 그녀 역시 선장 면허증을 갖고 있었다. 미미는 요리사이며 배 안의 일을 도왔다.

나는 우디에게 상황을 정확하게 설명했다. 그는 이미 아이티 내의 정세가 바뀐 사실을 알고 있었다. 우디는 먼저 돈과 상의를 하고 나서 두 여자와 이야기하길 원했다. 그동안 우리는 초조한 마음으로 선창 위를 오고 갔다. 마침내 우디가 우리에게 다가와서 승낙을 했다. 나는 한시름 놓을 수 있었다. 탐험여행을 떠날 수 있게 된 것이다!

우리는 이제 여행에 필요한 마지막 준비에 착수할 수 있었다. 수 주간 먹을 양식, 배의 동력장치와 구명보트에 필요한 디젤과 휘발유, 그리고 무엇보다도 무기를 두세 개 구입해야 했다. 배 안에 총을 둔다는 생각이 썩 마음에 들진 않았지만 별 도리가 없었다. 결국 브루스가 시내에서 펌프건(총신이 긴 수동 연발 총—역주) 몇 자루를 조달하는 데 성공했다. 유감스럽지만 이 말을 안 할 수 없는데, 달러만 있으면 그곳에선 뭐든 구할 수 있다.

그 캐터머랜은 정말 굉장한 배였다. 캣버드호는 포트로열에서 금세 화젯거리가 됐고, 하루종일 사람들이 와서 그 배의 우아한 미모를 구경했다. 두 선체는 푸른색으로 칠해졌고, 갑판과 대형 브리지는 모두 흰색이었다. 양 용골 사이엔 큰 그물이 처져 있었고, 선미엔 큰 잠수발판 두 개가 수면과 같은 높이에 장착돼 있었다. 끝이 둥근 두 개의 탁자가 캣버드호의 선미를 거의 차지하고 있었는데, 탁자들 뒤로 구명보트가 전동로프에 매달려 있었다. 그 배는 전체적으로 우리가 편안히 모이거나, 잠수작업이나 뭍으로의 여행을 준비하기에 충분한 공간을 제공했다. 선실은 비교적 작았지만 편리했고, 선실마다 화장실과 샤워시설이 딸려 있었다. 게다가 캣버드호는 신선한 물을 공급하도록 독자적인 해수염분 제거시설을 갖추고 있었다. 미셀과 우디는 우리에게 비상시에 대처하는 법과 배의 특징을 설명해 줬다. 우리가 장비를 배에 모두 싣자, 브루스와 로브가 저녁식사를 함께 하기 위해 배 안으로 들어왔고, 우리는 식사를 하며 캣버드호의 승무원들과 다가올 몇 주의 계획을 상의했다.

그 세 사람은 완벽하게 우리 팀에 어울렸다. 나는 첫 순간부터 우리가 서로 마음이 통한다는 사실을 느꼈다. 우리는 그날 오후 안에 출항하기로 결정할 정도로 열광적이었는데, 사실 일기예보에 따르면 출항해서는 안 되는 상황이었다. 자메이카와 아이티 사이의 해협엔 강풍이 불고 있었고, 남쪽에선 상당히 큰 저기압전선이 예상

되고 있었다. 우리는 처음에 아이티로 항해 도중 만났던 그런 폭풍을 또 한 번 견뎌내고 싶은 마음은 별로 없었지만, 그럼에도 결코 더 오래 기다릴 수 없었다. 열정이 우리를 사로잡았던 것이다. 우리는 자메이카 해안을 따라 포트모랑 방향으로 항해하기로 결정했다. 그 항구 도시는 자메이카의 동쪽 최첨단에 위치해 있는데, 말하자면 아이티의 바로 맞은편이고 그래서 어차피 지나가야 할 항로였다. 날씨가 더 악화될 경우, 우리는 포트모랑의 안전한 항구에서 피신처를 구할 수 있었다.

브루스의 배는 캣버드호보다 작고 가벼우며 속도가 더 느렸는데, 어차피 우리가 나중에 따라잡을 터라 브루스가 먼저 출발했다. 그러고 나서 우리는 계류용 밧줄을 풀고, 캣버드호를 천천히 조심스럽게 계류장 밖으로 조종한 후, 포트모랑을 향해 항로를 잡았다. 우리는 찰스 요새를 지나갔다. 요새의 성벽은 오후의 햇살을 받아 따뜻하게 반짝였고, 해안가에선 사람들이 우리에게 손을 흔들었다. 우리가 탄 배의 돛대엔 흰색과 녹색 바탕에 붉은 용이 그려진 웨일스의 깃발이 펄럭이고 있었다. ITV-웨일스의 필름제작 파트너인 폴 캘버리가 탐험여행에 가져가라고 내게 그 깃발을 주었었다. 웨일스 출신인 모건가의 문장에도 용이 그려져 있었고, 그래서 나는 그 탐험여행 중 그 깃발을 다는 게 아주 잘 어울린다고 여겼다.

자메이카의 남동 해안을 따라가는 항해는 순조롭게 진행됐다. 파도의 움직임은 비교적 강했지만, 캐터머랜으로 파도를 타는 건 정말 재미있었다. 나는 전방에서 파도 사이로 나타났다가는 사라지곤 하는 브루스가 탄 배의 삼각형 돛을 알아볼 수 있었다. 갑판 위로 날리는 짭짤한 물보라는 우리의 좋은 기분을 더 상승시켰고, 분위기는 최상이었다.

약 두 시간 후 우리는 브루스의 배를 따라잡았다. 우리는 브루스가 돛에 바람을 가득 담은 채 대양을 횡단하는 모습을 촬영했다. 브루스는 범선 항해가로서 그가 가진 뛰어난 능력으로 우리를 다시 한 번 놀라게 했다. 브루스의 뒤로 태양이 거대한 색색의 불꽃이 되어 수평선 너머로 사라지는 동안, 그가 짙푸른 바다 위로 배를 조종하는 광경을 지켜보는 건 즐거움 그 자체였다. 날이 어두워지자 우리는 포트모랑을 향해 나아갔고, 마침내 자정쯤에야 그곳에 도착했다. 우리는 도시 앞의 큰 만에 정박해서 그 다음 날 날씨가 누그러질지 기다려 보기로 결정했다. 그때까지 우리는 내가 처음에 걱정했던 것처럼 며칠이 아니라, 단 몇 시간을 허비했을 뿐이었다.

다음 날 아침 나는 일찍 잠에서 깼다. 그날 기상통보는 여전히 폭풍이 몰아칠 것을 예고하고 있었다. 우디는 내 기분을 풀어주려 애를 썼다. 그곳에선 조류와 바람이 금세 바뀌었기 때문에, 어쩌면 계속해서 항해를 할 수 있게 될지도 몰랐다. 나는 바다 위에 구름이 짙게 드리워져 있었지만 우리 앞에 펼쳐진 아름다운 정경을 음미하려 애를 썼다. 우리는 터키옥처럼 푸른 물 위에 정박해서, 자메이카의 녹색 해안선과 그 뒤로 솟아 있는 산들을 바라보고 있었는데, 평화 그 자체였다. 약 30미터 떨어진 거리에 브루스의 레리타주 투호가 정박해 있었다. 그들은 우리보다 두세 시간 늦게 도착했다.

우디는 날씨로 인한 내 근심을 떨쳐버리게 하려고 카리브해의 기상 전문가인 허브에게 연락을 해 보자고 제안했다. 허브 힐젠버그는 범선 항해자들을 위한 라디오 일기예보를 해 주는 기상학자들 중 가장 유명한 인물이며, 매일 오후 세 시 온타리오(캐나다의 남쪽에 위치한 주─역주)에서 일기예보를 전송했다. 사람들은 무선통신으로 그에게 연락을 해서 자신이 막 항해하고 있는 카리브해 지역의 일기예보를 얻을 수 있다. 그의 일기예보는 모든 뱃사람들에게 가장 정확하고 믿을 만하기로 정평이 나 있다.

다시 말해서, 우리는 오후까지 기다려야 했다. 결국 우리는 허브와 통화를 했지만, 그 역시 좋은 소식을 갖고 있지 않았으며, 오히려 우리가 자메이카와 아이티 사이의 해협으로 항해하는 걸 엄중히 경고했다. 남쪽에서 형성된 거대한 저기압전선은 정말 엄청난 폭풍을 일으키기만 기다리고 있는 것처럼 보였다. 바다는 그때 이미 지극히 거칠고 위험했다.

나의 초조함은 몇 배로 증가했다. 귀중한 시간들이 헛되이 사라져 가고 있었다. 우리는 이미 남은 시간이 열흘밖에 없었는데, 일 아바슈 섬에 도착했다가 다시 떠나는 것까지 포함해서였다. 하루가 더 지연됐더라면, 나는 최소한 투자한 돈의 일부라도 건져서 새로운 시도를 하기 위해, 탐험여행을 중단한다는 어려운 결정을 내릴 수밖에는 없었을 것이다. 결국 우디가 나를 구했다. 그는 미셸과 상의를 한 후, 내게 다음과 같은 제안을 했는데, 돈에게 전화를 해서 어떻게든 출항을 감행하려는 데 반대하는지 물어보겠다는 거였다. 돈이 승낙을 하더라도 날씨가 정말 위험할 것 같으면, 다시 돌아오면 된다는 거였다. 우디는 허브의 일기예보를 매도하려는 게 아니었고, 단지 그의 권고가 실제로 무척이나 안전을 염두에 둔 것이라 여겼다. 사실 그래야만 했던 것이, 그곳 해상에는 악천후의 경험이 별로 없는 뱃사람들이 아주 많이 있었기 때문이다. 반면에 우디와 미셸은 필요한 경험을 쌓아 둔 상태였고, 돈은 정말 승낙을 했다.

나는 다시 희망을 품었다. 우리는 배를 격렬한 파도타기에 대비시켰다. 모든 걸 단단히 묶고, 잠금 장치를 모두 점검하고, 고정되지 않은 물건들을 전부 창고에 넣어 두어야 했다. 그러고 나서 닻줄과 돛을 다시 한 번 조사한 후, 해협 안으로 천천히 진입하기 시작했는데, 배에 모터가 없는 브루스가 앞장섰고, 두 개의 모터를 가진 우리 배가 뒤를 따랐다. 그사이 밤이 됐고, 우리 계획엔 최적의 시간이었다. 밤이 되면 대개 바람이 잔잔해지기 때문이다.

처음 몇 시간은 모든 게 완벽하게 진행됐다. 우리는 순조롭게 항해를 했고, 파도의 움직임은 보통이었으며, 바람은 26노트의 속도로 불었는데, 대략 50km/h로 아주 강한 편은 아니었다. 우디와 미셸은 4시간마다 교대로 조타륜을 잡았고, 다른 사람들은 선실에서 잠을 좀 자두려고 시도했다.

내가 잠에서 깬 건 새벽 3시 30분경이었다. 나는 귀를 기울였다. 무언가 이상했는데, 그건 배에 철썩이는 파도소리였다. 우디나 미셸이 캣버드호를 정지시킨 게 틀림없었고, 분명 그럴 만한 이유가 있었을 것이다. 나는 일어나 흔들리는 배를 가로질러 서둘러 브리지 위로 올라갔다.

미셸이 근무를 서고 있었다. 그녀는 조타 장치에 문제가 생겼는데, 수압장치 호스 하나가 짓눌린 것 같다고 보고했다. 우디는 이미 수리를 하려고 선미에 있는 조타실에 가 있었다. 그가 하던 일은 부러워할 게 못 됐는데, 그 비좁은 공간에선 거의 움직일 수조차 없었고, 파도의 움직임 때문에 작업하기도 힘들었다.

수리하는 데는 여러 시간이 걸렸다. 그사이 바람은 점점 더 세게 불었다. 마침내 파도가 우리를 다시 자메이카 쪽으로 밀어 보낼 정도로 강해졌고, 우리는 그에 대응할 방법이 없었다. 마침내 우디가 결함을 제거했고, 다시 항해를 할 수 있었지만, 바람과 파도를 거슬러 나아가야 했다.

바람은 그사이 45노트, 약 80km/h로 빨라졌고, 파도는 9미터 이상으로 높아졌다. 우리는 마치 롤러코스터에 탄 느낌이었다. 나는 매 순간 거대한 파도에 삼켜져서 대양의 바닥으로 끌려 들어갈 걸 예상하고 있었지만, 우디와 미셸은 여전히 침착했다. 우디가 폭풍이 사납게 몰아치는 동안 자신들이 더 심한 것도 경험한 적이 있다고 내게 확신시켰음에도, 그 다음 시간들은 지옥이나 다름없었다. 배는 거센 파도 속에서 위태롭게 롤링(배나 비행기의 좌우로 흔들리는 움직임. 옆질—역주)과 피칭(배나 비행기의 앞뒤가 위아래로 흔들리는 움직임. 뒷질—역주)을 반복했다.

우디와 미셸이 캐터머랜의 선수를 낮추며 폭풍에 대항해 싸우고 있는 동안, 밖에선 바람이 윙윙댔고 파도는 거대한 모루채(대장간에서 달군 쇠를 내리칠 때 쓰는 쇠메—역주)처럼 캣버드호에 부딪쳤다. 양 선체에 부딪치는 파도소리는 배 전체에 울려 퍼졌다. 부서지는 파도마다 배 안의 가구들을 뒤흔들었고, 배의 주방에선 찬장 안에 들어 있던 접시와 유리잔들이 떨어져서 바닥에서 쨍그랑거리며 산산조각이 났다.

폭풍이 곧바로 전방에서 몰아쳤기 때문에 느린 속도로밖에는 나아갈 수 없었다. 그사이 우리는 11시간을 항해 중이었는데, 위성항법장치의 컴퓨터를 이용해 계산해 본 바에 의하면, 아이티의 남해안에 도착하기까지는 아직도 36시간이 더 걸린다는 결과가 나왔다. 나는 이제 폭풍이 점점 더 강해진다는 느낌을 받았고, 브리지에서 태연히 거친 파도를 헤치며 캐터머랜을 조종하는 우디와 미셸에게 경탄했다. 나는 브루스는 대체 어떨지 자문했다. 그의 배는 훨씬 작고, 그래서 우리보다는 더 수월하게 파도를 탈 수 있었지만, 그럼에도 나는 걱정이 됐다.

우리가 마침내 어느 순간 아이티 해안 앞 바람을 맞지 않는 곳에 도달할 때까지, 나는 모든 시간감각을 잃어버렸었다. 풍파는 다소 잠잠해졌다. 비록 또다시 귀중한 시간을 허비하긴 했지만, 우리는 해 냈던 것이다. 자메이카를 출발한 지 이틀 후인 늦은 오후, 우리는 드디어 망원경으로 아이티의 남해안을 볼 수 있었다.

이제 우리는 교전지역에 진입했다. 신문기사에 따르면 그곳엔 소형보트를 탄 절망한 사람들로 우글거렸는데, 그들은 캣버드호처럼 원양항해가 가능한 배를 얻기 위해 살인까지 자행한다는 거였다. 그래서 우리는 제때에 방향을 돌릴 수 있게 주위를 잘 살폈다. 하지만 저녁하늘과 대조를 이루고 있던 건 한 전함의 실루엣뿐이었다. 그 배는 프랑스의 구축함이었는데, 잠시 후 우리에게 무선을 보내, 우리의 국적과 배의 이름 그리고 그곳에 머무는 이유를 물었다. 그 당시 상황하에서 캐터머랜을 탄 팀이 '잠수여행'을 하려고 아이티로 가는 중이라는 얘기가 프랑스 무선 통신병에게 기이하게 느껴진 게 분명했다. 내가 그 사실을 말하자, 일순 정적이 흘렀기 때문이다. 그러자 우리는 그곳이 결코 안전하지 못하다는 설명을 들었다. 하지만 우리를 붙잡아 두거나 저지할 구실이 전혀 없었기 때문에, 그들은 별다른 말없이 우리를 통과시켰다. 우리는 일 아바슈 섬을 향해 항해를 계속했다.

그럼에도 불구하고 프랑스 인들의 경고는 우리가 조심을 하도록 자극했다. 우리는 망원경으로 소형보트나 위험을 뜻하는 조짐이 있는지를 찾아 수평선 위를 수색했다. 날은 금세 어두워졌고, 닻을 내릴 안전한 장소를 찾아야 했다. 새벽 두 시가 조금 지나 안전해 보이는 한 만에 다다랐다. 우리는 도착했고, 뒤흔들리고 지쳐 있었지만 상태는 비교적 좋은 편이었다. 다른 사람들이 해가 뜰 때까지 자는 동안 노르베르트가 보초를 섰다.

제 14장

첫 번째 성과

아침에 우리가 선실에서 기어 나오자 세상은 바뀌어 있었다. 우리가 탄 캐터머랜은 잔잔한 물결에 가볍게 흔들리고 있었고, 푸른 하늘엔 태양이 빛나고 미풍이 우리 주위를 맴돌고 있었다. 포트모건까지는 족히 한 시간은 걸릴 것 같았다. 우리는 닻을 올렸다. 그때까지 우리는 브루스의 소식을 듣지 못했지만, 그렇게 빨리 소식을 들으리라 기대하지도 않았는데, 폭풍이 분명 그가 탄 배를 우리보다 더 멀리 남쪽으로 몰아갔을 것이기 때문이다.

우리는 언제 폭풍이 있었냐는 듯 눈부시게 빛나는 아침 햇살을 받으며 배를 몰았다. 그러자 드디어 작은 반도 뒤로 은밀하게 잘 보호된 포트모건 만이 나타났다. 말발굽 모양의 작은 항구, 흰색의 움막들이 서 있는 카콕 부락, 모든 게 내가 지난번에 본 그대로인 것 같았다. 첫눈에 보기에 변한 게 전혀 없어 보였지만, 그곳에 숨어 있을지도 모를 반란군이나 도망 중인 정부추종자들과 맞닥뜨리지 않기 위해, 우리는 계속 조심을 했다.

우리는 끊임없이 주의를 하며 즉시 사용할 수 있도록 남의 눈에 띄지 않게 무기를 준비한 채, 천천히 작은 계류장 안으로 진입했다. 하지만 모든 게 평화로워 보였다. 계류장 내의 부표에 배를 정지시키자, 카누를 탄 젊은 청년이 손을 흔들며 우리에게 다가왔다. 나는 그를 알고 있었는데, 디디에와 프랑수아즈를 위해 일하는 바그너의 남동생 지미였다. 지미가 배를 계류시키는 걸 돕는 동안, 우리를 알아본 카콕 주민들이 가까이 다가왔고, 십 분 후엔 바그너와 펠릭스도 카누를 타고 그곳에 당도했다.

사람들이 무척 기뻐한다는 걸 알 수 있었지만, 그들 얼굴엔 뭔가 다른 표정이 어려 있었다. 사람들은 불안해 보였다. 아니면 두려움이었을까? 진심 어린 환영인사와 더불어 새 팀원을 소개한 후, 우리는 바그너에게 무슨 일이 있었는지 말해 달라고 부탁했다. 예상했던 대로 섬주민들은 본토에서 벌어진 사건에 대해 거의 알지 못하고 있었다. 반란군에게 일 아바슈 섬은 별 의미가 없었고, 그래서 그들은 그곳에 아직 모습을 보이지 않았다. 위험은 전혀 다른 쪽에서 야기됐는데, 마약밀매업자들이 대량의 마약을 본토 앞의 섬들로 옮겨서, 그곳의 안전한 항구들로부터 카리브에 판매하는 데 아이티의 비상사태를 이용했던 것이다. 마약밀매업자들 때문에 두려움이 생겼는데, 그들은 카콕 부락과 다른 부락의 주민들을 위협했고 무력으로 억압했던 것이다. 바그너는 바로 며칠 전에 두 척의 배에 탄 사내들이 만 안으로 들어왔고, 경기관총을 마구 쏘아 댔으며, 그때 자신의 숙부가 어깨에 총을 맞았다고 얘기했다. 다른 부락들에서도 비슷한 소식이 보고됐다.

마구 총질을 해 대는 마약밀매업자야말로 우리가 전혀 필요치 않은 대상이었다. 바그너는 자신뿐 아니라 우리도 걱정했다. 그는 전에 경비원으로 일한 적이 있고 무기를 다룰 줄 아는 사촌 한 명을 추천했고, 우리의 안전을 위해 그 사촌을 데려오겠다고 약속했다. 그의 이름은 르빈이었는데, 그날 오후 중으로 우리 배에 올 거라고 했다.

정치, 경제적 상황은 디디에와 프랑수아즈 불라르에게도 극심한 타격을 입혔다. 그들은 몇 개월 전부터 손님을 받지 못했고 레스토랑도 문을 닫은 상태였다. 두 사람은 최악의 사태를 우려했는데, 역사에 흥미가 있는 잠수관광객들과 학자들이 전 세계에서 몰려올 것이라는 기대 속에 소유하고 있던 사업시설을 끊임없이 확장했던 것이다. 우리는 서로 진심 어린 인사를 나눴지만, 유감스럽게도 그 5분간이 우리가 일 아바슈 섬을 방문하는 동안 서로 만날 수 있었던 유일한 기회였다. 우리는 이미 너무 많은 시간을 허비했기 때문에, 불라르 부부의 후한 대접과 더불어 뭍에서 생활하는 것도 단념해야만 했고, 그 대신에 캐터머랜에서 손수 침식을 해결해야 했다. 브루스는 여전히 소식이 없었는데, 우리는 이제 그 어느 때보다도 풍부한 경험을 가진 브루스가 필요했다. 우리 모두 마약밀매업자들에 관한 이야기를 듣고 상당히 긴장한 상태였다.

늦은 오후에 르빈이 왔다. 그는 키가 컸고 뼈대가 굵었는데, 첫눈에 특별히 믿음직한 인상을 주지는 못했지만, 바그너가 자신의 사촌으로 나를 실망시킨 적은 한 번도 없었다. 우리는 그에게 배를 보여 주었고, 식사에 초대했으며, 그러고 나서 총 한 자루를 건네주었다. 르빈은 총이 어떻게 작동하는지 아는 것 같았고, 자신의 임무도 알고 있었는데, 불청객으로부터 우리를 보호하고, 낯선 사람이 배에 접근할 경우 우리에게 경고하는 거였다.

우리는 캣버드호를 몰고 좀 더 멀리 만으로 나갔는데, 그곳엔 상쾌한 미풍이 불었고, 무엇보다도 맹그로브가 무성한 습지에서 매일 저녁 거대한 검은 구름처럼 날아오르는 모기 떼를 벗어날 수 있었다. 우리는 막 저녁을 먹으려고 갑판에 있는 두 개의 큰 탁자에 앉았는데, 그때 미셸이 멀리 어둠 속에서 움직이는 녹색 불빛을 발견했다. 우리는 뛰어 일어나 뱃머리로 달려갔다. 정말 녹색 불빛이 보였고, 이제 붉은색 불빛도 보였다. 범선의 위치표시등이었다. 드디어 브루스가 온 것이다.

브루스는 우리 뒤로 좀 떨어진 곳에 닻을 내렸고, 로브와 함께 구명보트를 타고 우리 쪽으로 건너왔다. 그들은 큰 피해 없이 폭풍을 이겨 냈는데, 유일하게 냉장고가 작동을 하지 않았고, 그래서 차려진 음식을 보자 곧바로 달려들었다. 브루스와 로브는 우리처럼 고생을 하지는 않았다. 그들이 탄 배가 작고 폭이 좁아서 무거운 캐터머랜보다 큰 파도에 훨씬 더 잘 적응할 수 있었기 때문이다.

다른 사람들이 모두 잠자리에 들고, 르빈이 무기를 팔꿈치 안쪽에 낀 채 갑판 위를 순찰하는 동안, 나는 갑판 위에 앉아 내 계획을 곰곰이 생각했다. 우리는 이미 너무 많은 시간을 허비했던 것이다! 우리가 사실상 옥스퍼드호를 즉각 찾지 못하면, 나는 재정적으로 완전히 끝장이 날 상황이었다. 우리는 지난 두 번의 탐험여행에서 가능성이 엿보이는 섬 앞의 지역을 거의 모두 조사했고, 그 당시 많은 유물을 발견했다. 그러나 옥스퍼드호를 암시할 만한 것은 없었다. 그 배는 어디에 숨어 있는 것일까? 나는 다시 한 번 워싱턴의 의회도서관으로부터 입수한 옛 지도를 들여다보았다. 워싱턴의 의회도서관은 방대한 분량의 역사적 지도들을 소장하고 있었는데, 다행히도 그들 중 대부분이 이미 디지털화된 상태라, 인터넷에서 선명한 해상도로 받아볼 수 있었다. 내가 그 사실을 브루스에게 말하자, 그는 지도자료를 전부 하나하나 내려받아 저장했다. 그리고 나서 일 아바슈 주변 지역의 지도를 찾아 아주 다양한 세기에 제작된 수백 개의 카리브 지역 지도들을 샅샅이 뒤지기 시작했다. 내가 그

때 들여다보고 있던 지도는 대략 1690년에 만들어진 것으로 그 시대 특유의 기법으로 그려져 있었는데, 거의 3차원적이었고, 일 아바슈 섬의 남서쪽 부분에 있는 한 지역을 보여주고 있었다. 지도에는 크고, 작은 두 개의 구릉이 그려져 있었고, 구릉의 정상엔 집 한 채가 서 있고, 집 뒤로 길 하나와 민물우물이 묘사돼 있었다. 그밖에도 지도 위엔 큰 농장 하나가 기입돼 있었는데, 상당히 흥미로운 상황이었다. 모건 스스로 한 편지에서 섬의 큰 농장에 있는 친구들을 여러 번 방문했었다고 보고했었고, 그 섬 앞에서 자신의 부하들과 만났었다. 그렇다면 우리가 모건의 비밀스런 회합장소를 보여주는 지도를 발견한 것일까? 하지만 그곳이 정확히 어디에 위치해 있는 걸까? 우리가 아직 찾아보지 않았던 섬의 그 외진 지역에 있다는 걸까? 아니면 정말 전혀 다른 곳일까? 예를 들어 본토에서 좀 더 가깝거나 다른 섬은 아닐까?

나는 몇 번이고 되풀이해서 지도를 보았다. 나는 우디가 배를 조종할 때 사용하는 최신 해도 크기로 지도를 확대해서, 지도가 어느 곳의 단면을 나타내는지 알아내려고 애를 썼다. 그 단면은 우리가 그때까지 거의 조사하지 않았던 일 아바슈 섬의 남쪽일 가능성이 있었지만, 확신은 서지 않았다. 그래서 나는 다른 방법을 시도했다. 나는 다시 한 번 최신 지도를 앞에 놓고 350년 전의 항해자처럼 생각해 보기로 했다. 나는 열 척이 넘는 배들을 위한 정박장소와 안전하면서도 배들을 안심하고 조종할 수 있을 만큼 큰 만이 필요했을 것이다. 뿐만 아니라 바닥에 좌초하지 않으려면 용골 밑으로 수심이 깊은 물이 필요했을 것이며, 위험한 암초는 가능한 한 멀리 떨어져 있어야 했다. 그리고 뭍에는 편안히 도달할 수 있는 거리에 민물 수원이 있어야 했다. 그렇게 하나하나 제외시켜 나가자, 가능성이 있으며 우리가 아직 조사하지 않은 곳은 딱 두 곳이 남았다. 그 중 하나는 본토의 한 만으로 생루이라는 이름의 부락 근처에 위치해 있었고, 다른 하나는 일 아바슈 섬의 라 아트 앞의 만이었다. 우리가 그 두 곳 중 한 곳에서 옥스퍼드호를 발견하지 못한다면, 아마 우리는 영원히 옥스퍼드호를 발견하지 못할 것이다. 나는 먼저 생루이 만에서 시도해보기로 결정했다.

다음 날 아침 구름 한 점 없는 하늘이 우리를 내려다보며 미소짓는 가운데, 우리는 일 아바슈 섬과 아이티 사이의 해협을 향해 항로를 잡았다. 우리는 불안한 마음으로 우리를 위협할지도 모를 수상쩍은 보트들이 있는지 끊임없이 둘러보았다. 바그너, 펠릭스 그리고 경호원 르빈이 배에 타고 있어서 상당히 안심은 됐지만, 완전히 긴장을 풀 수는 없었다. 나는 실비아, 브루스와 함께 뱃머리에 서서 수천 가지 다양한 색조의 터키 옥색과 녹색으로 빛나는 맑은 물을 내려다보고 있었다. 야자수와 흰 모래사장을 가진 아주 작은 섬들이 우리 옆을 미끄러지듯 지나갔다.

얼마 후 최근에 생긴 것 같은 녹슨 난파선이 나타났고, 그건 두려움의 대상인 매드 리프를 암시했다. 파도가 물밑에 있는 산호암초에 잔잔히 부딪치며, 흰 물거품을 뿜어 대듯 높이 치솟게 했다. 수천 개의 작은 물방울들이 허공에 뿌려졌다가는 다시 바닷속으로 떨어졌다.

거기서 우리는 아이티 본토에 도달하기 위해 좀 더 북쪽으로 항로를 잡았다. 말하자면 내전이 한창인 바로 그곳으로 향한 것이다. 우리는 위험할 기미가 정말 조금이라도 보이면 즉시 그곳을 뜨기로 합의를 보았다. 그러고 나서 우리는 인상깊은 산들로 둘러싸인 큰 만 안으로 진입했다. 한 작은 섬에 폐허가 눈에 띄었는데, 울창한 정글에 거의 뒤덮여 있었다. 섬 바로 옆에선 오래된 배의 구조물이 홀로 녹슬어 가고 있었다. 본토에는 작은 부락 바로 옆에 서 있는 오래된 요새의 두터운 성벽을 알아볼 수 있었다. 그건 생루이 요새임이 분명했는데, 수백 년 전 프랑스 인들이 축성한 거대한 보루였다. 우리는 문제가 발생하지 않을 경우, 그 폐허를 좀 더 자세히 관찰해 보기로 결정했다. 망원경을 통해 사람들이 이미 부락 앞의 해변에 모여 있는 것이 보였다.

우리는 브루스의 구명보트를 타고 본토로 건너갔고, 르빈은 캐터머랜에 남았다. 바그너와 펠릭스가 주민들이 우리를 마약밀매업자라고 여기지 않도록, 우리가 누구며, 뭘 하려는지 그들에게 통역하기로 했다. 우리가 배로 더 가까이 접근하자, 부락 주민들은 아주 공격적으로 해변에 떼를 지어 모여들었다. 하지만 바그너와 펠릭스가 그들의 불신을 종식시키는 데 성공했고, 우리는 아무런 방해를 받지 않은 채 보트에서 내릴 수 있었다.

그 부락은 반달 형태의 해변을 따라 퍼져 있었으며, 지붕을 짚으로 이은 쓰러져 가는 움막들로 아주 초라해 보였다. 우리가 성채로 출발하려 하자, 두세 명의 남자들이 우리를 따라왔고, 안내자임을 사칭하며 입장료를 요구했다. 우리는 화를 자초하지 않으려고 돈을 지불했다.

그 거대한 성채는 반원형으로 축성됐고, 두터운 성벽과 더불어 만을 내다보고 있었다. 수많은 건물들의 잔해가 가시가 많은 덤불과 다른 식물들로 뒤덮여 있었다. 급경사를 이루는 넓은 계단이 성벽 위를 지나 이전에 대포들이 설치돼 있던 곳으로 이어져 있었다. 추측컨대 그 무거운 대포들은 계단 옆에 난 비탈길을 통해 위로 옮겨졌던 것 같았다. 톰과 노르베르트가 영화촬영을 하는 동안, 나는 실비아, 브루스와 함께 위로 올라갔다.

성첩으로부터 예전에 장교들과 사병들에게 숙소를 제공했던 건물들의 잔해를 볼 수 있었다. 우리가 만으로 향한 쪽에 서서 밑을 내려다보자 대포들이 보였는데, 그 대포들이 그 요새를 일찍이 모든 공격자에 대항하는 하나의 보루로 만들었던 것이다. 이전에 대포들이 서 있던 나무수레들은 이미 오래 전에 썩었지만, 브루스와 나는 곧바로 프랑스식 디자인을 알아보았고, 실제로 '플뢰르 드 릴'이 찍힌 각인도 발견했는데, 그건 꽃잎이 세 개인 백합으로 프랑스의 국장이다.

밝혀진 대로 그 요새는 모건 선장과 전혀 상관이 없었다. 그 요새는 추측컨대 1703년에야 비로소 축성됐고, 따라서 모건의 시대가 어느 정도 지난 다음이었다. 그럼에도 우리는 요새가 완전히 부서지기 전에 그런 고고학적 보배를 보았다는 게 기뻤다. 다른 나라라면 어디든 그런 폐허가 관광객을 끌어들이는 특산품이 됐을 것이다. 요새로부터 만을 너머 전방에 위치한 섬을 바라보자, 그 섬에 있던 성벽들의 잔해가 어디에 쓰였는지도 분명해졌다. 그 섬엔 또 하나의 포병대가 주둔해 있었던 게 분명했다. 그렇게 해서 프랑스 인들은 만 안으로 들어오려는 모든 적국의 함선에게 즉시 집중 사격할 수 있었을 것이다.

우리는 그 작은 섬을 좀 더 자세히 살펴보기로 결정했다. 우디가 구명보트로 우리를 그곳으로 데려갔다. 옛 성벽으로 가는 도중, 우리는 하마터면 모래 속에 반쯤 묻혀 있던 거대한 프랑스식 닻에 걸려 넘어질 뻔했다. 거기서 포병부대의 입구까지는 몇 미터 되지 않았다. 아치 형태를 한 두 개의 성문이 완전히 정글로 뒤덮인 안마당으로 안내했다. 식물들이 돌 하나하나, 성벽 하나하나를 모두 모두 탈환한 상태였다. 이삼 백 년 후면 그곳에서 프랑스 인들의 유산을 더 이상 발견하지 못할 것 같았다. 그곳의 시설은 생각했던 것보다 규모가 컸고, 심지어 본토의 요새보다도 컸다. 프랑스 병사들이 연병장으로 사용했던 안마당엔 이제 야자수, 야생 바나나 그리고 무성한 덤불이 자라고 있었다. 무너진 건물들로부터 엄청나게 큰 나무들이 우뚝 솟아 있었고, 건물들의 텅 빈 창구멍과 문의 입구들이 우리를 응시하고 있었다. 바닥엔 부서진 도자기 그릇과 유리조각들이 흩어져 있었다. 우리는 포신을 없는 받침틀인 포가 몇 개와 얼마 떨어지지 않은 곳에서 대포들도 발견했다. 다른 요새에서처럼 성벽 위로 난 비탈길이 위쪽 포열로 이어져 있었다.

우리는 추락하지 않도록 조심하면서 흔들거리는 돌을 밟고 힘겹게 위로 올라갔다. 여러 번 다른 길을 찾아야 했지만, 마침내 그 섬에서 가장 높은 지점인 요새의 성벽 위에 설 수 있었다. 그곳에선 만 전체와 본토의 요새가 두루 내려다 보였다. 브루스와 나는 지도를 손에 들고 바다와 그에 인접해 있는 육지를 바라보았다. 그곳이 모건이 수백 년 전에 함대를 정박시켰던 그 만일까? 옥스퍼드호가 그곳에서 엄청난 폭발에 파괴되어 침몰했을까? 그 만이 큰 건 분명했고, 수심도 충분히 깊었다.

하지만 아니었다. 그곳엔 정박과 조종에 필요한 공간이 충분하긴 했지만, 무엇보다도 병목지점이 존재했던 것이다. 스페인 전함 두 척이면 모건의 소규모 함대를 포위하기에 충분했다. 노련한 뱃사람인 모건이 그런 위험을 무릅썼을 리가 절대 없었다. 그곳은 우리가 찾던 만일 수 없었다. 이제 유일하게 단 하나의 선택이 남았는데, 일 아바슈 섬의 남해안에 위치한 라 아트 만이었고, 우리는 그때까지 그곳에서 잠수를 하지 않은 상태였다. 4년이 넘는 탐구와 잠수

그리고 상당히 많은 자금이 소요된 세 번의 탐험여행 후, 브루스와 나는 다른 가능성을 모두 제외시켰다. 아니면 우리가 뭔가를 간과했었나? 또다시 그릇된 단서를 쫓고 있었고, 헨리 모건 경의 전설적인 배는 카리브의 전혀 다른 해저에 가라앉아 있는 걸까?

우리가 정박장소로 돌아올 때, 해는 이미 저물어가고 있었다. 아무튼 우리는 그날 잠수를 하지 않고도 옥스퍼드호의 안식처에 관한 두 개의 가능성 중 하나를 제외시켰다. 다음 날이면 우리가 탐색에 기울인 모든 노력이 헛수고였는지, 아니면 라 아트를 제대로 선택한 건지 밝혀질 터였다.

다음 날 아침 바그너와 펠릭스가 떠오르는 태양과 함께 카누를 타고 캣버드호로 노를 저어왔고, 우리는 6시 30분에 포트모건 앞의 정박장소에서 출발했다. 브루스는 레리타주 투호를 타고 이미 앞서 범주했었다.

일 아바슈 섬의 남서 해안에 위치한 라 아트로 가는 항해는 한 시간이 넘게 걸렸고, 우리는 아름답고 환상적인 외딴 해변과 바다 밑으로 급경사를 이루는 높은 산들을 지나갔다. 우리는 마침내 탁 트인 큰 만에 도달했는데, 중간 높이의 산들이 만 주위를 에워싸고 있었다. 우디는 우리 팀 전원과 장비를 해변으로 옮기기 위해 두 번이나 구명보트로 왕복을 해야 했다.

드디어 때가 됐다. 우리는 아름다운 흰 모래사장 위에 서 있었는데, 그 백사장은 첫눈에 생각했던 것처럼 그렇게 외딴 곳이 전혀 아니라는 사실이 밝혀졌다. 울창한 정글로부터 느닷없이 아이들이 나타났고, 아이들 뒤로 한 노인이 걸어나왔다. 아이들은 우리를 겁먹은 눈초리로 관찰했고, 바그너는 서둘러 그 노인에게 우리의 의도를 설명했다.

우리는 의회도서관으로부터 입수한 지도 위로 몸을 구부렸다. "야, 이걸 좀 봐, 여긴 모든 게 지도 위에 그려진 그대로야!"라고 브루스가 말했다. 내 심장의 박동이 빨라졌다. 그래, 저기 저편에 있는 높은 산과 그 옆의 작은 산, 정말 우리가 찾는 장소일 수 있었다. 우리들의 마지막 기회였다. 우리는 전망을 얻기 위해 먼저 높은 산에 오르기로 결정했고, 그래서 오솔길을 따라 빵나무와 대왕 야자수가 무성한 정글을 헤치며 산이 있는 방향으로 나아갔다. 약 100미터 정도를 지나가자 큰 우물이 있는 공터에 도착했다. 그러니까 아이들과 노인이 그곳에서 왔던 것이다. 하지만 유감스럽게도 우리는 그곳에 오래 머무를 여유가 없었다. 브루스가 자기 곁으로 오라고 내게 손짓을 했다. 나는 서둘러 달려갔고, 내 눈을 믿을 수가 없었다. 브루스는 벽으로 둘러싸인 작고 둥근 터를 발견했는데, 벽은 이미 거의 허물어진 상태였고, 안에는 오물과 돌이 가득했다. 그건 우물이었고, 우리가 잘못 생각한 게 아니라면, 이미 수백 년 전에 만들어진 우물이었다.

우리는 흥분한 채 우리를 안내하던 노인에게 물어보았다. 그 노인은 그 우물이 반경 수마일 내에 있는 유일한 우물인 것이 사실이라고 말했다. 브루스와 나는 서로를 쳐다보았다. 우리가 그곳에서 우연히 모건의 수원을 발견한 건 아닐까? 그곳이 모건이 기술하고, 해적들이 서로 만나고, 신선한 물을 조달했던 곳은 아닐까? 우리는 해적들이 포트모건에 있는 민물호수를 이용했을지도 모른다는 가능성도 고려했었다. 하지만 그 호수는 지금 저수지라기보다는 늪지대로 변해 있었다. 그러나 그건 전적으로 공론에 불과했다. 어쩌면 포트모건의 호수는 전부터 늘 그런 상태였고, 한 번도 식수용 저수지였던 적이 없었으며, 이제 우리가 진짜 수원을 발견한 것인지도 몰랐다. 왜냐하면 바로 그 근처에 원주민들이 새로 만든 우물엔 물이 충분했고, 게다가 해변으로부터 편안히 걸어서 도달할 거리에 놓여 있었다. 따라서 배의 물통을 수원으로 옮겼다가 다시 배로 운반하는 게 그렇게 힘들지는 않았을 것이다.

우리는 산의 정상에서 우리 이론을 검토해 볼 작정이었다. 우리는 출발했고, 약 150명 정도의 원주민이 우리 뒤를 따랐는데, 그들에겐 우리가 지난 몇 년을 통틀어 가장 대단한 볼거리인 것 같았다. 정상이 가까워질수록 우리들의 긴장도 증가했다. 정상에 도착하자 섬과 바다가 내려다보이는 멋진 조망이 우리를 매혹시켰다. 우리는 흥분해서 지도를 펼쳤다. 딱 들어맞았다! 300여 년 전에 그 지도를 그렸던 사람은 그때 우리가 서 있던 바로 그 장소에 있었던 게 분명했다. 모든 게 지도 위에 그려진 그대로였다. 산의 정상에서 북서쪽 방향으로 심지어 300년 전과 똑같이 작은 움막이 한 채 서 있었다. 그 지도 제작자는 움막 뒤의 오솔길과 그 옆의 더 낮은 산도 기입했고, 유일한 민물수원인 중요한 우물은 말할 것도 없었다.

우리는 주위를 둘러보았고 만을 내려다보았다. 그리고 불현듯 모든 게 명백해졌다. 저 밑에 캣버드호와 레리타주 투호가 있었고, 두 배는 추측컨대 1669년 1월의 숙명적인 그날 모건과 그의 선장들이 닻을 내렸던 바로 그 지점에 정박해 있었던 것이다. 더 이상 의심의 여지가 없었다. 우리는 모건의 비밀스런 회합장소를 발견했고, 어떤 적국의 함선이라 할지라도 이미 멀리서 식별할 수 있는 전망대 위에 서 있었던 것이다. 이제 우리를 저지할 건 아무것도 없었다. 우리는 곧바로 캣버드호에 승선해서 잠수를 해야 했다.

잠시 후 우리는 배에서 첫 번째 잠수를 준비했다. 나는 그날처럼 빨리 잠수복을 입었던 적이 없었다. 톰이 자신의 카메라를 잠수가 가능하게 준비했고, 우리는 브루스와 함께 캣버드호의 잠수발판에서 터키 옥처럼 푸른 바다 속으로 뛰어들었다.

나는 무중력 상태의 평온한 느낌을 거의 즐길 수 없었는데, 이번엔 그 정도로 흥분해 있었던 것이다. 나는 방향을 찾기 시작했고, 톰과 브루스를 찾아 주위를 둘러보았다. 그곳의 물살은 그 순간 아주 미약했고, 파도의 움직임도 미미했다. 햇빛이 거울처럼 맑은 물을 통과해서 모래와 작은 산호 군체들 위로 비치고 있었다. 해저는

6~7 미터 아래 있었고, 전방 백 미터 정도 되는 곳에서 공해를 향해 완만한 경사를 이루고 있었다.

우리는 천천히 해변 쪽으로 헤엄쳐 갔는데, 우리 밑으로는 모래, 산호 그리고 색색의 물고기 천지였다. 브루스와 나는 흥분한 나머지 바닥이 융기 된 곳, 돌, 산호마다 전부 실종된 옥스퍼드호의 일부라 여길 정도였다. 우리는 천천히 헤엄쳐 나가며 해저를 샅샅이 뒤졌지만, 시간이 흐를수록 점차 냉철해졌다. 처음의 흥분은 사라진 상태였다. 우리는 아무것도, 정말 아주 경미한 흔적조차도 발견하지 못했던 것이다.

물론 우리가 처음 잠수에서 대발견을 하는 경우가 드물다는 사실을 알고는 있었지만, 2~3센티미터마다 뭔가를 발견했던 매드 리프에서의 수중산책에 길들여져 있었던 것이다. 그리고 하필이면 옥스퍼드호와 마주칠 거라고 확신했던 바로 그곳에는 모래바닥 위에 정말 아무것도 없었는데, 하다 못해 콩알만 한 쇠 장식이나 파편 한 조각 없었던 것이다. 우리는 산소탱크가 바닥이 날 때까지 계속 탐색을 했지만 헛수고였다. 우리는 지친 채 물 위로 떠올랐고, 잠시 휴식을 취한 후 계속해서 잠수를 하기 위해 산소탱크를 교환했다. 우리가 새 사분면을 수색할 수 있도록, 우디가 캣버드호를 약간 서쪽으로 이동시켰다.

하지만 그곳에서도 상황은 마찬가지였다. 우리는 실망한 채 좀 더 서쪽에서 세 번째 사분면에 착수했다. 우리가 잠수발판에서 휴식을 취했을 때, 브루스와 나는 서로 한 마디도 하지 않았다. 그 정도로 우리의 실망은 컸던 것이다. 톰은 신경이 쇠약해진 나머지 포기한 채 배 안에 남았고, 우리는 세 번째로 물속에 들어가, 큰 기대는 하지 않은 채, 해저를 뒤지기 시작했다.

  브루스는 시선을 줄곧 바닥으로 향한 채 전방 3미터쯤에서 헤엄치고 있었다. 그런데 그가 갑자기 멈추더니, 두 팔을 내저으며 신호를 보냈다. "저거다! 브루스가 발견했다!"가 내가 할 수 있던 유일한 생각이었다. 나는 물갈퀴가 달린 발을 한두 번 빨리 움직여 브루스 옆으로 다가갔고, 무엇이 그를 그렇게 흥분시켰는지 볼 수 있었다. 그건 한 개의 닻이었다. 실망감이 내 전신을 엄습했다. 닻 하나는 아직 아무것도 의미하질 못했는데, 그 닻이 떨어져 나온 배가 필연적으로 침몰했어야 할 이유는 없기 때문이다. 하지만 10미터 아래에 놓여 있던 그 발굴물을 좀 더 자세히 관찰하자, 실망이 희망으로 바뀌었다. 그 닻은 뭔가 특별했던 것이다. 그 닻은 영국 해군성의 닻이 갖고 있던 특유의 형태를 하고 있었는데, 긴 닻채와 넓은 닻혀가 그것이었다. 아직 결정적인 증거는 아니었지만, 아무튼 모건 시대의 배 한 척이 언젠가 그곳에서 닻을 내렸었다는 증명은 됐다. 우리는 물 위로 떠올라, 캣버드호에 타고 있던 톰에게 물속으로 들어와 촬영을 하라고 신호를 보냈다. 그 동안에 브루스와 나는 다른 발굴물들을 찾아 닻 주변을 샅샅이 뒤지기 시작했다.

  하지만 그 닻 외엔 해저는 여전히 싹쓸이를 해 놓은 것 같았다.

그곳에 무슨 일이 있었던 걸까? 그곳에 배 한 척이 침몰했다면, 닻 근처에서 작은 잔해들이 발견돼야 했다. 우리가 뒤를 잘못 쫓고 있는 걸까? 우리는 그 기묘한 현상을 잠수발판 위에서 토론하기 위해 수면 위로 떠올랐다. 그러자 우디가 토론을 중단시켰고, 계속해서 잠수하지 말도록 충고했는데, 바람이 거세지고, 조류가 점차 강해졌던 것이다. 바람과 조류, 그 단어들이 핵심이었다. 그제야 모든 게 명백해졌다. 우리는 흥분한 나머지 옥스퍼드호가 통째로 침몰한 것이 아니고, 여러 조각으로 부서졌으며, 오랜 동안 바다 위에 떠다니다가, 가라앉기 전에 바람과 강한 조류에 휩쓸려 갔다는 사실을 잊어버리고 있었던 것이다. 추측컨대 우리는 그 참사가 발생했을지도 모를 모건의 정박장소를 발견하긴 했지만, 잔해는 다른 곳에서 찾아야 했다.

조류가 지난 수백 년간 매일 동일한 방향으로 흘러갔다면, 옥스퍼드호의 잔해가 어디로 휩쓸려 갔는지는 해도를 확인하기만 하면 됐다. 해도에는 조류가 흐르는 방향인 북서쪽으로 2~3마일 떨어진 지점에 유일하게 암초 하나만이 표시돼 있었다. 우리가 운이 좋다면, 그곳에서 발굴에 성공해야 했는데, 라 아트 만에서 흘러간 것들은 모두 필연적으로 아바쿠 암초의 산호에 걸려 있어야 했기 때문이다.

제 15장
아바쿠의 암초

자메이카로부터 아이티의 남부를 향해 항해를 하면, 일반적으로 제일 먼저 보이는 곳이 푸앵트 아 그라부아이다. 그 반도는 아이티의 최남단이다. 그 반도의 동해안에 아바쿠의 암초가 위치해 있다. 사람들은 아바쿠의 동해안과 일 아바슈 섬의 남서부 지역 사이의 해협을 카날 뒤 쉬드라고 부른다. 우리는 그곳에서 옥스퍼드호를 찾아 잠수할 예정이었다.

그건 내 경력 중 가장 위험했던 잠수였다. 일반적으로 카리브해의 잠수조건은 비교적 양호한 편이다. 많은 난파선들이 잠수부가 수면의 물살이나 날씨를 거의 또는 전혀 감지하지 못할 만큼 깊은 물속에 놓여 있다. 아바쿠의 암초에선 사정이 전혀 달랐다. 그 암초는 숙련된 잠수부에게조차 끊임없는 위협이었고, 매드 리프보다 그 정도가 훨씬 심했다. 그곳에선 바람, 조류 그리고 파도의 조건이 완벽해야만 잠수가 가능했다. 바람이 거세 지고, 조류와 파도가 강해지면, 잠수부는 속수무책으로 무조건 칼처럼 예리한 산호에 내동댕이쳐진다. 배가 자유롭게 지나다닐 수 있고 더불어 안전한 지역은 존재하지 않았는데, 그곳의 수심은 대부분 기껏해야 1~3미터 정도였다.

우리는 그때까지 카리브의 온난한 물속에서 팔과 다리가 짧고 3밀리미터 두께의 네오프렌으로 만들어진 '쇼티스'만 입었었다. 그 잠수복의 장점은, 잠수부가 그렇게 빨리 땀을 흘리지 않고, 동시에 최대한 자유롭게 움직일 수 있다는 점인데, 우리가 하는 작업엔 유리했다. 단점은 산호에 지나치게 가까이 접근할 것 같은 잠수작업을 할 수 없다는 점인데, 그럴 경우 팔과 다리의 피부는 갈라지고 잠수복은 갈기갈기 찢길 수밖에 없다. 그밖에도 공기호스같이 느슨한 부분이 산호에 걸려 잠수부가 생명이 위험한 상황에 처할 가능성이 항상 존재했다. 우리는 이번엔 더 나은 장비를 준비했다. 우리는 무게가 보강되고, 단추를 눌러 무게 균형을 잡을 수 있는 조끼를 받았다. 그 외에도 무릎과 팔꿈치가 보강된 5밀리미터 두께의 네오프렌으로 만들어진 특수 잠수복을 입고 있었고, 더불어 두꺼운 장갑, 특수 물갈퀴 그리고 시야를 거의 제한하지 않는 신종 물안경을 착용하고 있었다.

아바쿠의 암초로 접근하기 전에 우리는 잠수작업이 어떻게 진행돼야 하는지에 대해 상의를 했다. 우디가 우리를 구명보트로 가능한 한 가까이 그리고 빨리 암초로 데려가고, 그러면 뒤이어 밀려올 큰 파도가 구명보트를 암초로 내던져서 갈가리 찢기 전에 우디가 돌아갈 수 있도록, 우리가 재빨리 물속으로 뛰어드는 것이다. 우디와 실비아는 안전한 거리에서 누군가가 물 위로 떠오르는지 지켜보고, 구명보트를 가능한 한 가까이 접근시킨 후 구명밧줄을 던지고, 잠수부가 밧줄을 잡으면 우디가 다시 속력을 내서 잠수부를 위험지역에서 끄집어내기로 계획했다. 그럼에도 우리는 엄청난 위험을 무릅쓴다는 사실을 알고 있었다.

브루스, 톰 그리고 나는 장비를 모두 착용한 채 구명보트에 앉아 있었고, 우디가 보트를 몰았으며, 실비아가 동행했다. 우리는 이미 멀리서부터 맹렬하게 암초에 부딪쳐 부서지는 파도의 흰 거품을 볼 수 있었다. 매드 리프에서보다 훨씬 심했는데, 해협이라 물살이 더 빨라진 상태였다. 어떤 것도 그곳에서 부서지는 파도의 위력을 꺾지 못했다.

이제 모든 게 빨리 진행돼야 했다. 우디의 신호에 따라 우리는 뒤로 물속에 떨어졌다. 우리는 기포의 소용돌이 속에서 밑으로 가라앉았고, 즉시 세차게 암초 쪽으로 밀려갔다. 조류는 우리에게 장비를 점검하고 조절할 촌각의 여유도 허락하지 않았다. 우리는 소용돌이치는 물속에서 2~3미터 정도의 거리를 볼 수 있을 뿐이었다. 나는 간신히 두 사람에게 빨리 밑으로 잠수하라고 신호를 보낼 수 있었다. 우리는 우리를 아래로 끌어내리는 추가된 중량을 다행으로 여겼다. 그럼에도 우리는 파도와 조류가 우리를 이동시키는 걸 제지할 수 없었다.

우리는 순식간에 수면으로부터 2~3미터 아래 위치한 암초의 정상에 도달했다. 파도가 우리를 이리저리 뒤흔드는 동안 우리는 체계적인 탐색을 하려고 시도했다. 매번 부서지는 파도가 우리 위를 지나가면, 우리는 그 틈을 이용해 암초의 정상과 평행으로 헤엄을 치며 가능한 한 넓은 범위를 수색하려 애를 썼다. 동시에 우리는 될 수 있는 대로 바닥에 가까이 접근해서 움직이며, 산호 사이의 오목하게 들어간 곳이나 구멍 안으로 몸을 피해야 했다.

얼마 안 있어 밀물과 썰물조차 문제를 발생시킨다는 게 드러났다. 밀물일 때는 수심이 대략 3미터였고 항상 산호와 간격을 유지할 가능성이 있었다. 이제 썰물이 되자 수심은 1.5미터밖에 되지 않았고 바위와 산호에 내던져질 위험이 증가했다.

우리는 자연의 위력에 대항하면서 실제로 해저의 상당부분을 샅샅이 뒤졌다. 하지만 그렇게 세심하게 탐색을 했음에도 발견한 것은 없었다. 파편 하나, 쇠 조각 하나, 유리조각 하나 없었고, 그곳에서 수백 년 전에 배 한 척이 침몰했다는 걸 암시할 만한 어떤 흔적도 없었다. 우리는 휴식이 절실히 필요했지만, 물 위로 떠오르는 게 쉬운 일이 아니었다. 우리는 보트 팀에게 우리 위치를 알려야 했는데, 잠수복으로 완전무장을 한 채 파도에 이리저리 흔들리는 상황에선 그렇게 하기가 상당히 힘들었다. 하지만 우디와 실비아는 파도를 주의 깊게 살펴보고 있었고, 물살이 우리를 대략 어디로 이동시킬지 정확히 계산해 냈다. 두 사람은 얼마 안 있어 우리를 발견했고, 우디가 보트를 더 가까이 접근시킬 수 없자, 실비아가 밧줄을 던졌고, 보트로 우리를 위험지역에서 끌어냈다.

우리는 지치고 풀이 죽은 상태였다. 사실 어떻게 즉시 발굴에 성공할 거라고 생각할 수 있었을까? 우디는 우리를 캣버드호로 데려갔고, 우리는 거기서 한동안 휴식을 취했다. 그러고 나서 탐색을 중단했던 지점으로 다시 돌아갔다. 우리는 오후가 될 때까지 암초의 외곽에서 약 800미터를 샅샅이 뒤진 상태였고, 서서히 중심부를 향해 나아가고 있었다. 여전히 아무것도 발견할 수 없었다. 나는 계속하고 싶었지만, 그럴 수가 없었다. 신체의 모든 근육에 통증이 왔고, 브루스와 톰에게도 상황은 마찬가지였다. 우리가 다시 캣버드호에서 휴식을 취했을 때, 내게 좋은 생각이 떠올랐다. 저녁 무렵엔 그 지역의 바람이 대부분 누그러졌는데, 그건 조류와 파도도 마찬가지로 잠잠해진다는 걸 의미했다. 밤에 잠수를 해야 하는 건 아닐까? 브루스와 톰은 반대할 이유가 전혀 없었고, 그래서 우리는 섬의 바람을 받지 않는 지점에 캣버드호를 정박시키고, 어두워질 때까지 휴식을 취했다.

밤에 하는 잠수는 그 나름대로의 법칙을 갖고 있다. 해가 비쳐도 수중에선 쉽게 방향감각을 잃어버릴 수 있는데, 밤에는 그런 현상이 훨씬 더 심하다. 손전등이 작동을 안 하면 동료들과의 접촉이 쉽게 끊기는데, 그러면 특정한 상황하에선 생명이 위태로워질 수도 있다. 그래서 일반적으로 밤에는 손전등이 꺼질 경우, 최소한 동료들이 자신을 볼 수 있게 발광막대를 조끼에 장착한다.

게다가 우리는 구명보트에 탄 팀이 물속에 있는 우리를 발견하는 데 의존하고 있었다. 보트 팀이 우리가 어느 방향으로 움직이는지 알고 있긴 하지만, 힘이 드는 건 마찬가지였다. 우리는 우리 왼쪽의 암초를 따라 중심부를 향해 나아가고 있었다. 그곳에 옥스퍼드호의 잔해가 있다면, 잔해는 라 아트의 정박장소를 향한 암초 쪽에 놓여 있어야 했다. 그래서 우디가 오후에 탐색을 중단했던 위성항법장치의 좌표로 우리를 데려갔다. 브루스와 나는 강한 수중전등을 준비했고, 톰은 추가로 자신의 카메라에 장착된 강력한 탐조등을 사용할 계획이었다.

우리는 불빛 한 점 없는 암흑 속으로 빠져들어 갔다. 얼마나 엄청난 차이인가! 파도는 정말 잔잔했고, 조류도 몇 시간 전보다 훨씬 약하게 우리를 잡아당겼다. 우리는 거의 방해받지 않고 잠수할 수 있었다. 우리는 천천히 어두운 바다 밑으로 미끄러져 내려갔다. 브루스와 내가 앞장섰고, 톰이 뒤를 따랐다.

우리는 하나라도 못보고 지나치지 않으려는 마음에 바다 밑바닥 바로 위를 헤엄쳐 갔는데, 그것은 상당히 힘든 일이었다. 불빛에 유혹된 수백 마리의 작은 물고기들이 갑자기 나타났던 것이다. 물고기들은 모두 불빛으로 모여들었고, 너무 많은 숫자가 너무 가까이 불빛 속으로 헤엄쳤기 때문에, 더 이상 아무것도 식별할 수 없었다. 유일한 방법은 때때로 전등을 끄고 물고기들이 다시 흩어질 때까지 기다리는 거였다. 전등이 켜지면 물고기들은 다시 모여들었다.

우리는 느린 속도로 찬찬히 탐색해 나갔다. 나는 주의 깊게 바닥을 바라보았다. 이건 산호, 저건 불가사리, 이건 게⋯⋯. 갑자기 뭔가 눈에 들어왔다. 나는 하마터면 그 원통 모양의 물체를 못보고 지나칠 뻔했다. 그 물체는 온통 산호로 뒤덮여 있었지만, 어쩐지 주변 환경에 어울리지 않았다. 나는 그 물체를 집어들어 좀 더 자세히 관찰했다. 나는 그런 물건을 이미 자주 본 적이 있었다. 옆이 불룩 튀어나온 원통, 그건 머스켓총의 발사장치였다!

브루스는 내가 한 곳에 오래 머물러 있는 것을 보았고, 내게로 헤엄쳐 와서, 내 손에서 그 물체를 가로채 자세히 들여다보았다. 브루스는 우리가 드디어 발견에 성공했다는 기쁨에 겨워 자신의 마우스피스에서 꿀떡꿀떡 소리가 나게 했다. 우리는 그 장소를 촬영하라고 톰에게 신호를 보냈다. 우리는 흥분한 나머지 상당한 분량의 모래를 흩날리게 했고, 모래가 다시 가라앉을 때까지 기다려야 했다. 톰이 막 촬영을 시작했을 때, 우리가 움직임으로 해서 드러난 것들이 보였다. 무수한 작은 물체들이 모래 밖으로 솟아 나와 있었는데, 분명 사람의 손으로 만들어진 것들이었다. 여섯, 아니 여덟 개의 머스켓 총알, 유리와 도자기 파편, 총신들 그리고 처음엔 동전인줄 알았으나, 표면의 때를 제거하자 가구장식이란 게 드러난 것들도 있었는데, 하나는 장미형태를 하고 있었고, 다른 하나는 열쇠구멍을 위한 장식이었다.

우리가 침몰한 배의 잔해를 발견한 것만큼은 명백했다. 우리는 첫 발굴지점을 오렌지색 부표로 표시해 놓고 주변을 샅샅이 뒤지기 시작했다. 이제 마치 봇물이 터진 것 같았다. 우리는 그저 둘러보기만 하면 됐다. 갑자기 온통 유물 천지였다. 그건 난파선을 찾는 잠수부에겐 천국과도 같았다. 바닥의 작은 분지에, 산호 군체 내의 구멍들 속에, 또는 그냥 모래 속에, 도처에 수백 년 된 배의 잔해가 널려 있었다.

산소탱크는 바닥이 났고, 그때처럼 도중에 중단한다는 게 힘든 적이 없었지만, 우리는 다시 물 위로 올라와야 했다. 나중에 전문가에게 좀 더 정확한 분석을 의뢰하기 위해 약간의 발굴물들을 지닌 채, 우리는 수면 위로 헤엄쳤다. 그사이 파도는 실비아와 우디가 구명밧줄을 던지지 않고 우리를 곧바로 물에서 건져낼 수 있을 만큼 잔잔해져 있었다. 우리는 전에 없이 만족한 기분으로 캣버드호로 돌아왔다.

다음 날 아침엔 북동풍이 불었다. 즉 바람이 육지로부터 불었고,

그건 좋은 징조였다. 바다는 그 전날들보다 전반적으로 더 잔잔할 것이며, 우리는 다시 낮에 잠수를 감행할 수 있게 됐다. 나는 그 시간까지 기다릴 수 없을 지경이었다.

다음 날 아침 우리는 될 수 있는 대로 일찍 출발했다. 우리가 지난밤에 떠났던 장소는 아침 햇살에 훨씬 더 우호적으로 보였다. 물살이 세졌지만 그 전날 낮처럼 심한 편은 아니었다. 자신의 의지대로 헤엄쳐 나가는 건 여전히 생각할 수 없었다. 바닥에 도착할 수 있기 전에 파도가 나를 산호 위로 밀어 올렸다. 나는 밑으로 가라앉는 도중에 뭔가를 붙잡으려고 시도했지만, 기회가 없었다. 나는 조류에 휩쓸려 칼처럼 예리한 산호, 바위 덩어리, 모래분지 위로 밀려 갔는데, 그때 갑자기 내 앞에 대포가 나타났다. 두껍게 딱지가 지고 온통 산호와 다른 바다생물들로 뒤덮여 있었지만 그건 분명 대포였다. 나는 대포를 잡으려고 시도했지만 헛손질을 하고 말았다. 그래서 가장 가까이 있는 것에 손을 뻗었고, 간신히 작은 돌출부를 붙잡을 수 있었다. 나는 그 돌출부를 꽉 붙들었다. 거대한 파도가 또다시 나를 위로 끌어당겼지만, 곧 압박이 감소됐다. 나는 내가 붙들고 있는 게 무엇인지 알아볼 수 있었는데, 그건 또 하나의 대포였다. 우리의 예상이 적중했던 것이다. 내가 제일 먼저 생각한 건, 톰과 브루스에게 내가 발견한 걸 보여주는 거였다. 나는 주위를 둘러보았다. 그들도 마찬가지로 그 위험한 파도타기를 당했고, 이제 내게서 2~3미터 떨어진 곳에 떠 있었는데, 그들 옆에 최소한 세 개의 큰 닻들이 놓여 있는 게 보였다.

나는 내 눈을 거의 믿지 못했고, 서둘러 그들 쪽으로 헤엄쳐 갔다. 대포도 좋지만 닻이 훨씬 더 나았는데, 특징들을 조합해야 비로소 배를 가장 정확하게 확인할 수 있기 때문이다. 닻들을 자세히 관찰하자, 나는 가슴이 두근거렸다. 그 형태들은 낯이 익었다. 그 닻들은 우리가 라 아트에 있는 모건의 정박장소에서 발견한 닻과 아주 똑같은 형태를 하고 있었다. 그건 영국 해군성의 닻들이었다. 그리고 그 사실은 오직 한 가지만 의미할 수 있었다. 마침내, 4년간의 힘든 노고 뒤에 우리가 침몰한 모건 선장의 배들을 발견했고, 더욱이 옥스퍼드호 자체를 발견한 것인지도 몰랐다! 우리는 너무나 기쁜 나머지 수중에서 환호성을 지르며 춤을 추고 싶었지만, 그 대신에 유쾌한 꿀떡꿀떡 소리와 함께, 다시 파도에 휩쓸리지 않게 재빨리 서로를 한 번 끌어안는 걸로 만족했다.

우리가 목적을 달성했다는 사실에는 의심의 여지가 없었다. 그런 닻이나 대포를 분명히 확인해서 특정한 배에 속했었다는 사실을 입증하기까지는 어느 정도 시간이 걸리겠지만, 상황은 명백했다. 그건 모건이 활동했던 시기에 제작된 영국 해군성의 닻이었다. 그리고 그 지역에서 그에 해당하는 시기에 침몰한 유일한 영국 함선은 옥스퍼드호와 그 배의 호위함선들이었다. 우리는 그 당시에 실종된 배들 하나하나에 대해 잘 알고 있었고, 그곳에서 다른 영국 함선이 정말 단 한 척이라도 침몰했다는 정보를 어디서도 발견하지 못했다. 그런 일이 있었다면 영국 해군성의 문서에 기재됐을 것이다. 아무리 작은 배라 할지라도 손실된 배는 지나칠 정도로 꼼꼼하게 기록됐기 때문이다. 영국 해군이 단 한 척만이라도 대형 함선의 손실을 기록하는 걸 소홀히 한다는 건 전혀 불가능했다. 따라서 우리가 모건의 배들의 잔해를 발견했다는 사실은 의심의 여지가 있을 수 없었다.

우리는 남아 있는 산소를 도처에서 발견한 대포들을 세는 데 사용했다. 내가 처음 발견한 두 문의 대포 바로 옆에는 또 한 쌍의 대포가 놓여 있었다. 그리고 몇 미터 떨어진 거리에 이미 다른 대포들의 윤곽을 알아볼 수 있었다. 우리는 고고학적 보물창고로 통하는 문을 열어 젖혔던 것이다! 마침내 지난 몇 주간의, 아니 지난 몇 년간의 긴장이 풀리기 시작했다. 나는 목적을 달성했다는 사실을 확신했고, 어느 정도 들뜬 기분이 됐다. 나는 이제 조류와 부서지는 파도를 더 이상 적이 아니라 도전으로 간주했고, 내가 어디까지 갈 수 있는지, 그 다음 번 잠수에서 시험해 보기 시작했다. 나는 때때로 파도와 조류에 대항하는 싸움에서 패배했고, 약간의 네오프렌뿐 아니라 피와 살도 남겨두어야 했지만, 그런 행복한 순간에 그건 그만한 가치가 있었다.

어떻게든 작업을 할 수 있기 위해선 끊임없이 무언가를 붙잡아야 했다. 산호든, 돌 또는 유물자체든 상관이 없었고, 중요한 건 강한 파도가 우리를 휩쓸어가지 않는 거였다. 브루스와 내가 닻 하나를 측정하려 했을 때, 나는 그런 예방조치를 잠깐 잊어버렸다. 브루스는 줄자의 끝을 바깥 닻혀에 대고 있었고, 나는 줄자를 좀 더 풀기 위해 감겨 있는 줄자를 두 손으로 들고 있었다. 그때 파도가 덮쳤고, 나는 대략 8~9미터 멀리 망망대해로 내던져졌다. 촬영조건은 더 나빴다. 쉴 새 없이 흔들리는 물속에서 톰은 카메라를 전혀 고정시킬 수 없었다. 두 손을 촬영하는 데 사용할 수 있도록 톰을 고정시키는 좋은 방법 중 하나는, 그의 다리에 매달린 채 그를 산호로부터 격리시키는 거였다. 톰이 촬영을 하면서 자기도 모르게 생명을 위협하는 산호 가장자리에 지나치게 가까이 접근한 게 한두 번이 아니었다.

우디와 실비아는 지칠 줄 모르고 수면 위에서 기다렸고, 항상 우리를 위험지역에서 끄집어냈다. 데이터 뱅크는 차츰 발굴물 하나하나에 관한 정보들로 채워지기 시작했다. 잔해들은 절반에 가까운 암초 위에 분산돼 있는 것처럼 보였다. 깨지고 부서진 조각들, 대포, 닻, 모든 게 다 있었다. 그곳엔 최소한 배 두 척의 잔해가 놓여 있는 게 분명했는데, 더 많은 배들일 가능성이 많았다. 그때까지 발견한 것들로 봐서, 우리는 더 많은 것들을 발견할 걸로 예상했었다. 그러나 우리가 탐색을 한 지 3일째 되던 날 조건이 다시 악화됐다. 바람이 거세지며 방향을 바꾸었고, 파도는 높아졌고 조류도 강해졌다. 우리에게 남아 있던 얼마 안 되는 날들을 고려할 때, 우리는 선택의 여지가 없었다. 위험이 증가됐음에도 불구하고 잠수를 계속해야만 했다.

우리는 이번엔 암초의 중심부 근처에 잠수했다. 우리가 첫눈에 확인할 수 없는 몇 개의 작은 금속조각들을 지나쳐 떠밀려 가는 순간 갑자기 무언가와 마주쳤고, 내 심장의 고동이 빨라졌다. 처음엔 단지 소용돌이치는 물속의 어두운 그림자일뿐이었다. 물살이 너무 빠른 속도로 브루스와 나를 그쪽으로 몰아갔기 때문에, 우리는 마지막 순간에야 가까스로 산호를 붙잡을 수 있었다. 그렇게 하지 않았더라면 또다시 그냥 지나쳤을 것이다. 우리는 몸을 고정시켰고, 그러자 나는 놀라서 숨을 쉴 수가 없었다. 나는 우리 바로 앞에서 이제껏 난파선을 찾는 잠수부로서 내 경력 내내 보았던 것들 중 가장 믿을 수 없는 광경을 보았다. 큰 산호언덕의 정상에 두 문의 대포가, 거의 포구와 포구를 맞댄 채, 서로 마주보고 서 있었다. 그건 마치 누군가가 그 대포들을 그곳에 일부러 그런 형태로 배치해 둔 것처럼 보였다. 대포들 바로 옆에는 기이한 원통 형태의 물체들이 놓여 있었다. 우리가 다가가서 칼로 표면을 약간 긁자, 작은 검은 구름이 피어올랐다. 그건 나무가 이미 수백 년 전에 썩어 없어진 화석이 된 화약통의 내용물이었다.

그렇지 않아도 그 날의 조류 때문에 용이한 일은 아니었지만, 우리는 우리가 발견한 것을 촬영하도록 시도해 보라고 톰에게 신호를 보냈다. 그러자 톰은 한술 더 떠서, 대포들과 우리를 함께 필름에 담고 싶다는 신호를 보내왔다. 내가 대포들 쪽으로 다가가려는 순간, 예기치 않았던 파도가 나를 덮쳤다. 나는 갑자기 두 문의 대포가 곧바로 나를 향해 다가오는 걸 보았다. 나는 마지막 순간에 두 포문 사이로 비집고 들어가는 데 성공했다. 찌르는 듯한 통증이 어깨와 엉덩이에 퍼져나갔다. 브루스와 톰은 보이지 않았다.

상황은 시시각각으로 악화됐다. 파도는 맹렬하게 덮쳐왔고, 나는 더 이상 대응할 수가 없었다. 나는 처음으로 정말 생명에 대한 두려움을 느꼈다. 환상적인 발굴물이든 뭐든 우리는 거기서 빠져 나와야 했다! 하지만 그 당시 상황에선 이미 더 이상 그렇게 간단한 일이 아니었다. 부서지는 파도는 이제 일 초 간격으로 밀려왔고, 나를 점점 더 암초 위로 밀어올렸다. 그곳은 구명보트가 접근하기엔 지나치게 위험한 장소였다. 파도 하나가 나를 곧바로 산호 군체 한 가운데에 난 작은 동굴 안으로 내던졌다. 다른 때 같았으면 나는 그 동굴을 만난 걸 기뻐했을 것이다. 동굴의 모래바닥은 작은 유물들로 뒤덮여 있었다. 그러나 나는 오로지 그곳에서 빠져 나오고만 싶었다. 나는 조류에 강하게 저항했지만 소용이 없었다. 파도는 나를 다시 내 감옥 안으로 밀어 넣었다. 나는 도움닫기를 해서 온 힘을 다해 바닥을 차며 몸을 솟구쳤지만, 또 다시 실패하고 말았다.

이제 공포에 사로잡혀서는 안 돼! 침착해야지. 나는 파도의 리듬을 알아내서, 파도가 잠시 멈추는 순간을 포착해야 했다. 나는 두근거리는 가슴을 진정시키며, 그 순간을 기다렸다. 나는 적절한 순간에 바닥을 차며 뛰어올랐고, 동굴에서 빠져 나오는데 성공했다. 톰과 브루스는 어디에도 보이지 않았다. 시계는 급격히 나빠졌는데, 날아오르는 모래와 흔들리는 물결로 한 치 앞을 알아보기조차 힘들었다.

일단 물위로 떠오르는 게 상책이었다. 내 주위로 파도가 미친 듯이 몰아쳤고, 멀지 않은 곳에 구명보트에 탄 우디와 실비아를 볼 수 있었다. 하지만 같이 잠수했던 동료들의 흔적은 보이지 않았다. 보트에 탄 두 사람은 내게 신호를 보내, 밧줄로 나를 끌어내야 할지를 물었고, 나는 거절하는 신호를 보냈다. 우선 브루스와 톰이 어디 있는지 알아내야 했다. 바로 그 순간 내 왼쪽으로 2~3미터 떨어진 지점에서 브루스의 얼굴이 수면 위로 떠올랐다. "톰은 어디 있니?" 브루스가 소리쳤다. "나도 몰라!" 내가 큰 소리로 대꾸했다. "산소가 얼마나 남았니?" 브루스가 물었다. "다 떨어졌어!" 내가 대답했다. 나는 동굴에 갇혀 있는 동안 남아 있던 산소를 전부 소비했었다. 브루스에겐 아직 소량이 남아 있었지만, 탐색이나 구조작업을 하기엔 절대로 충분하지 않은 양이었다.

나는 가슴이 철렁 내려앉는 것 같았다. 수중에서 동료를 잃어버리면 물 위로 떠오르는 게 일반적이다. 그건 기본절차이다. 따라서 우리는 톰에게 무슨 일이 발생한 게 틀림없다는 결론을 내릴 수밖에 없었다. 브루스는 다시 잠수해서 톰을 찾으려고 했다. "그건 부질없는 일이야!" 내가 소리쳤다. "우린 이제 거의 암초 정상에 와 있어! 우디와 실비아가 우리를 빼내지 않으면, 산호가 우리를 죽일 거야!"

하지만 브루스를 제지할 수는 없었다. 내가 점점 더 가까이 위험한 산호 쪽으로 밀려가는 동안, 브루스는 다시 수면 밑으로 사라졌다. 나는 실비아에게 밧줄을 던지라고 신호를 보냈다. 나는 이제 더이상 아무것도 할 수 없었다. 먼저 내 자신부터 구해야 했다. 더 이상 브루스를 뒤따를 수도 없었다. 여러 번의 시도 끝에 나는 마침내 밧줄을 잡는 데 성공했고, 보트가 나를 암초로부터 안전한 지역으로 끌어당겼다.

나는 서둘러 보트 위로 올라갔다. 기다리는 수밖에 없었다. 우리세 사람은 긴장한 채 거세게 출렁이는 수면을 응시하고 있었다. 저기 있다! 나는 먼저 암초에서 좀 더 아래쪽으로 떨어진 지점에서 톰의 머리를 보았고, 그러자 나와 비슷하게 이미 너무 멀리 날카로운 산호 위에 떠 있는 브루스를 발견했다. 브루스는 급히 위험지역으로부터 벗어나야 했다. 우디는 이미 톰을 향해 몰고 가던 보트를 급선회시켰고, 브루스를 향해 방향을 잡았다. 브루스는 단번에 밧줄을 잡는 데 성공했고, 우디가 속력을 내서 그를 부서지는 파도에서 빼내 암초 앞의 안전한 지역으로 옮겼다. 그러고 나서 무사한 톰을 물에서 건져내는 건 식은 죽 먹기였다.

아무도 심각하게 부상을 입지 않았다. 나는 한시름 놓았다. 그러나 톰이 얼마나 경솔하게 스스로를 위험에 빠뜨렸는지 알게 되자,

거의 자제력을 상실할 뻔했다. 톰은 우리와의 접촉이 끊기자, 그냥 촬영을 계속했고, 몇 장면을 더 카메라에 담으려고 시도했다. 그러다가 나와 비슷한 상황에 처하게 됐던 것이다. 그것도 무거운 카메라를 들고 말이다. 그건 어리석고 경솔한 행동이었다. 영화에 필요한 어떤 좋은 장면도 자신의 생명을 걸만큼 가치가 있는 건 아니다. 톰을 찾으려고 일부러 또 한 번 잠수를 했던 브루스는 캣버드호로 돌아오는 내내, 톰이 우리 모두를 위험에 빠뜨리게 한 사실에 대해 진정하질 못했다.

우리가 포트모건에 정박하자, 그 사건은 금세 잊혀졌다. 우리가 이제 유일하게 생각했던 건 엄청난 발굴물들이었다. 우리의 작업이 끝나기엔 아직 먼 상태였다. 우리는 암초 위를 절반이나 헤엄치며 잔해의 흔적을 따라갔지만, 마지막 잠수에서야 비로소 다른 대포와 닻의 그림자를 보았다. 우리는 그것들을 모두 세고, 기록하고, 지도를 제작해야 했다. 나는 우리가 그곳에서 몇 척의 난파선을 발견한 것인지에 대해 적어도 하나의 근거를 확보하고 싶었다.

제 16장

이루어진 꿈

다음 날 아침 우리는 너무 이른 시각에 암초에 도착한 덕에, 비참한 결과를 초래했을지도 모를 전날의 잠수 때보다는 더 나은 조건에서 잠수를 시작할 수 있었다. 우리 모두 이미 완전히 지친 상태였음에도 불구하고, 거의 휴식을 취하지 않았으며 쉬는 날도 없었다. 목표를 달성하기 직전이던 그 당시에 더 많은 시간을 지체한다는 걸 우리 스스로 용납할 수 없었다.

그날 시계는 형편없었다. 나는 내 바로 오른쪽에서 잠수하고 있는 브루스조차 볼 수 없을 정도였다. 하지만 우리는 어쨌든 금방 두 문의 대포가 서 있던 언덕을 발견했다. 다행이 물살은 전날보다 훨씬 약했고, 발굴물 주위를 여유를 가지고 헤엄칠 수 있는 기회를 마련해 주었다.

　어디를 보건, 어디로 손을 뻗건, 우리는 도처에서 일찍이 위용을 자랑했던 배들의 잔해를 발견했다. 작은 구멍이나 모래에 손을 집어넣을 때마다, 머스켓 총알, 쇠 장식들, 또는 파편들을 발견했다. 한 산호언덕엔 머스켓총의 총신들이 꽂혀 있었고, 바로 옆에는 한 무더기의 포도주 병들이 놓여 있었다. 몇 개는 이미 깨진 상태였지만, 다른 병들은 수백 년이 지났음에도 전혀 훼손되지 않은 것처럼 보였다. 브루스는 한 분지에서 최소한 20개의 가구장식, 놋쇠 부스러기, 열쇠구멍장식, 함의 손잡이 등을 발견했다.

　바로 그 옆에는 다양한 크기와 색깔의 유리그릇과 도자기들의 파편이 놓여 있었다. 우리는 가슴을 또 다시 두근거리게 하는 물건을 발견했다. 그건 유리파편이었다. 하지만 그릇에서 나온 것이 아니고, 창 같은 것에서 나온 납작하고 매끄러운 유리였다. 그건 내가 그때까지 감히 발설하지 못했던 내 추측에 대한 마지막 증거였다. 큰 함선의 선미부분 전체가 그곳 언덕에 잠들어 있었다! 왜냐하면 그 당시에는 배의 선미에 있는 선장의 방에만 유리창과 놋쇠장식을 한 가구들이 있었기 때문이다. 그곳엔 수백의, 아니 심지어 수천 개의 귀중한 유물들이 그냥 아무렇게나 흩어져 있었다. 산호 밑에 어떤 것들이 더 숨겨져 있을지는 예측할 수 없었다. 어쩌면 그 언덕

자체가 이전에 배의 일부였던 건 아닐까? 그 산호 더미 밑에 무엇과도 바꿀 수 없는 다른 보물들이 숨겨져 있는 건 아닐까?

점점 거세지는 물살이 내 생각을 중단시켰다. 시계는 더 나빠져 있었고, 나는 내가 처했던 위험을 떠올렸다. 별안간 나는 또다시 브루스와 톰을 잃어버렸다. 혼탁한 수중에서 그들을 찾는 건 전혀 부질없는 짓이었다. 그래서 나는 물 위로 떠올랐다. 수면 위로 떠오르자마자 곧 내게서 어느 정도 떨어진 거리에 있는 두 사람을 발견했다. 나는 그들에게 만사가 오케이라는 신호를 보냄과 동시에 물살이 이미 나를 위험할 정도로 암초 가까이 몰아간 걸 알아챘다. 그사이 부서지는 파도는 너무 거세졌고, 혼자 힘으로 헤엄쳐서 돌아 나오는 건 불가능했다. 그래서 나는 어느 정도 떨어진 거리에서 보트를 타고 순찰을 돌고 있던 우디와 실비아를 불러들여야 했다. "지체하지 말고 계속 해!" 나는 브루스와 톰을 향해 외쳤다. 그들은 우디가 이미 오고 있는 중이란 걸 보자, 간단히 오케이 신호를 보내고 다시 물속으로 사라졌다.

우디는 보트를 나와 암초 쪽으로 최대한 가까이 접근시켰다. 그러나 나는 여전히 구명밧줄이 닿지 않는 곳에 있었고, 그사이 파도가 부서지는 지점 한복판에서 헤엄치고 있었다. 나는 전력을 다해, 최소한 내가 있던 곳에 머물려고 애썼다. 하지만 파도는 더 크고 높게 일었고, 더 강한 위력으로 나를 덮쳐왔다. 나는 파도에 맞서 싸웠지만 소용이 없었다. 실비아는 이제 우리가 만일의 경우를 대비해 보트에 실었던 더 긴 밧줄을 집어 들어 나를 향해 던졌다. 옆으로 빗나가서 도저히 잡을 수가 없었다. 다시 시도를 했지만 너무 짧았고, 내 손이 밧줄에 닿지 않았다. 네 번째 시도해서 비로소 성공했고, 나는 마침내 간신히 밧줄을 거머쥐었다. "꽉 붙들어! 이제 출발한다!" 우디가 소리쳤다. 우디는 전속력으로 위험지역으로부터 빠져나와야 했다.

오른쪽 어깨를 지나 손까지 전달된 충격은 엄청났다. 극심한 통증이 어깨에 퍼져나갔지만, 지금 밧줄을 놓을 수는 없었다. 우디가 큰 파도를 향해 보트를 전속력으로 몰았을 때 사고가 터졌다. 보트의 속력이 갑작스레 감소되면서 밧줄이 느슨해지는가 싶었는데, 파도 꼭대기에 도달한 우디가 다시 속력을 얻자 밧줄이 순식간에 팽팽해졌고 나는 갑작스런 엄청난 충격에 팔이 빠질 뻔했던 것이다. 그러나 여전히 산소탱크의 마우스피스를 입에 물고 숨을 쉬고 있던 터라 비명조차 지를 수 없었다.

우리가 마침내 수면이 잔잔한 곳에 도착하자, 실비아와 우디는 나를 배 안으로 끌어올려야 했다. 나는 혼자 힘으로는 해내지 못했을 것이다. 내 어깨는 더 이상 쓸모가 없었고, 손가락도 움직일 수 없었다. 실비아가 잠수복을 벗겨 주어야 했다. 그사이 우디는 대략 브루스와 톰이 떠오를 만한 지점으로 보트를 접근시켰다. 암초는 보트에서 보기엔 아주 조용하고, 평화롭고, 대수롭지 않은 인상을 주었다. 수정처럼 푸른 물은 거대한 파도를 이루며 암초를 향해 하나 둘 밀려가고 있었다. 파도가 철썩이며 암초에 부서지고, 흰 물거품을 위로 뿜어대는 광경은 환상적이었다.

찌르는 듯한 어깨의 통증이 내 생각을 중단시켰다. 나는 이를 악물었고, 브루스와 톰이 빨리 물 위로 떠오르기만 바랐다. 내 팔은 시급히 치료를 해야 했다. 나는 근육이나 인대가 파열되지 않았기를 간절히 기도했다. 마침내 수염을 깎지 않은 브루스의 웃는 얼굴이 파도 사이로 나타났다. 그는 뭔가를 손에 들고 있었는데, 아직 알아볼 수 없었다. 곧이어 톰도 수면 위로 떠올랐다. 실비아와 우디가 두 사람을 암초로부터 끄집어내는 데는 2~3분이 걸렸고, 브루스는 자신이 발견한 걸 보여 줄 수 있었다.

언뜻 보기에 그건 볼품없는 작은 공 같았는데, 대포알 같기도 했다. 그러자 나는 그게 수류탄이라는 사실을 깨달았다. 나는 그런 걸 박물관에서 본 적이 있는데, 해적들은 그 당시 그런 폭탄을 자주 사용했다. 브루스와 톰은 다른 대포들과 몇 개의 닻을 발견했지만, 잔해의 흔적은 그걸로 끝이었다.

나는 그 탐험여행에서 더 이상 잠수를 못할 것이며, 발굴물들을 직접 보지 못할 거라는 사실을 이미 감지한 상태였다. 그런 어깨로 그렇게 험한 해역에서 계속 잠수를 한다는 건 불가능했기 때문이다. 그렇지만 불평할 이유는 없었다. 우리는 발굴장소 전체에 대한 정확한 개요를 얻었고, 이제 닻과 대포를 전부 합산해서 몇 척의 난파선이 그곳에 있는지, 그리고 과연 옥스퍼드호도 그곳에 있는지 알아낼 수 있었다.

브루스와 톰이 얼마나 많은 대포들이 아직도 저 밑에 있는지 설명하자, 나는 두 사람이 부러웠다. 브루스는 자신이 나중에 올 잠수부들을 놀리려고 한 문의 대포 옆에 대포알들을 세심하게 차곡차곡 쌓아 놓았다고 말했다. 대포알의 수효를 고려할 때, 그건 고고학적 경관을 훼손하는 게 아니었고, 나는 우리가 그 정도의 즐거움은 누릴 만했다고 여긴다.

우리는 이제 한번만 더 잠수해서 잔해의 흔적이 정말 그곳에서 끝나는지 확인할 필요가 있었다. 잠수는 짧은 휴식 후 나를 제외한 채 시작될 예정이었다. 우리는 일단 캣버드호로 돌아갔고, 나는 거기서 진통제를 복용하고 통증을 가라앉히는 습포를 어깨에 붙였다. 그나마 왼손은 사용할 수 있어서, 나는 자료들을 컴퓨터에 입력했다. 우리가 그사이 수집한 모든 정보에 따르면, 우리는 세 곳의 대형 발굴장소를 찾아냈고, 우리는 그 장소들을 거기서도 A, B, C로 표시했다. 세 곳에서 발견된 발굴물들은 모두 1650년에서 1720년에 걸친 동일한 시기의 것처럼 보였는데, 닻, 대포 그리고 다양한 가구장식과 장비 일체의 디자인이 그 사실을 뒷받침했다. 뿐만 아니라 우리가 감정했던 대상들은 전부 영국산인 것 같았는데, 쉽게 확인할 수 있는 닻만큼은 정말 분명했다.

우리는 전반적으로 크기가 서로 다른 두 종류의 대포와 닻을 발견했다. 발굴장소 A와 B에는 같은 종류의 깨진 병들, 동일한 화약통들, 다시 말해서 통 모양으로 화석이 된 내용물의 잔해를 발견했다. 화약은 소금물과 혼합되면 시멘트 같은 덩어리가 되며, 나무통이 썩어 없어져도 여전히 그 형태를 유지한다.

우리는 도합 11개의 닻과 60문의 대포를 발견했다. 우리는 모래 밑과 산호 군체 안에 상당수가 더 숨겨져 있을 게 분명하다고 추측했다. 우리가 조사한 기록자료와 수많은 전문가들과 나눈 대화에 의하면, 그 당시 범선들은 평균적으로 4개의 닻을 배 안에 갖고 있었다고 한다. 어쩌면 그 배들은 본국에서 너무 멀리 떨어져 있었기 때문에 좀 더 많은 닻을 갖고 있었을지도 몰랐고, 그래서 우리는 최소한 두 척, 아니면 세 척의 배라고 생각할 수 있었다. 다수의 대포 역시 그 사실을 암시했다. 우리는 영국 해군성의 자료를 통해 대영제국 전함 옥스퍼드호가 1669년 무렵에 카리브해에 주둔했던 가장 큰 영국전함이었다는 사실을 알고 있었다. 그 배는 정확히 34문의 무거운 대포를 탑재하고 있었다. 수중에 있는 최소한 60문의 대포를 고려할 때, 그 사실 역시 우리가 한 척 이상의 배를 발견했다는 걸 뒷받침했다. 영국 해군은 거의 100년이 지나서야 비로소 100문 이상의 대포를 탑재한 배를 카리브해로 파견했었다.

우리가 매우 이상하게 생각했던 점은, 밸러스트 돌을 발견하지 못했다는 사실이었다. 일반적으로 배가 침몰한 장소에서 항상 발견되는 그 특유의 돌로 된 언덕이 전혀 없었다. 우리가 찾아낸 배들의 규모로 볼 때 밸러스트는 무게가 수 톤은 나가야 했다. 우리는 옥스퍼드호의 잔해가 라 아트에서 암초로 밀려갔을 때, 밸러스트가 이미 분실됐고, 수심이 더 깊은 물속에 가라앉아 있을 거라고 추측할 수 있을 뿐이다.

마찬가지로 없었던 건 특유의 표면장식들이었다. 그것들은 배의 나무표면에 너무나도 빨리 구멍을 숭숭 뚫어 놓아 뱃사람들이 두려워했던 좀조개를 막는 데 사용됐다. 뿐만 아니라 그 금속은 다른 조개나 바다생물이 배의 표면에 정착해서 배의 범주특성이나 속력을 저하시키는 걸 방지했다. 우리는 발굴장소 B와 C에서 소량의 납 장식을 발견했지만, 그건 비상 수리용의 예비 재료였을 수도 있었다. 장식들은 도처에 널려 있어야 했고, 그것들과 함께 표면을 고정시켰던 구리 못들도 발견돼야 했다. 적어도 우리가 카리브해에서 발견했던 다른 배들에선 그랬다. 우리는 그 배들이 전혀 장식을 갖고 있지 않았다는 결론에 도달했고, 그 결론은 이 배들이 17세기에 건조된 영국 범선임을 암시하는 것이었다. 그 당시 영국인들은 아직 카리브해에 배들을 오랜 기간 주둔시키지 않았고, 따라서 비싼 돈을 들여 배의 선체에 장식을 박을 필요성을 느끼지 못했다. 18세기 말 무렵에야 비로소 배들에 일반적으로 구리 장식이 붙여졌다.

우리는 발굴장소 A에서 11문의 대포와 세 개의 닻, 두 개의 화약통 그리고 산호와 결합된 확인할 수 없는 형태의 다른 물체들을 다수 발견했다. 대포들은 모두 길이가 2미터가 넘는 '중량급'에 속했다. 그곳에서 발견한 닻들은 세 곳에서 발견된 닻들 중 가장 컸으며, 대략 길이가 4미터 정도였다. 대포들은 마치 난파선의 잔해가 암초를 향해 밀려갔고, 시간이 흐르면서 갑판에서 물속으로 굴러 들어간 것처럼 산호 벽에 놓여 있었다. 대포들은 거의 전부 모래 속에 파묻혀 있었고, 그 사실은 더 많은 대포가 모래 밑에 있다는 걸 암시했다. 닻 하나는 좀 더 멀리 떨어진 공해 쪽 외곽에 놓여 있었는데, 잔해가 암초와 충돌하기 전에 뱃머리에서 떨어진 것으로 추측된다.

발굴물들을 미루어 판단하건대, 발굴장소 A의 잔해들은 배의 뱃머리부분이었다. 우리는 그곳에서 유리조각이나 개인적인 물건, 또는 다른 발굴장소에서처럼 장식들을 전혀 발견하지 못했다. 뱃머리부분에 그런 물건들이 있었다면 우리도 놀랐을 것이다. A지역의 잔해들은 모두 산호로 이루어진 2∼3미터 높이의 벽을 따라 놓여 있었다.

발굴장소 B는 발굴장소 A에서 대략 300미터 떨어진 암초 아래쪽에 위치해 있다. A에서 B로 가려면, 조류를 거슬러 암초의 작은 모퉁이를 돌아서 헤엄쳐야 한다. 우리는 그곳에서 28문의 대포와 네개의 닻을 찾아냈다. 대포들은 크기가 달랐지만, 대부분 길이가 2미터가 넘었다. 추측컨대, 산호 밑으로 다른 대포와 잔해들이 놓여 있는 것 같았다. 그곳에는 도처에 머스켓 총알, 유리파편, 납조각, 쇳조각 그리고 확인할 수 없는 다른 잔해들이 무수히 흩어져 있거나 산호 속에 굳어 있었다. 발굴장소 전체가 단 몇 미터에 불과했고, 대포들은 모두 서로 잇닿아 놓여 있었다. 다른 잔해들이 대략 2~3미터 깊이의 물속에 잠겨 있는 반면에, 대포 한 문만 상당히 바깥쪽 4미터 깊이의 물속에 놓여 있었다. 산산 조각난 닻 하나가 약 1미터 깊이의 물속에 잠겨 있었다. 우리는 그곳에서 유리병의 바닥을 발견했는데, 그 나머지 부분을 마찬가지로 발굴장소 C에서 발견했다.

우리가 그곳에서 배 한 척의 완전한 잔해를 발견한 게 아닌가 하는 생각이 들었다. 물론 주갑판만 말이다. 아랫부분은 없는 것 같았고, 특히 화약통이 없다는 사실이 그걸 암시했다. 우리는 그곳에서도 역시 밸러스트 돌이나 선체에 사용된 장식들을 전혀 발견하지 못했다. 수심 7미터 깊이의 물속에서도 특유의 밸러스트 무더기는 찾아볼 수 없었다.

암초에서 대략 60미터 떨어진 지점에서 발굴장소 C가 시작된다. 그곳엔 적어도 21문의 대포와 네 개의 닻이 놓여 있었다. 닻들 중두 개는 길이가 2.5미터밖에는 안 되었으므로, 크기가 작은 배를 암시했다. 그곳에도 마찬가지로 크기가 다른 두 종류의 대포들이 있었다. 대부분은 약 2미터 길이였지만, 겨우 1.2미터밖에 안 되는 것들도 있었다. 암초 밑에 더 많은 대포가 숨겨져 있으리라고 추측된다. 우리는 지구 온난화 현상의 결과로 산호들이 지난 백 년간 감소됐고, 오랜 기간 숨겨져 있던 대포와 다른 잔해들을 다시 노출시켰으며, 이제 그것들이 도처에 흩어져 있다는 인상을 받았다.

나는 두 문의 대포가 마주보고 서 있던 산호언덕이 선장의 방을 포함한 대형 함선의 선미구조물을 고스란히 숨겨두고 있으며, 그게 옥스퍼드호의 선미구조물이라는 걸 확신했다. 우리가 그곳에서 발견한 유리창이 그걸 증명했다. 뿐만 아니라 우리는 산호언덕 바로 주변에 놓여 있던 수많은 머스켓 총알 옆에서 또 다른 간접증거들을 발견했다. 장의 손잡이와 단추들, 주석으로 만든 술잔 조각들, 측연(물의 깊이를 재는 데 쓰이는, 굵은 줄 끝에 단 납덩어리—역주), 유리조각들, 모든 게 선장의 방을 암시하는 것들이다. 왜냐하면 그곳 외엔 배의 다른 어떤 곳에서도 그런 물건들을 발견할 수 없을 것이기 때문이다. 평범한 선원은 장을 갖고 있지 않았다.

결론은, 우리가 한 척이 아니라 헨리 모건 시기에 건조된 영국 범선의 잔해를 최소한 세 척은 발견했다는 사실이다! 대포, 닻, 가구 장식 그리고 무기들이 그걸 입증했다. 다른 배들일 가능성은 배제할 수 있었다. 그랬다면 그 배들의 침몰이 영국 해군의 기록문서에 기록돼 있어야 했기 때문이다. 그 시기에, 즉 1669년 1월의 숙명적인 그날 아침, 동시에 침몰했던 유일한 영국 함선 세 척은 옥스퍼드호와 그 배의 호위함선들이었다.

우리는 확신했다. 우리가 옥스퍼드호를 발견한 것이다! 우리는 너무 기뻐서 어쩔 줄을 몰랐다. 4년이 넘게 우리가 그 배를 찾아다녔고, 300년이 넘게 그 배는 해저에 숨겨진 채 잠들어 있었다. 우리가 마침내 그 배를 찾아낼 때까지 말이다.

제 17장
작별

일 아바슈 섬에서의 체류가 아직 완전히 끝난 건 아니었다. 나는 떠나기 하루 전날 에노 신부를 방문해서 선교관을 위해 의약품과 붕대 재료를, 그리고 고아원을 위해 헌금을 전달하기로 마음먹었다.

우리는 30분이 지나서야 선교관에 도착했다. 우리는 배를 위태롭게 하지 않으려고, 해변에서 수백 미터 떨어진 지점에 정박을 했고, 구명보트를 타고 선교관 앞의 선창으로 건너갔다. 도처에 보트들이 보였는데, 수백 척은 되는 것 같았다. 그날도 장날이었다. 우리는 왁자지껄 떠들어 대는 밀집한 군중을 뚫고 선교관까지 갔다. 나는 에노 신부를 다시 만나, 우리들이 거둔 성공에 대해 이야기하고 싶었다. 그 선교사는 우리가 처음 방문했을 때, 내게 아주 깊은 인상을 남겼었다. 신부는 그렇게 오랜 세월을 그곳에서 보냈고, 그곳 사람들에게 좋은 일을 많이 했다.

우리가 현관의 종을 치자, 한 남자가 문을 열었고, 얼른 안으로 들어오라고 지시했다. 우리는 마당 안으로 들어갔고, 에노 신부가 우리에게 급히 다가왔다. 무슨 일이 일어났던 게 틀림없었다. 우리가 처음 만났을 때 힘과 열정으로 충만했던 선교사가 이제 창백하고 연약한 인상을 주었기 때문이다. 그의 눈에서 빛나던 광채는 사라졌고, 십 년은 더 늙어 보였다. 우리가 가져간 선물이 그의 기분을 조금은 풀어 준 것 같았지만, 인사하는 그의 목소리도 노쇠하고, 체념하고, 실망한 듯 들렸다.

마당에는 성당의 기초 벽이 서 있었다. 나는 교구의 신도들을 위해 적합한 성당을 세우는 것이 에노 신부의 꿈이었다는 걸 알고 있었다. 이제 신부는 공사장을 가리키며, 떨리는 목소리로 성당이 더이상 완성될 수 없노라고 설명했다. 반란군들이 건축자재가 들어있던 컨테이너를 약탈하는 바람에, 자재들을 모조리 도둑맞았던 것이다. 그 성당은 에노 신부의 필생의 사업이었다. 그는 8만 달러에 상당하는 자재에 필요한 헌금을 모으는 데 수년이 걸렸었다.

"더 이상 참을 수가 없어요." 신부가 말했다. "섬을 떠날 생각입니다. 텅 빈 공사장을 볼 때마다 가슴이 미어집니다." 나는 그곳 사람들의 기둥인 강인한 에노 신부가 포기하려 한다는 걸 믿을 수 없었다. 그리고 그게 전부가 아니었다. 신부의 말에 따르면, 그와 그 부락도 자메이카의 마약밀매업자들로부터 괴롭힘을 당했다. 그들은 지난 몇 주간 여러 번 나타나, 마구 총질을 해댔으며, 여러 명의 부락주민들에게 중상을 입혔다. "그런 미친 짓을 감당하기엔 이제 너무 늙었어요. 섬의 평범한 일상도 힘들기에 충분하답니다." 신부가 말했다. 마약밀매업자는 신부에게 새로운 게 아니었다. 아이티의 독재자들도 마약밀매에 연루돼 있었다. 독재자 장 베르트랑 아리스티드는 일 아바슈 섬 맞은편에 있는 카이에 비행장을 건설하도록 지시했고, 다량의 마약이 곧바로 콜롬비아에서 그곳으로 날아왔다.

우리가 여전히 이야기를 하는 동안, 갑자기 밖에서 소음이 들렸다. 사람들이 소리를 질렀고, 돌들이 선교관으로 던져지는 소리가 들렸다. 에노 신부는 벌써 한동안 그런 일이 벌어지고 있다고 전했다. 그들은 마약밀매업자들을 위해 일하는 원주민들이었다. 그들은 에노 신부가 정세를 안정시키기 위해 소규모의 평화유지군을 섬으로 데려오려고 애를 쓴다는 사실을 알게 됐다. 그 이후로 신부는 살해 협박을 받고 있었다. 그러자 신부는 우리가 그곳에 머무르는 것이 더 이상 안전하지 않다며 떠나길 요구했다. 그는 좀 전에 마약밀매업자들 소유의 보트를 두 척 보았는데, 그들이 조만간 나타날지도 모른다고 걱정했다.

나는 에노 신부와의 재회가 정말 그런 식이 될 거라곤 상상하지 않았었다. 하지만 우리는 그를 위해 아무것도 할 수 없었다. 우리는 신부의 경고를 심각하게 받아들였고, 그와 작별을 한 뒤, 포트모건으로 돌아가기 위해 우울한 기분으로 캣버드호로 돌아왔다. 다행히 마약밀매업자들의 방해는 없었다.

저녁때 바그너와 펠릭스가 저녁식사를 함께 하며 우리와 어울리기 위해 캐터머랜으로 왔다. 그사이 그들과 경호원 르빈은 우리 팀의 고정멤버가 됐다. 르빈은 자기 선실을 배정받았고, 야간경비가 끝나면 그곳에서 방해받지 않고 잠을 잘 수 있었다. 바그너는 그날 저녁 우리를 특별한 축제에 초대했다. 부락의 원로들이 작별에 즈음하여 우리를 위해 부두교 의식을 거행하길 원했던 것이다.

저녁이 닥치자, 우리는 이미 첫 번째 북소리를 들었다. 카콕 뒤의 언덕 위에선 불길이 타오르기 시작했다. 다음 날 플로리다로 출발하기 전에 배에서 몇 군데 수리를 하려는 브루스를 제외한 채 우리는 자리를 떴다.

우리가 부락 바로 옆에 있는 공터에 도착하자, 이미 100여 명의 사람들이 모여 있었다. 그들은 대부분 무리를 지은 채 서서 대화를 나누고 있었다. 모임장소 한쪽은 부락의 마지막 움막들로, 다른 한쪽은 정글로 둘러싸여 있었다. 야자수 사이와 몇몇 움막들 옆에서 예닐곱 개의 큰불이 타오르고 있었다. 우리는 불빛 속에서 무언가 다른 것들도 알아볼 수 있었다. 대여섯 개의 무덤이었다. 무덤들은 움막에서 몇 미터 안 되는 거리에 놓여 있었다. 직사각형 모양이었고, 머리 부분에 돌로 된 십자가가 세워져 있었다.

원로들이 우리에게 환영인사를 했다. 그들은 우리가 머무는 동안 자신들의 부락을 위해 한 것에 대한 감사의 표시로 이날 저녁 아주 특별한 의식을 오로지 우리들을 위해 거행할 예정이라고 말했다. 축제는 서서히 시작되고 있었다. 한 무리의 소녀들과 여인들이 이미 북소리의 장단에 맞춰 자유분방하게 춤을 추기 시작했다. 고수들의 땀에 젖은 드러난 상체가 불빛을 반사시켰고, 비현실적으로 보이는 거대한 그림자를 무덤과 그 뒤의 움막들에 드리웠다.

이제 북소리의 리듬이 빨라졌고 더 많은 남녀들이 춤을 추기 시작했다. 그들은 점점 더 빨리 움직이기 시작했고, 얼마 안 있어 경련하는 검은색 몸들로 이루어진 큰 집단을 형성했다. 불 옆에 서 있던 한 남자가 일어나 불 속에서 불붙은 야자수 잎을 집어 들어 자신의 머리 위에서 흔들기 시작했다. 타오르는 가지에서 떨어지는 불꽃들이 머리에서 발끝까지 그의 몸을 덮었고, 입고 있던 티셔츠를 달구었다. 그런 사실이 그 남자에겐 대수롭지 않아 보였다. 별안간 그 남자는 이상한 소리를 내며 맨발로 이글거리는 불길 한가운데를 뚫고 달려갔다.

우리는 갑자기 춤추는 사람들에 둘러싸였다. 북소리, 노랫소리,

외침소리, 그리고 땀 냄새, 불에 타는 나뭇잎 냄새, 정글의 울창한 초목과 과일 향기, 사람들은 우리에게 달려와 그들과 함께 춤을 추길 요구했고, 우리는 선택의 여지가 없었다. 우리는 군중과 일체가 됐고, 모든 시간감각을 잃어버렸다.

그러자 일순 정적이 찾아왔다. 고수들은 북 치는 걸 중단했고, 사람들도 묵묵히 춤추는 걸 멈췄다. 잠시 후 고수들은 좀 더 어렵고 힘든 리듬으로 다시 북을 두드리기 시작했다. 북소리는 스타카토로 울리다가, 몇 초간 멈춘 후 다시 울렸고, 그때 검은색 바지에 심홍색 셔츠를 입은 키가 큰 사내가 한 움막에서 걸어 나왔다. 그는 머리에 붉은색 스카프를 휘감은 밀짚모자를 쓰고 있었고, 다른 스카프 하나는 왼팔 위쪽에 감고 있었으며, 오른손에는 머셰티를 들고 있었다. 의심할 여지없이 부두교 주술사였다.

그가 불을 향해 다가가자 북소리가 다시 멈췄다. 그 사내는 멈춰 섰고, 생각에 잠긴 듯, 한동안 그곳에 서 있었다. 잠시 후 그는 머셰티를 허공으로 높이 치켜들었다. 그는 뭐라고 외쳤고, 북소리는 전보다 더 강하고 빠르게 미친 듯이 울리기 시작했다. 한 남자가 음매음매거리며 발버둥치는 숫염소 한 마리를 중앙으로 끌고 나왔다. 부두교 주술사는 그 짐승을 두 손으로 잡아 허공으로 번쩍 들어올렸다. 둘러서 있던 사람들은 격려하는 듯한 환성을 터뜨렸다. 주술사는 북소리에 맞춰 불 주위를 돌며 춤을 추기 시작했고, 겁에 질린 염소를 이리저리 돌리며 목 깊숙한 곳에서 울려나오는 소리를 냈다. 염소는 울부짖는 걸 멈췄는데, 극심한 공포에 마비된 것처럼 보였다. 우리 옆에 있던 사람들은 발을 쾅쾅 구르고 머리를 흔들며 극도의 흥분 상태에서 춤을 추고 있었다. 그러자 또 한 사내가 부두교 주술사를 향해 다가갔다. 그 사내는 조금 전에 불 위를 달려갔던 바로 그 사내였다.

그는 또 다시 불이 붙은 야자수 잎을 집어들더니 마치 그것이 검인양 자기 앞으로 치켜세웠다. 주술사는 그 공격자에게 자신의 머셰티를 보여 주며, 숫염소를 팔에 든 채 계속해서 빙글빙글 돌았다. 공격자는 물러났다. 고수들은 이제 격렬한 리듬 속에서 거의 발광하는 듯하더니, 다시 동작을 멈췄다.

바로 그 순간 머셰티의 칼날이 번뜩였고, 주술사는 단칼에 흰 숫염소의 머리를 잘라 버렸다. 잘린 부위에선 피가 솟구쳤고, 주위에 서 있던 사람들에게 미세한 핏방울을 뿌렸다. 염소의 머리는 여전히 경련하고 있는 몸통 바로 옆 바닥에 떨어졌다. 머리를 잃어버린 몸통이 마지막으로 경련했고, 뒷다리는 잘려진 자기 머리를 몇 미터 옆으로 걷어찼다.

북소리는 전보다 더 격렬하게 연타로 울리기 시작했다. 이제 암녹색 옷을 입은 여인이 또 숫염소 한 마리를 끌고 원 안으로 들어왔다. 이번엔 검은 염소였다. 그녀는 염소를 두 팔로 든 채, 도발적이고 도전적인 스텝을 밟으며 부두교 주술사에게 접근했다. 주술사는 허공으로 껑충 뛰어오르며 그녀 쪽을 향해 머셰티를 휘둘렀다. 우리 주위의 사람들은 미친 듯이 날뛰었고, 그때 그 화부가 다시 등장했다. 그는 이번엔 슬로모션에서처럼 천천히 불 위를 지나갔다. 그 사내가 불이 붙은 가지를 가져와, 주술사를 공격하자, 군중들은 황홀한 나머지 비명에 가까운 소리를 질러댔다. 주술사는 여인을 떠밀었고 숫염소를 빼앗았다. 그는 염소를 처음에 그랬던 것처럼 허공으로 높이 쳐들었고, 섬뜩한 외침과 함께 머셰티로 단번에 염소의 머리를 베어 냈다. 주술사가 여전히 몸통을 높이 들고 있는 동안 피가 그의 몸을 따라 밑으로 흘렀고, 그는 머리부터 발끝까지 온몸이 피에 젖었다. 그의 옆에서 녹색 옷을 입은 여인이 춤을 추고 있었다. 그녀의 눈은 흰자위만 보일 때까지 뒤로 돌아갔고, 그녀는 온몸을 부들부들 떨며 경련하기 시작했다. 얼굴에선 땀이 비 오듯 흘러내렸다.

그 여인은 춤을 추며 칸막이가 된 닭장으로 다가가서, 손을 안으로 집어넣어 두 마리의 닭을 끄집어냈다. 그녀는 닭의 목을 한 마리씩 양손에 움켜쥔 채 이리저리 돌렸다. 날리는 깃털이 튀는 불꽃, 흩날리는 먼지와 뒤섞였다. 여전히 피묻은 머셰티를 들고 있던 주술사는 이제 춤추고 있는 여인으로부터 요란하게 꼬꼬댁거리는 닭 한 마리를 빼앗으려고 했다. 그는 그녀 뒤로 달려가서, 그녀를 가로막고 닭 한 마리를 낚아챘다. 그는 다시 머셰티를 휘둘러 닭의 머리를 잘라 내고는, 몸통을 바닥에 던졌다. 바닥에 떨어진 몸통은 짧은 거리를 계속 달려갔다. 두 번째 닭도 같은 운명에 처해졌다.

그것으로 주술사는 자신의 작품을 완성했다. 마지막으로 그는 피 묻은 머셰티를 치켜올리며 뭔가를 부르짖더니 당당히 고개를 쳐들고 자신이 걸어 나왔던 움막으로 들어갔다. 북소리가 멈췄다. 의식이 끝난 것이다.

마치 전신이 마비된 느낌이었다. 비현실적인 정적이 공터 위를 감돌았다. 다시 북소리가 울리기 시작했다. 하지만 이제는 부드럽고 긴장을 풀어 주는 리듬이었다. 그리고 마치 아무 일도 없었던 양, 우리 주위의 사람들은 웃고 대화를 나누며 작은 무리들을 짓기 시작했다. 그건 우리에게 아주 인상 깊은 체험이었다. 우리는 혐오감과 매혹되는 느낌을 동시에 받았다.

그날 경험했던 일은 오랜 기간 나를 사로잡았다. 아이티의 800만 인구 중 4분의 3이 부두교 숭배자로 간주되고 있다. 부두교는 2004년 초에 정식 종교로 인정받았다. 많은 아이티인들에게 부두교를 숭배하는 동시에 카톨릭 신자가 된다는 것은 모순이 아니다. 그 종교의 기원은 유럽인들이 노예들을 신세계로 끌고 갔던 시기 훨씬 이전으로 거슬러 올라간다. 가봉이나 가나 같은 서아프리카에는 부두교의 비밀단체가 지금도 유지되고 있다.

카리브 지역에 퍼져 있는 오늘날의 부두교는 다양한 아프리카의 종교와 기독교적 요소가 결합한 혼합체이다. 유럽인들은 아주 다양한 종족들과 서로 다른 언어들을 뒤섞음으로써 노예들을 약화시키려 했었다. 하지만 부두교는 얼마 안 있어 노예들의 새 고향에서 그

들에게 강요됐던 유일 신앙인 기독교의 요소가 가미되면서 연결고
리로 자리잡았다.

　인간은 자신의 모든 행위를 부두교 신들 앞에서 해명해야 한다.
신들은 도움을 줄 뿐만 아니라 벌도 내린다. 그러면 그들은 인간에
게 질병과 가뭄이 닥치게 한다. 하지만 신들과 접촉함으로써 그들
의 노여움을 피할 수도 있는데, 즉 주술사의 도움을 얻는 것이다.
신들이 자비로운 마음을 갖게 하기 위해선 신들과 영혼들을 불러
제물을 바쳐야 하는데, 대부분 염소와 닭이 제물이 된다. 오늘날의
부두교는 특히 아이티 소농들의 종교이며, 일 아바슈 섬에서도 예
외는 아니다.

　바그너는 우리에게 그 의식은 부락이 우리에게 답례함과 동시에
이제 우리들이 질병으로부터 보호받고, 우리들의 적이 저주를 받았
다는 걸 의미한다고 설명했다. 나는 부두교 의식에 초대받은 걸 특
별한 영광으로 생각했다. 원로들이 그 의식을 통해 우리가 정말 그
들의 신뢰를 ─ 선물 몇 개로 매수한 단기간의 호의가 아니라 ─
얻었음을 보여주었기 때문이다.

후기

우리는 기쁜 마음으로 돌아갈 수 있었다. 이제 우리들의 다음 임무는 일 아바슈 섬 주변 지역과 아바쿠의 암초를 보호하는 것이었다. 인간의 발길이 닿지 않은 수많은 배의 잔해들이 잠들어 있는 그 역사적 보물상자는 후세를 위해 보존된 채 남아 있어야 했다. 하지만 2004년 2월에 일어난 혁명과 그 뒤를 이은 장 베르트랑 아리스티드의 도피는 당분간 그 계획을 실현시킬 수 없게 했다. 기대했던 수중공원의 건립은 그 어느 때보다도 더 먼 미래의 일이 된 것 같았다.

섬을 떠나기 전에 우리는 카콕 주민들에게 얼마나 뛰어난 문화적 유물이 그들의 해역에 잠들어 있으며, 그런 유산을 보호하고, 보존하는 것이 얼마나 중요한 일인가를 납득시키려 했다. 나는 바그너와 펠릭스에게 가장 큰 기대를 걸었다. 그들은 1999년 이후로 우리가 하는 일에 대해 잘 알고 있었다. 두 사람은 우리와 함께 잔해를 찾아다녔고, 잔해들을 발견했다. 그들은 우리가 무슨 일이 있어도 발굴물들을 보물과 기념품을 노리는 탐욕스런 사냥꾼들에 의한 약탈로부터 보호하려 한다는 걸 알고 있다. 그들은 우리와 동고동락했었다.

일 아바슈 섬주민들의 도움이 없었다면 우리는 우리가 해낸 일을 해낼 수 없었을 것이다. 이제는 그들 스스로 책임을 떠맡는 것이 관건이다. 아바쿠와 매드 리프에 있는 발굴장소는 역사적으로 지극히 중요한 가치가 있기 때문이다. 하지만 섬주민들에겐 도움이 필요하다. 그들에겐 그 발굴물들을 최선의 방법으로 이용하는 데 도움을 주는 외부 전문가들의 지식과 노하우가 필요하다. 그곳은 지금까지 극소수 잠수부들의 손길만이 닿았던 역사적인 지역이고, 그래서 최대한 잘 보존되어 있다. 그곳엔 수천 개의 온갖 유물들이 그냥 해저 위에 흩어진 채 전문가들에 의해 보존되고 기록되길 기다리고 있다.

일찍이 위용을 자랑했던 범선들의 잔해는 수세기가 흐르며 그 자체가 카리브해 생태계의 일부가 됐다. 많은 잔해들이 동식물에게 안전한 은신처를 제공한다. 그러나 유물들이 점점 더 심하게 훼손되고 있기 때문에 시간이 절박하다. 헨리 모건이 활동했던 시기의 대포와 다른 잔해를 둘러싸고 있는 산호로 이루어진 보통 수백 년 된 보호막이 서서히 갈라지고 있다. 암초는 죽어가면서 자신의 보물들을 다시 풀어 주고 있다. 그래서 우리가 했던 두 번의 탐험여행 사이에 놓여 있던 단 18개월이라는 기간에도 명백한 변화를 알아볼 수 있었다.

정치적으로 불안정한 상황과 관광사업의 부재로 인해 아이티 해역의 보물들은 아직 광범위하게 손대지 않은 상태이다. 하지만 이미 인터넷에선 자신들의 고객에게 다름 아닌 바로 보물들의 조직적인 약탈과 파괴를 제안하는 의심스러운 잠수회사들의 광고가 늘어가고 있는 실정이다. 그들의 행위를 저지할 사람은 지금까지 없었다. 그렇기 때문에 누가 정권을 잡던 상관없이 아이티는 그 문제를 인식해야 하며, 세계공동체는 아이티가 자신의 문제를 해결하는 데 지원을 해야 한다.

나는 그 발굴물들이 아이티의 경제적 회복에도 기여할 수 있다고 확신한다. 그러나 발굴물을 착취함으로써가 아니라, 발굴물들을 관광적 그리고 학문적 볼거리로 만드는 것을 통해서이다. 역사적 수중공원을 세우는 것이 한 방법이다. 일단 설립이 되면, 그 공원은 전 세계의 유물을 보존하는 걸 사명으로 삼고 있는 모든 기구나 조직과 제휴할 수 있을 것이다. 그렇게 국제적인 협력이 이루어져야만, 그 지역의 모든 잔해를 감독하고, 분류하고, 세계공동체의 보호 하에 두는 데 성공할 수 있다.

우리는 이미 유네스코와 ICUCH(국제수중문화유산위원회) 같은 조직들과 접촉하고 있다. 새 아이티 정부가 완전히 자리를 잡아야, 유네스코가 비로소 행동을 할 수 있기 때문에, 우리는 현재 그 지역 정부 대변인들에게 사전작업을 하고 있는 중이다. 캐나다 정부 역시 자신들의 후원을 약속했다. 내 친구이자 스승인 로버트 그레니어는 ICUCH의 의장 신분으로 그리고 캐나다에 있는 수중공원의 고고학 학장으로 자신이 쌓은 경험으로 이미 우리들을 지원하고 있다.

우리가 발견한 잔해들은 모두 일 아바슈 섬 주민들과 아이티에 있어 새로운 시작을 여는 열쇠이다. 그것들은 매일 굶주림과 빈곤에 허덕이며 생존을 위해 몸부림치는 사람들에게 희망을 의미한다. 그 역사의 한 부분이 그들의 문화를 파괴하지 않고도 그들의 삶을 더 나은 방향으로 돌릴 수 있을 것이다. 역사적 수중공원은 그곳 사람들에게 일자리를 제공해 줄 것이다. 어부들은 공원을 감시하는 일종의 순찰경비원이나 관광안내자가 될 수 있을 것이다.

프랑수아즈와 디디에 불라르는 30명의 잠수부를 수용할 수 있는 그들의 소규모 시설로 이미 문화관광사업의 시작에 필요한 최상의 전제조건을 조성했다. 그들은 보트와 산소탱크를 채우는 데 필요한 압축기를 대여한다. 그곳의 작은 항구는 카리브해의 폭풍을 피할 수 있는 훌륭한 피난처를 제공하며, 일주 중인 범선 항해자에겐 이 상적인 기항지이다. 그곳에서 아이티에 필요한 작은 경제적 호황이 시작될 수 있을 것이다.

현재 자메이카에선 일 아바슈 섬을 위한 관광 프로젝트가 한창 개발 중이다. 해저에 관한 또 하나의 고고학적 조사가 끝나면 일 아바슈 섬으로 가는 '문화적 안전 모험 관광여행'이 계획되고, 제공될 것이다. 그 프로젝트에 필요한 착륙공항은 자메이카의 킹스턴이 될 것이다. 이미 몇몇 관광업자들이 흥미를 보이고 있다. 시험프로젝트는 이번 겨울 중으로 시작된다.

전 세계의 고고학자들이 동경하는 발굴물의 보호가 문제이다. 우리가 발견한 배들은 대체할 수 없는 시대적 유물들이며, 연구되기만을 기다리고 있다. 온난하고 수심이 얕은 카리브해의 물속엔 벌써 오래 전에 흘러간, 헨리 모건이 아직 카리브해에서 공포의 화신이었던 시기의 매혹적인 보물들이 파묻힌 채 잠들어 있다.

해적선
300년 역사를 깨우는 카리브해의 대발굴

ⓒ 릭 하우프트, 2005

초판 1쇄 인쇄일 | 2005년 6월 13일
초판 1쇄 발행일 | 2005년 6월 16일

지은이 | 릭 하우프트
옮긴이 | 김태성
펴낸이 | 김현주
펴낸곳 | 이룸

편 집 | 서동환
디자인 | 이가현

출판등록 | 1997년 10월 30일 제10-1502호
주소 | 121-210 서울시 마포구 서교동 395-173 상록빌딩 2층

전화 | 편집부 (02)324-2347, 영업부 (02)2648-7224
팩스 | 편집부 (02)324-2348, 영업부 (02)2654-7696
e-mail | erum9@hanmail.net
Home page | www.erumbooks.com

ISBN 89-5707-162-8(03900)

값 12,700원